国外毛泽东研究译丛 （第二辑）
主编 石仲泉 萧延中

The Emergence of Maoism

Mao Tse-tung, Ch'en Po-ta, and the Search for Chinese Theory, 1934—1945

毛主义的崛起

毛泽东、陈伯达及其对中国理论的探索（1935—1945）（插图本）

[美] 雷蒙德·F·怀利 著
Raymond F.Wylie
杨 悦 译
萧延中 校

中国人民大学出版社
·北京·

“国外毛泽东研究译丛”编委会

总　序

毛泽东是举世公认的20世纪最为重要的政治家、革命家和思想家之一，同时也是一位天才诗人。由于他对现代中国之思想、制度和社会产生的深刻影响，也由于他对建构20世纪国际政治格局做出的重要贡献，几十年来，对毛泽东本人及其思想体系的研究已经成为一个具有长久意义的学术领域。毛泽东不仅是属于中国的，也是属于世界的。尽管国外的毛泽东研究在理论目标、分析方式、社会功能和学术立场等方面与国内存在差异，但在全球化的宏观视角下，其研究成果，应当被看作整体毛泽东研究的一个重要组成部分。它们与国内毛泽东研究一起，对这一学术领域做出了积极的贡献。

基于这样的一种视阈和理解，我们在众多国外毛泽东研究的学术著作中，精选翻译了部分佳作，编成"国外毛泽东研究译丛"，以纪念这位旷世伟人，并进一步推进毛泽东及其思想研究的深入扩展。我们选译的基本原则是，站在21世纪全球化的历史视野上，严格遵奉学术理据和研究逻辑，精选经过历史检验，具有较强理论价值和持久性影响，持论较为公允客观，论说严谨缜密的名著。对于那些具有严肃治学精神和审慎推理论证的作品，即使与我们的学术观点不尽一致，甚至在一定程度上存在着观念冲突，也在选择范围之内。"他山之石，可以攻玉"，我们希望把这一睿智古训真正转变为学术行动。

"国外毛泽东研究译丛"是中国人民大学国际关系学院政治学系"中国政治研究"课题的一个子项目，是这个教学科研共同体集体努力的成果之一。我们期望这次翻译的几部著作不是译介编研工作的结束，而是一项系统科研工程的开始。我们愿意把这项工作继续下去。

在"国外毛泽东研究译丛"出版之际，我们首先感谢以下诸教授：

本杰明・I・史华慈（Benjamin I. Schwartz）；

斯图尔特・R・施拉姆（Stuart R. Schram）；

魏斐德（Frederic Wakeman，Jr.）；

莫里斯・迈斯纳（Maurice Meisner）；

约翰·布莱恩·斯塔尔（John Bryan Starr）；

布兰特利·沃马克（Brantly Womack）；

罗斯·特里尔（Ross Terrill）；

杨炳章（Benjamin Yang）。

这些教授不仅慷慨允诺让我们翻译其各具特色的学术名著，而且其中不少人专此为“国外毛泽东研究译丛”撰写了“中文版序言”，这无疑是对我们的信任和支持。

国内毛泽东研究的著名学者逄先知、龚育之、冷溶、朱佳木、李忠杰、金冲及、李君如、李捷和陈晋等教授，不仅慨然允诺担任本译丛的学术顾问，而且多次对翻译工作给予指导，这对我们是极大的鼓舞。李君如教授还就统一国外著者的译名作了专门指导，使翻译工作避免了不少差错。中共中央文献研究室第一编研部的专家们，在学术方向上的直接指导以及在史料的校译、勘误方面所提出的大量关键性意见，使本译丛的质量有了进一步提高。来自国家社会科学研究机构和著名高校的编委们，从不同学科的多元视角，为选编工作提出了许多中肯的意见。中共中央文献研究室原“国外研究毛泽东思想资料选辑”编辑组工作人员前此的开拓性研究和贡献，不仅给予编选以诸多经验和启发，而且直接为具体的译介工作提供了宝贵的便利条件。在此，我们向上述所有关心、支持本译丛的学者和单位以及图片的提供者，一并表示由衷的谢意。

对书中出现的引文，编译者采取如下的文献处理原则：凡国内有对应的公开发表的毛泽东著作者，均已按中文版本原文进行了核校；凡确属毛泽东文稿，但未公开发表者，按相关文献进行了核校，如凡引用日本学者竹内实主编《毛泽东集》和《毛泽东集》补卷者，按该书进行核校；凡属不能确定是否为毛泽东著作的引文，则尊重原作者的引文，未加处理，如凡引用《毛泽东思想万岁》和国外报刊报道的文献，一律按外文原文译出。

译介工作本是一件永远达不到尽善尽美境界的苦差，语际书写过程中的误读、遗漏和错置等都在所难免。我们恳切期望和真诚欢迎来自国内外专家学者以及广大读者的指教和批评。

石仲泉　萧延中

献给我的父母，

献给苏珊、希拉和特雷莎

致 谢

研究现代中国是一项困难却有益的事业，一路前行中，我得到了许多鼓励与帮助。大学本科时，多伦多大学的J. J. 格尔森（J. J. Gerson）第一次向我介绍中国历史的概况，而同所大学的J. L. 克兰默-宾（J. L. Cranmer-Byng）则帮助我完成了最初的研究生课程。学习期间，多伦多大学多次授予我奖学金，如韦林奖学金（the Waring Fellowship），对此，我都表示感谢。

我要特别感谢加拿大委员会（the Canada Council），它给予我博士助学金，使我能在伦敦大学亚非研究学院攻读博士学位。在亚非研究学院期间，我十分幸运地在斯图尔特·R·施拉姆（Stuart R. Schram）教授的指导下学习。在准备博士论文（本书即是以此篇论文为基础）的过程中，他慷慨地付出时间和心血，我也从他的建议和批评中获益良多。在准备终稿时，我又得到了牛津大学伊懋可博士（Dr. Mark Elvin）和斯坦福大学出版社外校评阅人的许多帮助。对于评论过此项研究成果各章节的其他人，我也特此向他们表示感谢。

文理学院、研究办公室及里海大学国际关系学系的同事们也在经济上和精神上为此课题的完成做出了贡献，这些帮助不应避而不提。当然，我应对定稿及其中所表达的观点承担全部责任。

感激之语还应献给中华人民共和国政府，它为我提供了1965年至1967年在中国生活和工作的机会。在中国的两年使我对这个复杂而又迷人的国家及其所设定的国家建设的艰巨任务有了难得的洞察。

最后，我想感谢我的妻子苏珊（Susan）。为了使我完成研究，她慨然忍受了许多对其研究的打扰。令人高兴的是，她现在也已完成了自己的研究。至于我的女儿希拉（Sheelagh）和特雷莎（Teresa），她们坚韧地承受着父母都忙于学业的考验，为此，我也表示感谢，并鼓励她们直面前方路上的艰难困苦。

雷蒙德·F·怀利

里海大学

1979年7月

目　　录

第一章　导言：探寻中国道路 …… (1)
陈伯达：成长时期 …… (8)
第二章　发展中国的马克思主义（1935—1937） …… (17)
民族主义与“民族形式” …… (17)
陈伯达的新启蒙运动 …… (24)
毛泽东的崛起 …… (31)
毛泽东探寻“正确”理论 …… (36)
毛泽东、陈伯达与马克思列宁主义 …… (40)
第三章　走向“毛泽东神话”（1937—1938） …… (46)
毛泽东的“中国化”哲学 …… (46)
陈伯达在毛派阵营中的崛起 …… (51)
毛泽东、陈伯达与“毛泽东神话” …… (57)
第四章　马克思主义中国化（1938） …… (67)
陈伯达与中国文化的“中国化” …… (67)
毛泽东提倡马克思主义中国化 …… (77)
陈伯达、毛泽东与马克思主义中国化 …… (83)
第五章　“先知”的崛起（1939—1940） …… (87)
陈伯达马克思主义中国化的努力 …… (87)
学习毛泽东著作的运动 …… (95)
毛泽东的新民主主义理论 …… (101)
第六章　挑战与回应（1940—1941） …… (112)
挑战毛泽东的权威 …… (112)
叶青攻击毛泽东 …… (120)
陈伯达与王实味的争论 …… (126)
整风运动的前奏 …… (129)
第七章　毛派的整党（1942） …… (138)
毛泽东在党内的支配地位 …… (138)
整风运动的高潮 …… (150)

毛泽东崇拜的出现？……………………………………………………（161）
第八章　“毛泽东思想”的胜利（1943）……………………………（166）
国民党的思想进攻…………………………………………………（166）
“毛泽东思想”的诞生……………………………………………（174）
对毛泽东及其思想的崇拜…………………………………………（181）
陈伯达批判《中国之命运》………………………………………（184）
第九章　中共党史的重构（1943—1944）…………………………（191）
学习党史运动………………………………………………………（191）
陈伯达和“毛泽东神话”…………………………………………（197）
毛泽东早年的“布尔塞维克主义”………………………………（204）
毛泽东的革命智慧…………………………………………………（209）
第十章　胜利的大会（1945）………………………………………（219）
陈伯达与党史决议…………………………………………………（219）
领袖化身圣人………………………………………………………（225）
第十一章　结论与后记………………………………………………（236）
结　论………………………………………………………………（236）
后　记………………………………………………………………（240）

注释……………………………………………………………………（251）
参考文献………………………………………………………………（285）
索　引…………………………………………………………………（305）

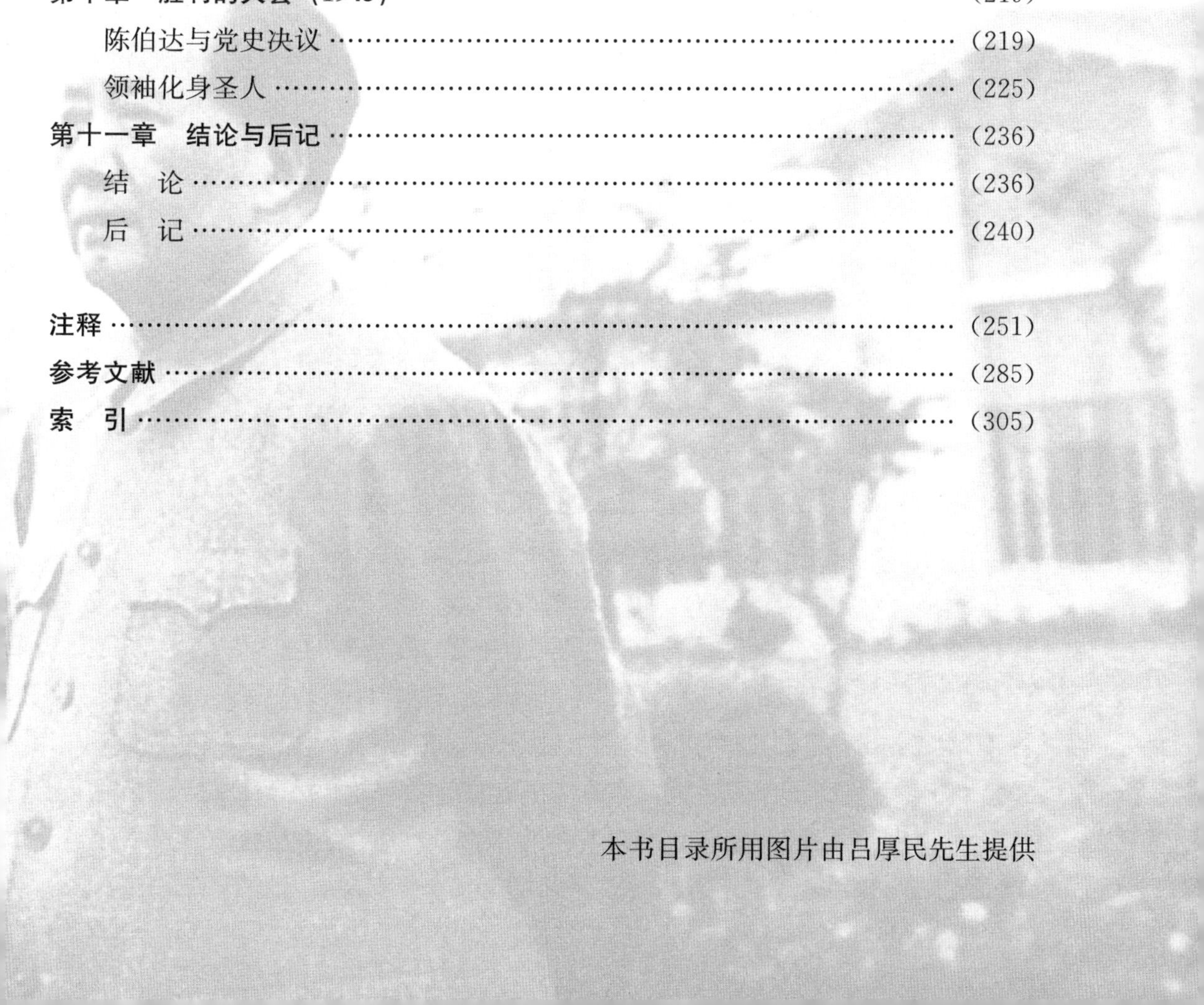

本书目录所用图片由吕厚民先生提供

第一章

导言：探寻中国道路

中国现代史在很大程度上可以被描绘成国际史（international 1
history）。很难再举出其他的事例，如 1840 年后的中国一样，外部事件对一个国家的发展进程产生了那样深刻的影响。毋庸置疑，19 世纪中期的西方列强将中国的“开放”视为一大难题。同样，清政府也将儒家文明免遭“外夷”[1]侵蚀当作基本前提。这确实是不同文明间的碰撞，而不是同类文化下民族国家间的冲突。当长城最终被西方的强力撕开缺口时，中国人被迫承认了西方强国的要求。更为重要的是，他们还不得不面对错综复杂的特殊利益集团，出于各种原因，这些人对传统中国抱有不良企图。对中华文明威胁最大的并不是外国政治家和外交家，而是大批紧随其后的士兵、商人、教师、传教士和实业家。

这些非官方的“大使”对中国人的生活方式构成了可怕的挑战。他们热衷于在中国追求多种多样的利益，如此一来，他们也时常试图按照西方现代、“先进”的形象来改造中国。用当下政治科学的术语来说，中国陷入了日益复杂的“跨国关系”（transnational relations）[2]网。与渗透于社会各层面的中国人与外国人的非政府关系相比，官方的外交交往反而渐居次要地位。直到 1949 年，中国共产党取得国家政权时，才采取了决定性的步骤，以此来控制中国的 2
跨国联系并驱逐讨厌的外国代理人。比其他多数“新国家”更甚，中华人民共和国努力控制着与外部世界联系中的非官方交往。到了 20 世纪 70 年代末，这种控制才稍有放松。

中国共产党人试图建立起一套新的、全面的意识形态体系，并以信仰纯洁性为名，控制所有外来思想的影响。他们继承了传统的

1919年5月4日，北京爆发反帝爱国运动，即五四运动。这一运动成为旧民主主义革命与新民主主义革命的分水岭，进一步促进了各种新思想尤其是马克思主义的传播及其与工人运动的结合。

儒家文化，不仅强烈地关注社会—伦理的哲学，还同样强烈地关注社会—伦理哲学在官方意识形态中的体现。实际上，正是这种对思想纯正性的专注，部分阻碍了儒家士大夫有力地回应西方新思潮的挑战。在维持传统思想体系的孤注一掷中，士大夫们实际上加速了帝国的灭亡。对于多数保守的知识分子而言，儒家思想不论好坏，都是一个整体，他们便是其坚定的捍卫者；而逐渐成长起来的少数激进分子则相信，为了国家生存的需要必须彻底牺牲儒家思想。由于激进知识分子的优势，在20世纪一二十年代著名的新文化运动中，传统意识形态被抛弃，思想活跃的年轻人开始寻找新的学说来填补由此造成的思想真空。[3]

在广泛试验西方的各种“主义”之后，激发中国青年的两大思想逐渐崛起：西方的，尤其是欧洲的国家主义和苏联的马克思列宁主义。这两种主义很快就找到了各自的信奉者，在政治运动中，这些信奉者为赢得国人的支持而展开竞争。起初，蒋介石和国民党在热血青年中吸引了一大批追随者，但还不足以摧毁共产党的吸引力。总之，在经历了许多挫折之后，共产党人意识到，把民族主义的爱国情感与马列主义的改造热情相结合将会扩大意识形态的吸引力。在整个三四十年代，中共的领袖——毛泽东逐渐成为这两种思 3
潮结合的象征。最后，在1943年，这一思想的结晶被冠以“毛泽东思想”的提法，在中共的首府延安正式问世。中国共产党人终于找到了一种满意的、替代儒家思想的意识形态。1949年后，毛泽东思想成为新的国家意识形态，而中共则成为它的官方解释者和执行者。[4]

通过上述回顾，我们可以清楚地看到，思想潮流从西方和苏联向中国的自由流动提供了一个极好的“跨国思想交流”（transnational ideological exchange）的实例。不管当时的中国政府采取何种立场，这些思潮基本上都越过了国界。面对大量令人迷惑的外来思想，中国知识分子摈弃了一些，拥抱了另一些，并力图使后者适应他们的需求。在共产主义运动内部，发展趋势也大体一致：从早期不加批判地接受苏联式的马克思列宁主义到愈加批判性地、选择性地改造外来学说。在从苏联到中国之思想交流的复杂过程中，原初的思想开始呈现出新的内容和形式，并与它的“正”根相分离。当中国共产党人将自己的社会—文化情感和革命实践经历熔铸于意识形态中时，他们的苏联同仁便认为，马克思列宁主义开始变得“异质”（和可疑）。

历史的一大讽刺是，苏联的马列主义者现正面临着意识形态上的严重挑战，中国同志将原先苏联同志传授给他们的思想体系加以修改，以此挑战苏联共产党在意识形态上的权威。思想交流通常都是双向的，中国现在正试图扭转流向，自东向西输出意识形态。具有中国特征的毛派意识形态中国际性的（或者，更准确地说，跨国的）一面已被清楚地展示出来，尽管其在60年代后期的“文化大革命”中还曾表现得有些粗鲁。[5]随着自信和国际经验的增长，中国意识形态的影响力可能会以更微妙的方式逐渐为人所感知。如同他们的儒家祖先一样，当代的共产党人也努力保卫意识 4
形态免受外来影响。但是，与儒家信徒不同，共产党人还热衷于向国外传播自己的信仰。今日的中国人正告别过去的孤立主义，并渴望登上世界政治的舞台，与西方、苏联和其他第三世界国家的意识形态并存。

作为一个特定的意识形态概念，毛泽东思想的崛起是中共党史乃至中国历史上的一件大事。在过去的三十年间，毛泽东思想已成为中国政治的主要组成部分，而在西方则是被褒贬的主题。在某种程度上，毛泽东思想是对正统马克思列宁主义的创造性发展；而在另一方面，它也意味着中共从国际共产主义运动的主流中挣脱出来。在现实中，上述两种意义可能同时存在。不过令人惊奇的是，几乎还没有人详细分析过毛泽东思想崛起的历史进程。德田教之（Noriyuki Tokuda）的论文虽然很有价值，但过于简略，还不能使人完全满意。许多概述中国共产主义运动的论著对此问题也有所涉及，专注程度却更为不足。[6]

本研究的目的便是填补这一空白，并试图分析1935—1945年毛泽东思想的概念在中共党内崛起的思想演进和政治发展的过程。从1935年毛泽东在遵义会议上取得有限的胜利，到1945年毛泽东思想被正式写入中共的新党章，正是这十年，毛泽东逐渐集政治、思想大权于一身。

这十年恰好与中共党史学中众所周知的“延安时期”相重合。这段重要的时期已经催生了一批优秀的研究著作，随后便将提及，但没有一部论著专门关注政治斗争中意识形态的层面，而在这至关重要的十年中，政治斗争几乎完全支配了党内生活。博伊德·康普
5 顿（Boyd Compton）翻译了著名的中共《整风文献》，这无疑是十分重要的，但它无法取代对延安时期中共意识形态发展的综合分析。我并不想再写一本康普顿那样的书，而是希望聚焦于别处，阐明一些思想争论及其发生的特殊政治背景。在毛泽东上升为中共党内主要的意识形态发言人的过程中，这些争论一直如影相随。正如最近出版的所谓彼得·弗拉基米洛夫（Peter Vladimirov，1942—1945年共产国际驻延安的代表）日记所表明的那样，在这关键的几年里，大量争论始终伴随着中国共产党的发展。[7]

应该说明的是，我目前的研究并不打算囊括整个毛泽东政治思想的演变和内容。尽管这一课题还远未做尽，但它已为该领域许多有才华的学者所关注，最著名的便是斯图尔特·R·施拉姆（Stuart

R. Schram)。[8]当然，我的兴趣在于思想演进和政治发展的具体过程，即毛泽东思想上升为正式的意识形态概念和官方的“指导思想”的过程。因此，我不会首要关注以下问题：在任何绝对意义上，毛泽东的思想是否是严密的，是否是独创的，是否是正统的，是否是中国的，是否切中了要害。这些问题最好留给哲学家或革命家，而他们的判断被公认为含有主观因素。[9]我的主要兴趣不是毛泽东政治思想的思想内涵，而是政治现象本身，是毛泽东思想成为中国共产主义运动的权力中心和动员中心的过程。按照严格的标准分析，毛泽东思想的地位应该比马克思主义或列宁主义稍低，但它对现代中国的历史进程和政治走向的巨大影响却是毫无疑问的。[10]

我试图回答的问题是一些经验主义的问题。毛泽东思想的崛起是反映了20世纪三四十年代中国的文化观照，还是基本上与中国思想文化的发展无关？毛泽东思想的概念是来自其拥护者成熟的思想，还是提升与综合了中共党内各种思潮？还有，毛泽东思想的崛 *6* 起是随着毛泽东政治权力的增大自然而来的结果，还是其拥护者有意为之的产物？中共党内哪些个人和集团支持把毛泽东思想抬高到党的官方学说的高度，哪些人反对这种变动，哪些人只是简单地跟随？如果1938年“马克思主义中国化”的理念与1943年“毛泽东思想”的概念存在着关联，那么这两者到底是什么关系？毛泽东思想的崛起在多大程度上受到中国共产党自身发展的影响，又在多大程度上受到中共无法掌控的国内外事件的影响？最后，对于那些支持者，“毛泽东思想”的准确含义到底是什么？一方面，他们如何看待毛泽东思想与正宗马克思主义理论的关系？另一方面，他们又如何看待毛泽东思想与中国历史文化的关系？

想要回答这些有趣的问题，我们必须仔细审视延安时期中国共产党的历史。这种方法要求我们顺着毛泽东获取权力的历史进程来展开研究，因为毛泽东在思想方面日益提升的声望是他在党内树立个人权威的主要议题，也是党内外批评家和反对者攻击的中心议题。这本质上是思想史，即以政治权力为背景，研究政治思想的演变，并研究两者互动的性质与结果。我特别想表明，最近在政治上强化毛泽东的新政策绝非偶然，它是为了应对具体的挑战与机遇。然而，本研究并非延安时期的通史，因此，在延安时期更为广阔的历史层面，对我们所涉及的领域做出一些限制是必要的。

在这段历史中，毛泽东的个人作用将会受到相当的重视。毛泽东逐渐意识到革命运动中意识形态的重要性，同时中共许多高层领导人也都对他作为马列主义理论家的能力表示怀疑，这些都促使毛泽东决心成为中共在一切理论问题上的首席发言人，从而获得意识形态方面无可争议的权威。在毛泽东思想被全党认可为官方指导思想的演进过程中，每一个重要关头都可以看到毛泽东本人无处不在的影响。

然而，毛泽东不可能单独完成这样的伟业，因此，在这一过程中发挥过作用的其他人物也应得到关注。毛泽东身边围绕着一小群为他的事业坚定献身的理论家，包括艾思奇、周扬、张如心和陈伯达。这些人物，还有许多其他的人，都可视为毛泽东个人的“思想库”（think tank），他们不仅帮助毛泽东阐述自己的思想，还为毛泽东思想赢得全党的广泛认可而勤勉工作。在延安时期的政治斗争中，他们构成了支持毛泽东的智囊团（intellectual machine），所以，1945 年毛泽东在诸多方面的胜利很大程度上也是他们的胜利。毛泽东和他那一小群理论家都有着十分明确的意识：争取意识形态上的至高权威。这表明，“毛泽东思想”的擘划是一种有意创造的行为，而不能简单地看作中共思想发展过程中的必然产物。

在这群拥护毛泽东的理论家中，陈伯达显然是最为重要的人物。为了确定其阐释和宣传毛泽东思想的作用，我将在本书中特别关注 1935—1945 年陈伯达在党内思想论争中的立场。毛泽东和他这位神秘的政治秘书之间的确切关系仍是模糊不清，而且学术界倾向于低估陈伯达在毛派阵营中的重要性及其个人在毛泽东思想方面的影响。不过最近，陈伯达在 60 年代后期“文化大革命”中的核心作用，引发了一些关于陈、毛关系的重新思考，更为正面的评价已呼之欲出。比如，米歇尔·奥克森伯格（Michel Oksenberg）已经指出，在需要的时候，毛泽东总是“求助于他最为忠实的支持者们，尤其是陈伯达”。在意识形态方面，毛泽东也特别依赖陈伯达这样的人，他们“对马克思有足够的、富含文化底蕴的理解，这使得他们能够将毛泽东的马克思主义发展成为令中国人信服的意识形态”[11]。

毫无疑问，延安时期的陈伯达扮演了越来越重要的角色。在1937年夏，与毛泽东相遇之前，陈伯达便凭借自己的才华成为党内 8
的理论家，随后，他很快在“马克思主义中国化”（这是毛泽东提出的“新民主主义”这一概念的先声）的运动中担当了主角。此外，陈伯达还在1942—1943年党的整风运动及同时展开的反对蒋介石、国民党的战斗中发挥了重要作用。以后，他又迅速崛起为“毛泽东神话”的主要建筑师，这一神话至今仍统治着官修党史。在这些年里，毛泽东和陈伯达确实建立了非常密切的私人关系和政治联系，在某些方面，陈伯达似乎还对他的提携者及导师产生了一些思想上的影响。陈伯达在1935—1945年十分多产，我也不打算讨论他在这一时期的全部论著和思想。本讨论只能关注陈伯达思想、活动中的某些方面，尤其是与他宣传毛泽东思想、以之为中共官方意识形态相关的那部分内容。不过，对于延安时期陈伯达在中国共产主义运动中的作用，本研究还是大大扩展了人们的既有认识。①

关于陈伯达及其与毛泽东的关系，还有最后一点需要强调：我无意表明陈伯达对毛泽东产生了深刻的思想上的影响，或者陈伯达有责任向毛泽东提供许多自己的想法；我也无意证明——如许多研究者所做的那样——陈伯达只不过是一个自己没有思想的代笔者，他所擅长的不过是将毛泽东的思想以可接受的文字形式表达出来。②
毛泽东和陈伯达是两个非常不同的人，出于各自的原因，他们都很 9
重视为思想纷争不断的中共确立一个核心意识形态。我的兴趣就在于他们为实现这一目标而在政治上采取的具体步骤及他们为其行动正名而展开的广泛的思想论争。显然，陈伯达是服从毛泽东的，即使他想在重大问题上与毛泽东持有完全不同的观点，他也不可能做

① 陈伯达的职业生涯应与波斯克廖贝舍夫（A. N. Poskryobyshev）的职业生涯相区分，后者大约从1928年起，到1953年斯大林逝世，一直担任其私人秘书。波斯克廖贝舍夫是重要的幕后人物，但他从未如陈伯达那样，享有理论上和政治上的影响。与其苏联同行相比，陈伯达凭借自己的实力，成为一个政治人物，他在60年代后期的“文化大革命”中所扮演的角色清楚地表明了这一点。

② 在西方的论著中，把陈伯达仅仅视为毛泽东的誊写员而不予理睬的倾向是十分明显的，至少到“文化大革命”时期还是如此。

到。不过，正如我将揭示的那样，还是有证据表明，两人确实偶尔地借用过对方的见解，比如，对于历史意义的认识和关于“中国化”的想法。

还应说明的是，本书并不想写成陈伯达或毛泽东的人物传记，他们1935年（本研究的起始时间点）前的活动，我基本上不感兴趣。对于毛泽东来说，这一缺省很容易弥补，因为他早年的经历与思想已经被许多学者非常仔细地审视过了。如果哪位读者想要探究1935年之前毛泽东革命生涯的细节，他只需翻阅大量优秀的关于这一主题的研究论著。[12]不幸的是，陈伯达的情况则大不相同，迄今为止，他只得到了一些研究中国共产主义运动的学者很少的关注。[13]因此，以下列内容作为本书的开场白似乎是合适的：简要评论陈伯达1935年前的经历与思想，并特别强调那些与1935—1945年十年间陈伯达在毛泽东思想形成中的作用密切相关的内容。关于陈伯达早年经历的其他材料可以从各种传记资料中获得，这些都列在下节讨论的注释中。

在全书中，我将会大量地、直接地引用相关主要人物的著作。与上述陈伯达研究的情况一样，在某些时候，我所研究的许多著作都没有被翻译成英文，甚至根本没被研究中国共产主义运动的英文
10 论著讨论过。因此，广泛征引陈伯达某些最为有趣的和/或最为重要的作品将会使读者更好地了解他的分析方法和表达方式。对于思想或意识形态演进的研究，通常都允许主创者的自述，而不愿其他人介入。当然，这种做法可能会使某些读者感觉冗长、乏味，但我希望由此带来的准确、明晰能够大大抵消那种枯燥。不管怎样，毛泽东、陈伯达和其他共产党的高级领导人通常都是有说服力的、妙趣横生的作家，接触一些他们的文章将有助于我们传达出那段动荡岁月（本研究即限定在此时段内）独有的韵味。

陈伯达：成长时期

陈伯达是中共党内少数几个出身于“贫农”家庭的高层领导人之一，对于这一点，所有的材料都予以肯定。[14]当1904年陈伯达出

生时，陈氏一家还居住在福建省惠安县，据说这是该省最贫困的地区之一。陈伯达原名尚友①，但从 30 年代起，他却以伯达知名，伯达是他以“志梅”这个完全不同的化名在北平②教书时所用的笔名。[15]陈伯达孩提之时，他们一家就离开惠安，移居到同安县的集美镇附近，这里隶属于与台湾岛遥遥相望的厦门市。大约 8 岁时，勤奋好学的陈伯达便进入了集美刚刚落成的“新式”学校，它是由一位富裕的海外华侨捐资兴办的。这所学校后又逐渐发展出中等教育和师范教育，陈伯达也就依次接受了这三个层次的教育。③ 1925 年年初，在离开集美并于广州短暂停留之后，陈伯达被招进新成立的上海劳动大学。④ 这所大学虽说是国共两党统一战线的产物，但实际上被共产党人控制，教员中有许多中共的领导人，瞿秋白便是其中之一。当陈伯达入校时，他看起来已相当倾向于左派，后来，他又在校内外的学生运动中发挥了积极作用。正是在这一时期，陈伯达与他的好友、后来成为党的领导人的饶漱石一起加入了中国共产党。[16]⑤

在上海完成学业之后，大约是 1926 年年末，陈伯达南下前往福 11
建漳州国民革命军第 49 师张贞将军的驻地。⑥ 张贞（同为惠安人⑦）为陈伯达提供了一个秘书的职位。陈伯达凭借其文才，迅速赢得了张氏的尊重，很快张贞大多数的演讲稿和文章便由这位年轻的秘书经手。据说，陈伯达在这几个月中深受张贞思想的影响。1927 年

---

① 陈伯达原名陈声训，字尚友。——译者注

② 北平，即今北京。——译者注

③ 据陈伯达回忆，他从 5 岁起，一共念了 10 年私塾，15 岁时才考到集美师范。因此，陈伯达 15 岁之前并未离开惠安，8 岁即入集美学校的说法也是不准确的。参见陈晓农编纂：《陈伯达最后口述回忆》（修订版），4 页，香港，阳光环球出版香港有限公司，2005。——译者注

④ 首先，陈伯达 1925 年并未到过广州，他是 1926 年年初经吴康介绍到广州的中山大学学习的。其次，陈伯达到达上海的时间应是 1924 年秋，当时陈伯达担任《厦声报》的驻沪记者，不久就进入上海大学中文系学习。最后，文中的上海劳动大学应该是 1922 年国共两党合作创办的上海大学，1927 年蒋介石查封取缔上海大学，并在原址成立了国立劳动大学。参见《陈伯达最后口述回忆》（修订版），9、11 页。——译者注

⑤ 陈伯达的入党时间是 1927 年“四一二”政变之后。参见《陈伯达最后口述回忆》（修订版），17 页。——译者注

⑥ 1926 年暑假，陈伯达从广州中山大学回家，由于没有足够的路费，便逗留汕头，经张余生的介绍，被张贞聘为诏安军官学校的教官。当时张贞部队的番号是国民革命军独立团，团部驻汕头，分布在澄海、诏安等闽粤边境地区。参见《陈伯达最后口述回忆》（修订版），13～14 页。——译者注

⑦ 张贞是福建漳州诏安人。——译者注

春，当国民党开始镇压共产党时，陈伯达逃往上海，随后又逃往南京，并在南京被捕入狱。① 由于张贞个人的干预，陈伯达似乎受到了鼓励，写下了“悔过书”，宣布与中共断绝关系并保证全心全意地研究孙中山的三民主义。这份悔过书使陈伯达获释出狱，这也许算是他人生中的一个新起点。[17]

被释不久，陈伯达重新与党组织取得了联系。当时党所遭受的重创深深地改变了陈伯达。正如他后来回忆的：“从此，关于追求马克思列宁主义的真理，以及怎样掌握马克思列宁主义来贯通中国革命的问题——这件事情长期地旋转在我的脑海。”[18] 1927 年中共的惨败并没有摧毁陈伯达对马列主义乃是永恒真理的信仰，反而使他对把马克思主义理论运用于中国社会具体环境的问题产生了兴趣。幸运的是，1927 年年末，党组织安排他与许多“清党”中幸存下来的青年积极分子一道赴莫斯科深造。随后的三年，陈伯达进入中山大学，学习俄语和马列主义哲学，大多数时间都置身于现实政治之外。在莫斯科的这段岁月为陈伯达系统掌握马克思列宁主义的历史发展、基本原理及其在苏联的实践打下了坚实的基础，并为他后来成为中共党内首屈一指的理论家和历史学家奠定了智识基础。

留苏期间，陈伯达在政治上表现得比较低调。这不仅是出于他的求学欲望，而且与那时莫斯科中山大学里中国学生的特殊处境有关。在中共早期，党组织曾派出大批青年党员赴莫斯科深造，
12 后来在这群人中形成了一个党内称之为“留苏学生”（Returned Students）或“二十八个布尔什维克”② 的小集团。这个团体以陈绍禹（王明）和秦邦宪（博古）为首，由于他们忠于苏联共产党和共产国际，因而被认作是中山大学里的“国际派”。[19] 而另一派，也就是陈伯达所属的“支部派”，则服从中共及其驻莫斯科官方代表的权威。当 1930 年斯大林在苏共党内发动大清洗运动并随后清除托洛茨基（Trotsky）和布哈林（Bukharin）的时候，两派之间的关系变

① 国民党开始清党后，张贞接到密电，要求就地处决陈伯达，但张贞却密告陈伯达。陈伯达先是逃到厦门，后又逃到上海，最后转移到武汉，并未被捕，不久即被中共党组织派往莫斯科中山大学学习。陈伯达是 1931 年在天津被捕的。参见《陈伯达最后口述回忆》（修订版），16～18、24 页。——译者注

② 原文如此。但比较通行的说法为“二十八个半布尔什维克”。——译者注

得更为紧张。莫斯科中山大学里的国际派效仿斯大林的做法，也发动了一场内部清洗运动。据一些资料记载，博古（很可能也包括王明）曾在这次清洗运动中揭发陈伯达参加“宗派活动”，并警告陈：如果继续参加，将会受到处分。[20]当 30 年代末 40 年代初，毛泽东与留苏学生在延安展开至关重要的斗争时，陈伯达支持了毛泽东，这不仅有思想方面的原因，还很可能与他在苏联的个人际遇有关。

在 1930 年年末至 1931 年年初的某个时候，陈伯达回到了中国，并在北平的中国大学谋得了一个讲授中国古代（先秦）历史和哲学的教职①，而这时的中国大学已经成为左派学生的据点之一。显然，也是在这一时期，陈伯达与诸有仁完婚。诸有仁是一位四川女孩，同时也是陈伯达的同学，他们俩在莫斯科相遇相知，并一道返回中国。[21]在中国大学期间，陈伯达化名陈志梅；同时，他继续开展地下党的活动，并以陈伯达这个后来著名的新笔名，撰写论战性的文章来反驳共产党的敌人。不过，陈伯达的教学任务并没有妨碍他承担党的工作。1933 年，陈伯达便在天津与柯庆施、南汉宸、朱其文等人共事，而这些人后来都成为党内举足轻重的人物。[22]到 1935 年年末，这段经历被证明是有益的。当时，陈伯达正是与这些人一道，为那年 12 月北平爆发的著名的学生运动指出明确的政治方向。 18

到 1935 年秋，陈伯达即将开启他人生的新阶段，因为“一二·九”运动将会使他在国统区的马克思主义作家中崭露头角，赢得全国性的声誉。然而，所有的记载都表明，陈伯达看起来一点儿也不像领导——身材矮胖，戴着厚厚的眼镜片，浓重的闽南口音和明显的结巴使其所讲的一切都令人费解。同样，他的个性也无助于提升其个人形象，他好像是刻板的模具铸出来的一样，既不抽烟也不喝酒，对闲谈也不大有兴趣。他更像是思想的创造物，而他的思想又是通过笔来表达的。根据一条材料，陈伯达曾受教于他的兄长陈敦友，因此，他的“作文相当不错，书法也很漂亮”[23]。正是通

① 1930 年年底，陈伯达回国，起初被派往福建工作，后又被派往天津。1931 年 4 月，陈伯达一到天津就被国民党特务逮捕，1932 年 2 月出狱。1933 年春，党组织又派陈伯达到吉鸿昌的部队开展政治工作，后又安排其在天津进行地下抗日宣传工作。1934 年，陈伯达要求到北平做文化工作，之后才到中国大学讲授哲学。参见《陈伯达最后口述回忆》（修订版），22～38 页。——译者注

过文字这个媒介，陈伯达在中共党内逐渐崛起。的确，他的许多经历都使人联想起传统中国的士大夫。

在一篇写于1935年的系统批判唯心主义的文章中，陈伯达清楚地表明了他对于哲学的基本观点。[24]鉴于国民党通行的审查制度，他极力避免任何对马克思主义或列宁主义的明确提及，但他没有掩饰自己对辩证唯物主义的信奉。在论文的开篇，陈伯达就开始解决他所认为的“哲学上最基本的问题”，即思维与存在之关系的问题。在重申马克思主义的物质独立于人的意识而存在的观点之后，陈伯达断言没有所谓“抽象的真理”，只有“具体的真理”。人们对于具体真理的认识是有限的，只有通过人们在自然界和人类社会中的实践才能发展这种认识。因此，人的任务便是将部分（相对）真理运用于具体实践，并以这种方式逐渐接近全部（绝对）真理。那么，在从认识相对真理到理解绝对真理的过程中，人们将会运用什么样的思维工具呢？对于陈伯达来说，它就是内在于一切自然现象和社会现象的辩证法和矛盾论。陈伯达否认唯心主义者的信念，即矛盾只在修辞学和逻辑范畴中存在。相反，他认为：“辩证法就是寄托在活生生的事物上，是宇宙万千无尽的事物之灵魂。没有矛盾，没有辩证法，即没有宇宙，没有自然，没有社会，也没有思维。”[25]

既然辩证法是客观世界真正的“精神”，那么人们就必须运用这一工具去认识独立于意识而存在的现实世界。唯心主义者指责辩证唯物论者（即马克思主义者）是教条主义者，认为他们只会以死板的方式套用辩证法的概念，只会根据固定的程式安排现实世界中的事物。对于这些指控，陈伯达也予以否认。在他看来，“真正”的马克思主义者“只是在活生生地，经过自己的实践，去接近客观的事物，握住事物，从事物的具体性和全面性去解剖事物发展之内的联结以及外的联结，去解剖事物内部具体矛盾的各方面”[26]。

但是，唯心主义者还会追问：辩证法本身是辩证的吗？即矛盾是否也像存在于客观世界的其他部分一样存在于辩证法中？陈伯达的回答是肯定的，但他并不认为这些内在的矛盾会最终否定它们自己，进而否定辩证法。他说，矛盾远不能否定辩证法，相反，历史已经证明，辩证法的科学性本身就是其内部矛盾从较低阶段向更高阶段发展所造成的结果。因此，近代唯物辩证法是对古希腊原始唯物辩证法和黑格尔更为精细的唯心辩证法的提升："自唯物辩证法的创造者以后，唯物辩证法已表现了新阶段的发展，而且正在表现着新阶段的发展，这种发展乃是根基于历史的发展，人类实践的发展，也是辩证法自身所必至的发展。这种发展不只是单纯数量上的发展，而且也包含有质量上的发展。"[27]

早在这篇文章之前，陈伯达就曾表明，近代唯物辩证法（马克思列宁主义）是"崭新的事物"，是辩证法从低级阶段向高级阶段发展的产物。但如果马克思列宁主义还将依次发展到一个新的阶段，那么是不是又会诞生另一个"崭新的事物"？如果真是这样， 15
那个更新的东西将是什么呢？在1935年的这篇文章中，陈伯达没有回答这个问题，不过在随后的几年里，正如我们将要看到的，答案开始慢慢浮现。最后，陈伯达开始反击如下指控：中国的辩证唯物论者正面临着陷入"外人网罟"的危险，即对外界影响（意指莫斯科）低声下气，连自己公开提倡的哲学也无法掌控。为了驳斥这种指责，陈伯达将其反套在中国唯心主义者、反马克思主义者的身上。陈伯达说：他们才是真正"匍匐于'外人'"的人；他们只不过是重演了休谟、康德、柏格森、罗素、杜威等外国思想家的反马克思主义哲学，而这些人的理论纯粹是用以"奴役自己之民和殖民地人民"[28]的鸦片。

陈伯达一方面重视辩证唯物主义"活生生地"运用于中国问题的必要性，另一方面又坚决否认中国马克思主义者有陷入"外人网罟"的危险。这些都是一种早期的暗示，表明陈伯达不满于中国依赖西方，不满于中国甘做一个"科学的"新无产阶级哲学的借用者而永远感激西方（以及苏联）的哲学启蒙。然而，中国真的只是一个辩证唯物主义的借用者吗？或者它实际上还有自己单独的"马克思主义"的思想传统？从这时起，陈伯达开始接受后一种观点，他对于谭嗣同（谭嗣同是中国激进的改革者，1898年被处决）的看法清楚地说明了这一点。1933年年末，陈伯达写了一本以谭嗣同哲学思想为主题的小册子，他坚称谭嗣同的思想含有初级的唯物论和残缺不全的辩证法的痕迹。[29]由此可见，到1933年，陈伯达正在极力寻找“马克思主义”在中国本土的根源。最终，对辩证唯物主义在中国之起源的探寻使他回溯到中国古典哲学。[30]对于陈伯达来说，中国悠久的历史不宜简单地被否定；相反，像他这样的中国马克思主义者能够准确地继承谭嗣同思想中“最优秀部分”，因为他们是“中国一切优秀思想的继承者”[31]。

在很大程度上，陈伯达似乎受到了本土主义者或20世纪初期兴起的国粹学派的影响。这个团体的大多数成员，与陈伯达一样，来
16 自东南沿海地区，相信文化（与政治制度相对）作为中国独特传统的承载者具有极为重要的作用，特别强调返回先秦历史去研究汉代独尊儒术以前诸子百家之思想的必要性。尽管国粹学派本质上是保守的，并主要关注如何解释中国独有的历史特征，但他们并不断然拒绝西方新文化的影响。他们已经意识到中国有许多地方不得不向西方文明学习，但他们坚持认为中国的传统有足够的灵活性，可以适应这些新的元素，不管它们多么激进。

就西方科学而论，他们声称，引用费侠莉（Charlotte Furth）的话来说，“可以在从前科学的文化传统中找到与现代科学相兼容的元素，利用这些元素，便可建立起现代科学”[32]。因此，他们的目标就是要实现一种新的中国文化，这种文化将代表东西方最优秀传统的完美融合。用一个流行的比喻来说，创造新的中国文化就如同制造新的纸张：既需要中国的破布，也需要西方的旧纸，最终将造出一个不同于——高于——原材料的完全新的东西。[33]

在陈伯达理解马克思列宁主义本质的过程中，本土传统的影响似乎是毋庸置疑的。他出生于南方，逐渐重视文化问题，敌视30年代的“新儒家”，专攻先秦思想史，坚信中国传统哲学中存在“科学的”元素（辩证唯物主义），提倡新的混合中国元素和马克思主义元素的综合性思想：所有这些都意味着陈伯达的思想与国粹派宽广的关怀存在着联系。尽管“国粹”一词在30年代中期国共两党的圈子中都已过时，但其背后的主体思想仍然存有影响。的确，30年代主导思想界的潮流便是极力寻找一种新的政治哲学，而这种政治哲学将能把中国的传统与西方的革新这两件看似冲突的事物调和起
17 来。正如本杰明·史华慈（Benjamin Schwartz）敏锐地指出的那

样："具有明显现代特征的中国人与整个文化遗产之间的关系不能简单地等同于保守/激进的问题。"[34]陈伯达的情况正是如此。尽管他在政治上是一个"激进分子"，但他对历史怀有浓厚的兴趣，对文化也十分关注，这说明他在某些方面又是"保守的"。陈伯达并没有泛泛地号召破坏中国的传统文化，他想通过强调传统文化中较为"科学的"方面，使之更加适应现代社会，从而将其大部分内容保留下来，传给子孙后代。①

到 1935 年，陈伯达已迈向一种关于马克思列宁主义的新阐释。通过在中国丰富的历史文献中寻找辩证唯物主义的因素，这种新阐释将建立起马克思列宁主义与中国社会的相容性。同时，通过将马克思列宁主义"活生生地"运用于中国革命的进程之中，这种新阐释将推进马克思列宁主义在中国的发展。这种解释将令右翼批评家无从置喙，因为它正好反驳了他们所声称的：马克思列宁主义本质上不适用于中国社会，而其中国信徒却不顾国情非要教条地套用。此外，这种解释还将对中国所有非马克思主义者的民族主义情感产生很大的吸引力，因为它坚持发展一种无论历史渊源还是当前形式都真正植根于中国的、新的哲学系统。然而，左派势力却很难接受这样的诠释。许多左派相信，任何调和马克思主义理论和中国历史的尝试都将削弱马克思主义对传统"封建"社会的尖锐批判。他们警告：任何通过使其适应中国国情来发展马克思列宁主义的尝试都将扭曲其不论时空的普遍适用性。不过，陈伯达关于马克思列宁主 18
义的解释将会比左派的解释更加符合新的国共抗日民族统一战线的需要。

陈伯达对于马克思主义理论的看法也与毛泽东的看法更为一致。1935 年，面对"左"倾的留苏学生的强烈反对，毛泽东开启了他夺取中共最高权力的进程。在随后的几年里，沿着国粹的路线，陈伯达关于马克思列宁主义的观点变得日益明晰，而他的思想也逐

① 正如马丁·伯纳尔（Martin Bernal）已指出的，国粹意识的因素在中国 20 世纪三四十年代多种派别思想家的思想里继续存在，包括政治立场相反的胡适和郭沫若。比他们年轻一些的陈伯达似乎也应被包括在这个群体内。请参阅 Bernal，"Liu Shih-p'ei and National Essence，" in Charlotte Furth，ed.，*The Limits of Change：Essays on Conservative Alternatives in Republican China*（Cambridge，Mass.，1976），p. 112。

渐为毛泽东所用。1935 年秋，陈伯达正处在他人生的转折点上。在为抗日民族统一战线奋力斗争的过程中，一位 31 岁的、讲课结结巴巴的大学教授即将成为中共最具影响力的发言人。正是在这一斗争背景下，陈伯达详细阐述了他对于马克思列宁主义的理解，从而在中国共产党的队伍中树立起冉冉上升的青年理论家的地位。

第二章

发展中国的马克思主义(1935—1937)

民族主义与“民族形式”

随着共产党人在1925年至1927年的大革命中的失败，许多左 19
翼知识分子转而根据中国具体的历史背景和社会体制，重新思考革命的理论。马克思主义作为一门真正的社会科学，逐渐被包括学生在内的广大知识群体接受。经过他们极大的努力，一批经典的和当代的马克思列宁主义著作被翻译成中文。准确地领会理论，以之为社会实践的指导是十分重要的，这个一般性的命题已无人质疑，更多的精力被用于在马克思主义的框架内寻求合适的理论观点。[1]正如阿里夫·德里克（Arif Dirlik）已指出的，30年代初“中国社会史论战”中的许多参与者都是抱着“马克思主义史学的社会形态理论普遍适用的坚定信仰”来研究中国历史的。因此，他们便从中国缺少资本主义发展阶段这一事实中得出结论：中国的皇权社会（即从秦代到晚清）是一个“停滞的过渡阶段”。这种论断不仅低估了两千多年来的中国历史，而且严重扭曲了马克思主义关于资本主义社会脱胎于“封建”社会的历史分期的观点。[2]

根据德里克的叙述，论战中至少有一些辩论者并不满意这种牵强的分析。他们认为，尽管社会变迁的机制，如马克思主义解释的那样，可能是普遍的，但这些机制在不同的社会环境中运作将会导致不同的结果。德里克说：“具有讽刺意味的是，在这些事例中，历史的普遍性反而成为认识历史的特殊性和独特历史道路的工
具。”[3]这大概便是陈伯达在中国史论战中所采取的立场。1934年8 20
月，他发表了一篇论文，在文中，他指出了忽视某一社会之特殊性

的错误。[4]这种焦虑逐渐成为陈伯达不断发展的关于马克思主义理论与中国社会之关系的概念的核心。也就是说，陈伯达最终断言马克思列宁主义的普遍适用的“科学”真理将要适应中国的历史特征和中国革命的实践。

吊诡的是，在大多数知识分子（如陈伯达）抛弃他们的传统观念，赞同本质上的外来思想之时，民族主义却在国家政治生活中前所未有地成为一股强大的力量。至少在此前十年，民族主义便已成为中国重要的政治因素，而30年代来自日本的日益增长的威胁更是极大地刺激了民族主义的发展，尤其是1931年日本进占东北之后。学生运动中的民族主义意识和激进情绪也变得越来越强，1935年至1936年主要由学生组织的“一二·九”运动对整个国家都产生了深远的影响。许多中共后来的领导人，包括陈伯达本人，都是在这次或类似的反对日本加深侵略的运动中崭露头角的。[5]

民族主义的快速上升将不可避免地对中国两大政党产生直接的影响。国民党的民族主义情绪一直都相当浓厚，在蒋介石的领导下，这种倾向更加明显。由于蒋介石宣布革命的主要任务是“复兴我们中国的历史文化，恢复民族固有的美德，发扬我们中华民族的灵魂”[6]，因此，“民族复兴运动”在30年代初期顺利启动。也正是在这段时期，国民党试图齐心协力地建立自己的意识形态，并以此作为中国重建的基础。依据某位研究者的见解，意识形态问题是“30年代国民党的根本焦虑”[7]。在很大程度上，1934年至1935年的新生活运动便是国民党争取中国青年投身其事业的尝试。[8]

21 除此之外，中国的“民族灵魂”还为30年代中期爆发的关于西方对中国影响之实质的大争论奠定了基础。在20年代，人们像胡适和陈独秀一样，虽然在意识形态上迥异，却都主张把西方的思想和技术广泛地介绍到中国。在随后的十年里，这种西方化的浪潮开始衰落，越来越多的批评不仅来自中国知识分子的各个阵营，还来自国外。比如，1931年，一组外国专家在国联的赞助下全面系统地考察了中国的教育。据关注过此份报告的詹姆斯·谢里登（James Sheridan）所言，外国教育专家曾指出中国的大学“非常去民族化”，而且表现出“对外国思想和现象的专注”。谢里登说，这份报告的主题便是“中国各个层级的教育都不够中国化。它复制外国的模式，主要是美国的模式，却很少考虑中国和美国之间现实情况的差异。专家们还反复强调了机械模仿外国方法和外国哲学的危险”[9]。

在日本侵略的唤醒下，中国的民族主义情绪急剧膨胀。越来越多的中国人开始察觉到那种相对不加批判的态度所暗含的危险。在西化派与民族主义者的争论中，一个标志性的事件是 1935 年 1 月十位教授联合宣言的发表。十位教授反对他们更为狂热的同事们所采取的“全盘西化”的立场，而力荐一种更为民族主义的态度。尽管中国有许多地方需要向西方学习，但绝不能过于紧密地模仿西方——英国、美国、苏联、意大利或德国，而必须转向国内：“我们要求有中国本位的文化建设……必须把过去的一切，加以检讨，存其所当存，去其所当去……吸收欧、美的文化是必要而且应该的，但须吸收其所当吸收，而不应以全盘承受的态度，连渣滓都吸收过来。”[10]这份宣言的结论与外国教育专家的结论高度一致，这表明现代历史中，中国人的“排外”立场可能既出于当时的社会现实，又源于传统的“仇外”情绪。不管怎样，这都是一个重要的课题，值得研究 22
中国现代史和当代中国政治的西方学者密切关注。

提出这份宣言的十位教授都是依据一种本质上保守的观点来立论的，但在特殊的背景下，正如易劳逸（Lloyd Eastman）已指出的，“保守”一词用在此处需要一定程度的谨慎。1935 年的宣言据说是依据陈立夫起草的初稿修改而成的，陈立夫是一位接受过美国教育的工程师，后来又将自己树立为国民党的主要理论家之一。由陈立夫及其兄陈果夫领导的所谓 CC 系成员，在政治上都是独裁主义者和反左分子，但从反对变革的意义上说，他们并不保守。相反，他们相信中国为了生存不得不有所改变，而且——像自由主义者和左派人士一样——他们也承认有必要保持人民和国家的活力，尽管这必将导致部分地或全部地抛弃传统文化。但保守主义者比自由主义者更为悲观，因此他们坚持认为任何必要的变革都应以有选择地综合中西文化传统中最可取的元素为基础。他们承认“辩证的”综合将带来“中国新文化”的崛起，它既不是传统的也不是西方的，而是一种既区别于两者又高于两者的文化。[11]

保守主义者具有强烈的文化民族主义的意识。为了应对西方的挑战和实现真正的复兴，他们强调必须增强中国的“民族性”。尽管只是附和了20世纪初兴起的、现已不足信的国粹学派的关切，但这种新近出现的对中国本位的文化建设的重视却适应了时代的潮流。任何派别的政治活动家，若想切中这个动荡年代的脉搏，就不能对此轻率地不屑一顾。正如我们在第一章所看到的，陈伯达本人也深受国粹思想家的影响，在1935年春，他特别专注于驳斥如下指控：中国的辩证唯物主义者（马克思主义者）完全受“外人”的支
23 配。恰恰相反，他明确地告诉读者，他所信仰的“新哲学”即将在中国迈上一个更高的发展阶段。

正是在这种思想的大氛围下，“一二·九”运动于1935年年末爆发。到1936年春，运动已从北平发展到全国。学生要求国民政府停止反共战争，并联合中共建立新的抗日民族统一战线。陈伯达执教的中国大学在北平各大学中共产党员的人数最多，因而与城中另外两所重要的大学——燕京大学和清华大学一起，成为运动的发源地。当时领导北平学生联合会交际部的史立德后来透露说，陈伯达是党的北方局的“负责同志”，他在运动中发挥了积极的作用。[12]陈伯达活动的具体细节不得而知，但我们已知晓，陈伯达是与柯庆施、南汉宸及其他后来成为党内领导的人共事的。也正是在这时，陈伯达结识了30年代中期领导北方局的刘少奇，并与他建立了良好的私人关系。据说，刘少奇当时对陈伯达评价颇高。[13]

根据共产国际的倡议，中共稍显迟缓地转向了统一战线的政策，而“一二·九”运动则为国共两党以某种方式重新合作做了大量舆论上的准备。[14]1935年12月，中共在上海文化界的重要人物周扬解散了左翼作家联盟，并建立了一个新团体——中国作家协会。①这个新组织意在降低激进的左翼文学的重要性，宣传所有抗日作家（马克思主义作家或非马克思主义作家）的大联合。周扬和他的同事们提出了“国防文学”的战斗口号，在它的指引下，一切爱国作家都应该为中国反抗日本侵略的共同事业而工作。这一口号立即得

① 1936年6月，协会正式成立时，定名为中国文艺家协会。——译者注

到了许多中共知识分子的支持，包括郭沫若、艾思奇、何干之和陈
伯达。但也不是所有的人都支持这个口号，左翼作家中另一个颇具 24
影响力的派别，包括鲁迅、胡风、冯雪峰和茅盾，便创立了名为中国文艺工作者协会①的组织，以此与周扬的组织相对抗。他们的口号是“民族革命战争的大众文学”，他们认为这个口号比周扬集团的口号更为全面、更为激进。[15]

周扬国防文学口号的核心是“民族形式”的概念。在这方面，周扬受到了1935年被国民党处决的中共领导人瞿秋白的直接影响，但是“民族形式”这一概念的真正来源还是世纪之交的所谓“新学”之诗。正如1903年梁启超在《诗话》中所言，新诗派的特点是强调关注时事，强调为旧的形式注入新的精神，强调使用更加接近本国语言的句法。[16]30年代初期，瞿秋白重拾其中的一些思想，并将其运用到更为广阔的文化语境中，在语言学的“普通话”问题和文艺学的“民族形式”问题上，发展出了他自己的观点。

瞿秋白认为五四运动在使书面语言接近普通大众方面做得远远不够，他批评20年代所谓的白话只是一个别扭的中外元素的混合物，当大声朗读时，常人便大半不能理解。瞿秋白提倡创造一种真正的白话，以便交谈时普通百姓能够听懂。但这种白话又不能以农民的语言为基础（因为他们的语言常常令人费解），而应以中国新兴的城市工人阶级的语言为基础。工人阶级接受了城市现代化的影响，他们的语言正迅速成为一种全国通用的“普通话”，它也将成为新的大众革命文学的起点。瞿秋白并不反对在书面语中使用一些地方的土话，他建议今后应该鼓励发展特定区域的地方性文艺，比如广东文艺或福建文艺。他认为只要起点是浅近的城市无产阶级的
普通话，书面语言就可以十分灵活，只要觉得合意或是必要，甚至 25
可以使用一些外国的表达方式。[17]

在文艺的问题上，瞿秋白明确反对左翼文艺圈中普遍接受的新内容需要新形式的观点。相反，他认为传统的文艺形式能够承载新的内容，他特别建议，可以将传统的演义当作一种讲述现代革命历

① 1936年6月，鲁迅等作家发表了《中国文艺工作者宣言》，但中国文艺工作者协会始终没有成立。——译者注

史的形式来使用。例如，某人可以设想出一部题为“广州公社”或“朱毛大下井冈山”的新演义。瞿秋白还坚持认为文艺上的某些旧形式要优于某些新形式，因为旧形式与传统的口头文学直接相连，并且采用了浅近的叙述方法。他批评了一些作家的自负，那些作家认为应该提高大众的文艺水平，而不应降低标准去迎合大众现在的口味。根据这种观点，作家应该教会大众欣赏文艺上的新形式，而不应该退回到传统形式。瞿秋白不否认新形式在文艺学上的价值，但他相信，在大众逐渐接受新形式的过程中，旧形式和新形式可以同时使用。他认为，如果革命的大众文艺的内容确实是进步的，那么它就应该可以用多种不同的形式来试验，无论新旧。[18]

当30年代初期周、瞿两人在左翼作家联盟共事时，周扬深受瞿秋白的影响，他的新团体也以瞿秋白的许多思想作为行动纲领。以鲁迅为首的派别对这些观点几乎都持有异议，主要是因为他们担心这种思想会吸引太多非马克思主义的作家，而且随着民族主义浪潮席卷全国，国防文学的革命内涵将会被冲淡。鲁迅派的成员茅盾①后来抱怨说，当时由于强调民族主义而“忽略了阶级观点”[19]。这场争论主要表现为两派领袖人物之间纷纭的个人争吵，但本质上仍
26 是思想论争。同时，这场争论也是十分严重的，默尔·戈德曼（Merle Goldman）在其研究这一问题的著作中总结道：“（鲁迅和冯雪峰特地）谋划一套故意违背党的文化指示的政策，并亲自挂帅，大力提倡。”[20]这场文化界的公开争论使得中共建立新的统一战线的努力处于一种十分尴尬的地位，艾思奇悻悻地抱怨说：“目前的最主要危险是……左方面的独断。”艾思奇写道，这些“左”倾公式主义者“却装着最前进的面貌，动辄以出卖、投降来中伤统一救亡的工作者”[21]。显然，艾思奇的指控直指上海“文艺界中的‘左’倾分子”，但与毛泽东在遥远的延安向在党内占据领导地位的留苏学生所提出的指控相同。

1936年10月，关于两个口号的争论达到高潮，陈伯达随即提出了自己的建议，他希望两派联合起来。[22]陈伯达公开宣称，争论

---

① 茅盾参加了两边的活动，既当选为中国文艺家协会的理事，又在《中国文艺工作者宣言》上签了名。参见茅盾：《我走过的道路》（中），322页，北京，人民文学出版社，1984。——译者注

虽是生活中不可避免的一部分，但这场争论如此延续下去，只能使敌人从中渔利，现在应该是文学战线上对抗的两派“休战”的时候了。说完这些之后，他又立即对国防文学的口号表示支持，并号召反对这一口号的左翼作家认识到其在建立统一战线中的正确性。他承认有一些人觉得这一口号不够激进，但他指出，这个口号就是为了进一步实现抗日民族统一战线的目标而设计的。就其本身而论，它必须足够广泛，以便吸引众多出于各种各样的原因，出于各自不同的社会利益而抗日的人。同时，陈伯达认为，国防文学的概念应该被宽泛地理解，其所包括的范围应是“反对黑暗和压榨，要求自由，要求改造人民的生活，反对礼教和迷信”等诸如此类的革命事业。

陈伯达接着写道，尽管国防文学使用了如此宽泛的定义，但它仍可容纳民族革命战争的大众文学这个备选口号。国防文学不是将民族革命战争的大众文学当作对立的口号，而是将其视为国防文学 27
下文艺界左翼力量的口号。更为激进的文学形式应该成为国防文学的核心元素和主要力量。因此，鲁迅一派的口号可以是“左翼作家”在文艺统一战线内的“自己立场”，而不能成为文艺统一战线本身的口号。通过这样一种妥协，互相对立的两派将齐心协力地致力于抗日的共同斗争。陈伯达号召卷入各派的作家，应“牺牲成见”，重新统一起来。

随着战争的临近，上海作家中的左翼一派在某种程度上为陈伯达的论点所说服，勉强地接受了广泛的抗日民族统一战线的思想。[23]即使是这样，也并不说明先前左翼派别中的几位重要人物最终接受了中共在文艺界的权威。直到几年之后，他们在40年代初延安的整风运动中才被迫承认了这一点。还有一部分人则从未承认党在这一领域的权威。

陈伯达和解国防文学争论的提议，生动地说明了他对内容与形式之关系的理解。对于陈伯达来说，内容远比形式重要：只要任何政策的内容是“正确的”，形式的问题则完全是次要的。虽然国防文学的口号对于“左”倾分子而言明显是反动的，但陈伯达本人根本不担心形式。假如这种看似落后的形式能够注入革命的内容，能够注入象征革命核心的鲁迅的更为激进的口号，那么一切都没有问题。不仅口号中的革命内涵被保留下来，而且温和的形式还将提高它对广大群众的吸引力，因为大部分群众都必定会逃避过左的口号。以陈伯达的观点，为了争取大众投身抗日事业，使用更为保守的口号不仅是必要的，而且也是可取的。另一方面，过左的口号虽看似进步，但实际上会使许多潜在的爱国者难以联合起来共同抗日，因此，它在一定程度上又是反动的。

后来，陈伯达在对待马克思列宁主义的问题上采取了同样的态
28 度：如果国外的主义可以铸成某种形式，既保留革命的内容，同时又提高它对中国大众的吸引力，那么我们就应理所当然地采用那种形式。主义作为革命动员及革命行动的手段，为了保留它所谓的革命形式，而以限制它对大众的吸引力为代价，实际上是破坏了它的有效性。当 1938 年陈伯达和毛泽东提出马克思主义中国化的问题时，却遭到了胡风、冯雪峰和党内其他左派理论家的嘲笑，正如他们先前认为国防文学的概念背叛了革命的纯洁性而极力反对一样。

陈伯达的新启蒙运动

尽管“一二·九”运动有助于共产党努力形成新的统一战线，但上海文艺界的争论却又表明寻求一个相关主要政治团体一致接受的、正确的口号有多么困难。1936 年 9 月 10 日，上海的左翼刊物《读书生活》出版了一期专刊，试图在文化战线上掀起一场广泛的运动，陈伯达乘势而出，呼吁发起“新启蒙运动”[24]。根据何干之当时的记述，为了配合“一二·九”运动中生长出来的政治力量，陈伯达首先“有意识地”提出发动一场新的思想运动的问题。何干之称，陈伯达率先发表的关于新启蒙运动的两篇文章是整个运动“最初的呼喊”和“奠基石”[25]。陈伯达的建议引起了全国进步思想界的热烈讨论，并立即赢得了周扬、艾思奇、何干之、胡乔木及中共其他主要知识分子的支持。正如预料的一样，非马克思主义者的反应更为谨慎，同时也更加带有批判性。从此以后，直至 1937 年 7 月日本全面侵华之前，陈伯达积极参与关于统一战线的诸多讨论，

并逐渐成为知名人士。

新启蒙运动究竟是什么呢？或者，也许更准确一些，陈伯达所设想的新启蒙运动应是怎样的呢？在1936年至1937年间的一系列文章中，陈伯达构建了一个主题：新启蒙运动应是“第二次的新文化运动——文化上的救亡运动”，它既类似于却又不同于1919年的 29
五四运动。陈伯达在第二篇专题文章（1936年10月）中解释说，在那场著名的运动中，启蒙和爱国主义没有利益冲突，因为“新文化运动的战士，都同时是爱国运动的战士，而爱国运动的战士，同时也都成了新文化运动的战士”[26]。尽管五四运动与新启蒙运动有着重要的相似之处，但两者仍存在关键的区别，因为这几年来，动的逻辑已取代形式逻辑，成为中国占支配地位的哲学系统。因此，马克思主义者将成为目前新启蒙运动的主力，“动的逻辑之具体的运用，将成为”这次新运动的“中心”。正如在文化统一战线中那样，在新启蒙运动中，共产党人也将心甘情愿地与统一战线中的其他团体合作，但又不能自动地放弃自己的领导地位。论证了这一观点之后，陈伯达明确指出，“对于动的逻辑之承认与否”决不应成为参与新启蒙运动的标志；唯一的标志是“保卫祖国，开发民智”。新启蒙运动只有建立在“反对宗派主义”的基础上，才能够广阔地开展起来，因此它应包括各社会阶层中支持中国抗日和反对当前传统主义复辟的个人。[27]

这种扩大新启蒙运动吸引力的尝试被严厉抨击为“范围过小，面目过左”。陈伯达始终坚持马克思主义在新启蒙运动中的重要性，这可能极大地削弱了该运动对文化界中非马克思主义者的普遍吸引力。[28]然而，与其他关于思想问题的讨论一样，日本的侵略打断了对于此议题的讨论。如果新启蒙运动不被战争干扰，它可能更为成功，当然，这仍只是一种推测。

尽管陈伯达强调马克思主义及马克思主义者在新启蒙运动中的重要性，但他从未说过马克思主义者已掌握了全部真理。相反，在他最初呼吁新启蒙运动的文章中，陈伯达建议，在哲学界（这当然是他最感兴趣的领域），马克思主义者应当进行一场彻底的“自己 30
批判”，这应是他们为新运动所做出的一些贡献。马克思主义者尤其应该认识到，在系统地批判中国传统哲学体系方面，在完满地结合马克思主义理论和中国现实政治方面，他们都有所疏忽。这两点都与我们的讨论相关。陈伯达说，虽然马克思主义在1925年至1927年大革命失败之后，便成为中国占支配地位的哲学，但马克思主义者却未能有效地处理这两个重要的问题。他指出："对于中国的旧传统思想，一般地缺乏了有系统的深刻的批判，而这种数千年来的统治传统思想，目前却正成为帝国主义者（特别是东洋帝国主义者）和卖国贼用来奴役中国人民意识的有力工具。"[29]

陈伯达呼吁对中国的哲学遗产进行一次"系统的深刻的批判"，但这并不意味着将全盘抛弃它们。比如，陈伯达在另一篇文章中表明，在为"现代文化的中国"而奋斗时，"保卫中国文化最好的传统"也是必要的。[30]这句话的要点，陈伯达在另一篇文章（1937年5月）中明确地解释道："好的，我们要继承下来，并给以发扬；不好的，我们就绝不顾惜。"[31]新启蒙运动的目的不是破坏中国的传统文化，而是拯救现代的中华民族。为了中国自己的利益，我们绝不能退回到过去："我们要为'现代文化的中国'而奋斗。如果不是这样，那么，我们就只简单地走到'整理国粹'的泥坑中去了。为'现代文化的中国'而奋斗，这是我们新启蒙运动的着重点。"[32]

在陈伯达心中，中国的新文化将由两个主要部分构成。一个是"接受而光大""过去中国最好的文化传统"。毫无疑问，这部分地呼应了陈伯达早先研究所得出的结论：早在20世纪马克思主义传入之前，辩证唯物主义的元素便独立地存在于中国。另一个组成部分
31 是"接受世界一切最好的文化传统和文化成果"，这"最好的文化传统和文化成果"便是辩证唯物主义，特别是其最先进的形式——马克思列宁主义。陈伯达总结道，把中国传统文化中的某些方面和外国现代文化中的某些方面有选择地结合起来，将会产生一个动态融合的过程，将会为中国带来一种性质上不同的、更为高级的新文化。[33]

然而不幸的是，陈伯达注意到，中国的马克思主义者迄今为止还未成功地结合外来理论与中国实际。他由此认为，时机已经到来，现在应该以辩证唯物主义为基础，更加努力地评估中国广博的

文化遗产。此外，马克思主义者在以中国现实政治为母体发展辩证唯物主义方面也没能表现得游刃有余：“中国新哲学者，大部分关于哲学的写作中，也还没有很好地和现实的政治结合起来，没有很好地用活生生的中国政治实例来阐释辩证法，使唯物辩证法在中国问题中具体化起来，更充实起来……这样子，新哲学就容易变成空谈，而且也最为被人假冒。”[34]

在稍后的一篇文章中，陈伯达指出，艾思奇为马克思主义哲学通俗化所做的努力是“划时代的”，但在哲学与“中国历史诸现实”的联结上“还是不够”。[35]陈伯达哀叹马克思主义理论家在结合新哲学与中国历史、现实方面的无能，在这种情况下，理论将会越来越脱离实际，这又会加强理论落后于实际的趋势。如此一来，马克思列宁主义的理论就会丧失其指导革命运动的效能，最终导致中国革命的失败。

陈伯达重视中国实际在发展马克思主义理论中的作用，这一点值得关注。在中国的马克思主义者中间，普遍的倾向是强调马克思主义的重要性，并以此为方法论来评价中国现实社会的性质。几乎没有人主张，中国实际可以反过来充当方法论，去衡量作为一种社会理论的马克思主义的长短优劣。然而，陈伯达却突出了马克思主 32
义理论与中国实际之间的辩证关系。这表明，以马克思列宁主义为形式的辩证唯物主义可以成为认识中国实际的指南，以同样的方式，中国实际也可以成为理解马克思列宁主义的指南。这暗示着，在与中国实际持续互动的过程中，人们对于辩证唯物主义的认识，可以从当前马克思列宁主义所代表的有限的水平上升到将来更高的层次。这就意味着，马克思列宁主义一旦与中国革命的实践相结合，将会逐渐产生一种不同的，用陈伯达的话来说，“充实的”形式。它必然会以一种中国文化的形式出现，就如马克思主义以西欧的形式出现、列宁主义以苏俄的形式出现一样。

这些保卫中国文化“最好的传统”的呼吁，这些通过在中国实际中“具体化”而“充实”马克思主义的呼吁，似乎都将使马克思主义处于巨大的危险之中，它将失去全世界无产阶级科学哲学的地位，逐渐为一种只为中华民族利益服务的文化哲学所取代。更为明显的文化偏见表现在张申府的观点中，他是另一位参与新启蒙运动讨论的青年马克思主义理论家。在1937年5月4日发表的一篇文章中，张申府支持了陈伯达对于这场运动的建议，他宣称新启蒙运动应是“理性的、综合的和科学的”。当然，马克思主义将为新启蒙运动提供“理性的”和“科学的”基本内容，但这些内容还需放在张申府有关“综合”的思想（适用于文化层面）下来审视。张申府强烈主张为中国文化注入来自西方的新文化，而且他反对排除西方影响、顽固捍卫中国传统的行为。他提出，当前的任务应是在新启蒙运动为中国所创造的“真正新的文化”中，找到一个中国传统元素和西方现代元素之间合理的平衡点：“乃应该是各种现有文化的
33 一种辩证的或有机的综合。一种真正新的文化的产生，照例是由两种不同文化的接合。一种异文化（或说文明）的移植，不合本地的土壤，是不会生长的。”[36]

在这里，张申府遵循社会学的方法，从广义上定义了文化。他把“文化”等同于“文明”，而不是将文化融合的讨论限定在狭窄的文学艺术领域。但这种方法却不可避免地引起了一些关于马克思主义的质疑。毫无疑问，无产阶级的革命哲学本身就是西方强大的文化（或文明的）影响的一部分。因此，马克思主义是不是也要与中国传统文化相结合呢？这大概便是隐藏在张申府观点背后的深意。尽管他在这篇文章中并未专门处理这个理论问题，但细微的差异是明显的，陈伯达本人和参与新启蒙运动讨论的其他人都清楚地认识到了这一点。

不足为奇的是，陈伯达觉得有必要不点名地反击某些“法利赛文士”，因为这些人提出，在新的统一战线中，马克思主义将会迅速蜕化为“联合哲学”或“爱国哲学”，将会失去其“哲学的党派性”。[37]显然，这些责难暗示着马克思主义与民族主义是不可调和的，左派文人正是抓住这一点，猛烈攻击统一战线政策及其可能带来的后果。但马克思主义和民族主义真的不相容吗？依照陈伯达的观点，两者是可以相容的。陈伯达赞同其批评者的意见：在当下的中国，马克思主义将会带上爱国哲学的表征。陈伯达认为，在日本侵略面前，任何不爱国的哲学都无益于中国人民。但是，他所提倡

的爱国主义又不可与“平常的”爱国主义相混同。陈伯达主张的那种爱国主义有其“自己历史的特点”，因而在适宜的情况下，会“更迅速地转变为新合理的社会生活的内容”。换句话来说，陈伯达的爱国哲学同时也是马克思主义哲学，因为它诞生在一个以爱国主义为特征的历史情境中，并且这种爱国主义还不同于平常的爱国主义（比如，资产阶级民族主义）。[38]在坚决反对关于马克思主义哲学 34
与中国民族主义存在利益冲突这种责难时，陈伯达向我们表露了他对马克思主义本身的基本认识：

> 我们的哲学［马克思主义］本来的任务是在于改变世界，而目前在我们这里，我们哲学的任务，就是在于为保卫祖国而服务。我们的哲学是全人类解放的哲学，同时却也是我们中国人民目前爱国的哲学。我们的新哲学不是抽象的教条，而是要在每个具体的历史情势下，具体的历史环境中，为每个现实的进步事业而奋斗，成为这每个进步事业的指导，而在这被［日本］人吞并着的中国，民族解放的事业，就是一个很伟大的进步事业。[39]

对于陈伯达来说，马克思主义不是独立于特定时空而存在的“抽象的教条”，而是一种生动的哲学，与中国“具体的历史情势”和“具体的历史环境”紧密相连。

1937年之前的几年中，鉴于民族主义的高涨，中国共产党在党内重新定义了马克思主义的性质，陈伯达在其中发挥了重大的作用。同时，陈伯达还获得了中共城市知识分子这一重要群体的支持。这些知识分子面对着日本的侵略，热情地接受中共建立新的统一战线的倡议。1937年春，约在陈伯达发起新启蒙运动六个月之后，中共理论家夏征农编辑出版了一本关于新启蒙运动的论文集。除了陈伯达三篇最为重要的文章外，文集还收录了艾思奇、何干之和周扬等著名人物的文章。在结语中，夏征农试图揭示“现阶段中国思想运动的原则”[40]。夏征农认为：思想以阶级为基础，而特定历史时段中领导阶级的思想也就是那时一切思想运动的“主导”。因此，这个主导因素会为正在酝酿的思想运动树立基本的准则。在欧洲思想史上，资产阶级的主力作用及其意识形态都表现得十分明

显，但中国的情况有所不同。无论从政治先进性，还是从绝对人数来看，“动劳大众”都在当今中国和现阶段中国的思想运动中发挥
35 了领导作用。也就是说，劳苦大众的意识形态（即马克思列宁主义）应是新启蒙运动中的主导因素。

然而，由于中国的“特殊性”，劳苦大众与他们的欧洲同伴相比，还是存在一些缺陷。首先，中国的劳苦大众承担着双重历史任务——他们自己的任务和资产阶级的任务。只有在帮助资产阶级满足需求之后，他们才能转而实现自己的志向。其次，中国的劳苦大众尚未经历资本主义社会痛苦的过程，也未充分地感受（资产阶级）个人解放的影响。在思想层面，这两点历史局限性都无助于彻底清除中国各层次劳苦大众头脑中的传统“封建”思想，也无助于他们系统地确立自己的阶级意识和战斗力量。因此，中国的劳苦大众与欧洲、美洲和其他一些国家的工人阶级相比，是“落后一步”的。结论似乎是清楚的：

> 现阶段的中国思想运动［新启蒙运动］，虽然以动劳大众的意德沃罗基为主导，却不能把欧洲的无产阶级的哲学一点不动地搬过来。唯物辩证法只有应用到实际问题上，才有意义，才能存在。它本身就是发展的。我们无可否认现在思想运动最锋锐最正确的武器，是唯物辩证法，但我们尤其应该注意的，是唯物辩证法的发展在中国的现阶段。[41]

到1937年年初，一些中共城市知识分子已感觉到，在中国“发展”马克思列宁主义的时机已经到来。他们认为，只有在中国具体斗争的过程中选取形式，马克思主义才会在历史的关键时刻与中国人民的特殊利益相切合。陈伯达在为新启蒙运动提出建议时，便已清楚地指明，只有通过融合国际无产阶级的哲学与正在兴起的中国人的民族主义，马克思列宁主义才能在中国发展。陈伯达主张文学
36 上的“民族形式”；主张保卫中国文化中“最好的传统”；主张对中国传统哲学进行一次“系统的批判”；主张通过在中国问题中使辩证唯物主义“具体化”，从而“充实”辩证唯物主义。这些都表明陈伯达正指向后来提出的“马克思主义中国化”的概念，尽管还不是十分准确。

照此下去，陈伯达发起的新启蒙运动很可能适时地导向一种几乎明确的理论，但是，战争的干扰却使得这一切变得不可能。在1937年7月日本全面侵华之前，许多参与运动的积极分子，包括陈伯达本人，就已逃往安全的延安。① 在那里，毛泽东正在与留苏学生斗争，正在忙于调整意识形态机构和宣传机构，而新到延安的知识分子则将成为这些组织的核心。也就是说，毛泽东在中共党内获得最高权力之时恰好是陈伯达及其城市中的同事们呼吁在中国发展马克思列宁主义之时。毛泽东正在思索着同样的问题，尽管他在如何正确对待中国历史和传统哲学的具体问题上持有略显不同的意见。

毛泽东的崛起

毛泽东在中共党内执掌最高权力的经历起始于1934年年末，当时留苏学生在军事上的失败给了他重新取得瑞金时期党、军大权的机会。1935年1月，党的高层决定召开会议，于长征途中重组领导层。在非同寻常的遵义会议上，毛泽东处于强势地位。[42]至今，遵义会议的诸多细节仍然模糊不清，但无可争议的是，这次会议成为毛泽东革命生涯中非常重要的里程碑。他被重新选进政治局，并当选为军事委员会主席②，这一重要的职务为其最终控制党组织提供了基础。[43]但是，支持毛泽东的势力远不是压倒性的，正如胡继熙指出的，它主要来自军队，直到如今，军队很可能仍由毛派控制。[44]尽管毛泽东掌握了实权，但张闻天仍被选为总书记，而且会 37
议也未批判党的政治路线，即毛泽东所反对的留苏学生的路线，这些情况都表明党内仅形成了脆弱的权力平衡。[45]一些留苏学生虽然

---

① 据陈伯达回忆，北平失守后不久他才离开北平，转道奔赴延安。参见《陈伯达最后口述回忆》（修订版），59页。——译者注

② 遵义会议增选毛泽东为中央政治局常委（毛泽东在六届五中全会上已被选为中央政治局委员），取消原来的“三人团”，取消秦邦宪和李德的最高军事指挥权，决定仍由朱德、周恩来指挥军事，周为下最后决心的负责者。会后中央常委分工，毛泽东为周恩来在军事指挥上的帮助者。1935年11月3日，中央政治局会议决定成立西北革命军事委员会，毛泽东为主席，周恩来、彭德怀为副主席。虽然遵义会议确立了毛泽东在党和红军中的领导地位，但直到约10个月之后，毛泽东才正式担任军委主席的职务。参见中共中央文献研究室编，逄先知主编：《毛泽东年谱（1893—1949）》，上卷，420、443、484页，北京，中央文献出版社，2002。——译者注

准备承认军事层面的错误，但他们却绝不会同意展开更为重要的政治层面的批判。

尽管张国焘公开反对毛泽东于遵义会议之后不断增长的权力，但毛泽东率领的红一方面军还是在1935年10月完成了史诗般的长征，并在陕西的新家安营扎寨。12月中旬，在小镇瓦窑堡短暂停留期间，政治局召开全体会议，分析全党及全国的形势。官方的资料把这次会议称作“一次极关重要的”中央会议。[46]会议宣布，根据共产国际早些年的指示，中国共产党支持在中国实行统一战线的政策。这一政策将赋予中共新的生机，并为党在抗日战争时期的快速发展创造条件。也是在瓦窑堡，毛泽东放弃了他在遵义会议上所做的妥协，开始直接批驳留苏学生的政治路线。12月25日的政治局决议明显反映了他个人的意见。毛泽东对于警惕右倾的必要性给予了原有的重视，但他接着说，“主要危险”是党内一段时期存在的“‘左’的关门主义倾向”。决议的结论部分指出，党内“左”倾主义的“基本”“来源”是“左”倾的支持者“不会把马克斯列宁斯大林主义的活泼的运用到中国的特殊的具体环境中去，而把马克斯列宁斯大林主义变成死的教条”[47]。这表明决议中讨论的“左”倾分子不是别人而正是留苏学生。这种对“教条主义”的指责日后成为毛泽东与留苏学生斗争的重要议题，而把马克思列宁主义“活泼”地运用到中国也成为毛泽东日后对待意识形态问题的基石。

瓦窑堡会议对于毛泽东的崛起至关重要，因为它扭转了局势，使留苏学生直接陷入被动防御的地位。从此，党内不再有不知疲倦
38 地批判“右倾机会主义”的人，面对他们自己所犯下的“左”倾严重罪过，他们现在不得不将精力用于转移指责。瓦窑堡会议之后，毛泽东在中共党内日益增长的威望也反映在埃德加·斯诺（Edgar Snow）的评论中。斯诺是一名美国记者，1936年7月曾采访过毛泽东和中共其他领导人。在小城保安①与共产党人待过一段时间之后，斯诺报道说，在与各种各样的人交往的过程中，“我从未碰到过一个不喜欢‘主席’——每个人都这样叫他——或不敬仰他的

① 保安，即今陕西省延安市志丹县。——译者注

人。他个人在运动中的作用，显然是很大的”。斯诺进一步宣称：“毛泽东在中国共产党势力范围内的影响大概比其他任何人都要大。”不过，毛泽东虽占据了统治地位，但斯诺还是评论说，这里“没有——至少现在还没有——在他身上搞英雄崇拜的一套。我从来没有碰到过一个中国共产党人，口中老是念叨着‘我们的伟大领袖’”[48]。

1936年最后的几个月，对于毛泽东和中国共产党来说，都是极其重要的。他们见证了一股不可小视的力量——张国焘的毁灭，同时也见证了党的合法化，这是那年12月西安事变的一项成果，当时蒋介石被迫同意与中共建立新的统一战线。① 这两大事件都进一步巩固了毛泽东在中共党内的领导地位，并为他成为与蒋介石直接竞争的、名副其实的全国性人物提供了机会。尤其是延安根据地的合法化，更为毛泽东作为党的最高领导人的地位增加了新的光辉。自1927年国共两党分裂以来，毛泽东亲自参与了农村革命根据地的开创，这让他遭受了来自党内高层的相当多的批评。中共早期的领导人常常怀有这样一个信条：中国的无产阶级革命，应该与苏俄一样，以全国最大的工业城市为基地。1927年，中国共产党人被赶出城市，被迫在偏远的农村竭尽所能地重建组织。但党的领导人却将 39
这样的惨败仅仅视为一个暂时的挫折。陈独秀、瞿秋白、李立三和留苏学生都认为，党必须重新建立其在城市中的根基，并以此为基础，在产业工人中发动革命。

毛泽东的看法则有些不同。他虽然对党终将在城市中重建组织的普遍原理表示赞同，但他并不认为这可以立即实现。他认为，在目前的情况下，党应集中全力在远离城市的乡村建立根据地，并重建组织。[49]对于那些担心党将会失去无产阶级基础的人，毛泽东答复道，正确思想的领导将会保证党的无产阶级性质，即使它吸收了大量的农民入党。从1927年年末在井冈山创立第一个根据地的经验来看，毛泽东确信，只有在中国广阔的山区腹地，党才能生存下来，才能与国民党装备精良的军事力量相对抗。经过必要的摸索，

① 1936年12月12日，蒋介石在西安附近被两位将军软禁。如果不同意与中共建立抗日民族统一战线，他便性命难保。经过最初的犹豫不决之后，中共决定支持释放蒋介石，以其参加新的民族统一战线为条件。

毛泽东及其追随者恢复了对于共产主义运动生命力的信心，并为党提供了开展中国革命的新道路。正是这个新道路引起了中共党内和莫斯科内部激烈的争论（目前仍在继续）。[50]但毛泽东农村包围城市的策略却屡试不爽，照此发展下去，他将领导胜利的党返回城市，重新在那儿扎下无产阶级的根基。

值得注意的是，毛泽东对于根据地的态度是务实的，而不是意识形态上的：根据地只是达到目的的手段，它们的创建与舍弃都因形势而定。1929 年，放弃井冈山根据地；1934 年，撤离江西根据地；1947 年，在来势汹汹的国民党军队面前，更为坚实的陕甘宁根据地也被放弃。但是，当它们有可用之处时，根据地又被视为很有价值的东西。单个根据地最好位于相对闭塞的地区——边界地区或类似的地方。坚强的党组织和有力的军队将齐心协力，努力赢得当
40 地农民的支持。党和农民都将发展壮大，同时军队也将被创建，并不断增强以对抗国民党的军事力量。在日常管理根据地的过程中，宝贵的经验也能积累起来。党组织还能在诸如政治组织、军事安全、经济发展及一般社会问题（如教育和文化）等许多领域，建立起一支经验丰富的、强大的干部队伍。在其他众多的根据地中，虽然没有一个达到了延安这个样板根据地的规模或精密水平，但它们都在条件允许的情况下，取得了不同程度的成功。因此，当中国共产党人于 1949 年进入大城市，建立新政权时，他们便把从根据地中取得的丰富经验推广到全国的范围。如此一来，根据地的重要性又远远超越了其短暂存在的时期，不仅帮助中共打赢了战争，而且为其在和平时期管理社会提供了方法。[51]

南京国民政府公开宣布根据地为非法，并试图有序地摧毁它们。但西安事变之后，一切都改变了。后来，国民党和日本人虽然不时地骚扰根据地，但它们还是能在一个相对安全的环境下发展。由于延安根据地在 1937 年及随后的几年中发展得尤其迅猛，所以毛泽东的名望迅速提升，前途也一片光明。1937 年 4 月，政治局在延安召开会议，讨论西安事变所带来的新形势。5 月，中共全国代表会议召开，讨论了党的新路线。据张国焘所言，在这次会议上，毛泽东通过支持刘少奇批评党内过去的“‘左’倾错误”，进一步巩固

了自己的地位。刘少奇的报告招惹了留苏学生，而毛泽东支持刘少奇的态度则标志着最终支配全党的毛—刘联盟的起始。5 月会议后不久，刘少奇被调回延安，并在党内占据了越来越重要的地位，这很可能得益于毛泽东个人的支持。[52] 在随后的数月中，毛泽东遇到了留苏学生王明，他对毛泽东夺取权力的计划构成了严重的挑战。王明对待毛泽东的态度清楚地反映在 1937 年年中的一篇文章中，在文中，他两次提到中国红军的领导人是“朱德同志和毛泽东同志”。不仅毛泽东被排在朱德之后，而且两人仅被称为中国共产主义运动的军事领袖，而非政治领导人。[53] 41

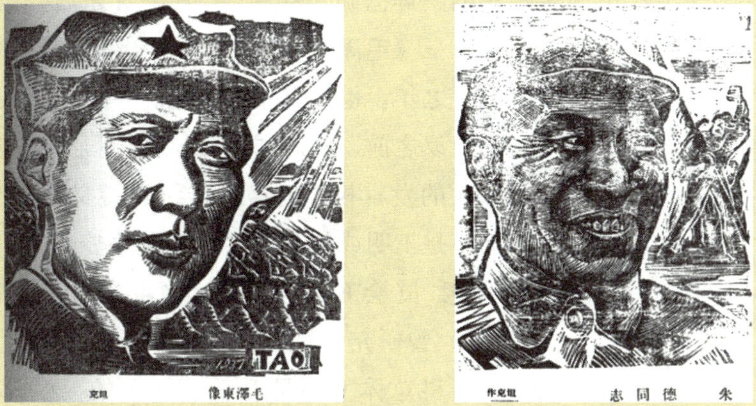

左图：毛泽东像，原载《解放》，第 7 期，1937 年 6 月 22 日，坦克画。
右图：朱德像，原载《解放》，第 6 期，1937 年 6 月 14 日，坦克画。

到 1937 年初夏，无论王明如何怀疑，毛泽东都已确实成为中共党内首屈一指的人物。正是在这时，个人崇拜的最初迹象也露出了苗头。6 月 22 日，中共新的中央机构解放社刊印了第一幅毛泽东的肖像画。对比 6 月 14 日同一刊物上印刷的朱德像，这表明毛泽东的地位正日益突出。虽然两幅肖像画都为木刻，而且出自同一画家之手，但对于两位领导人的处理却完全不同。朱德和毛泽东都展露了全脸，但毛泽东像的背景——旗帜飞扬的行军队列——则比朱德像的背景动感得多。此外，毛泽东的脸部被太阳强烈的光束照得熠熠生辉。在传统的中国，这种图案样式只能与皇帝相配，而它却即将成为日后毛泽东崇拜的特征。最后，朱德像旁边的空白处是以装饰性的条纹来填充的，而毛泽东像下方的空白处则引用了一段毛泽东号召实现“全部的民族解放与社会解放”的语录。行进的队列、太阳的光辉、恰当的引语——这些都清楚地表明，至 1937 年 7 月，对于毛泽东的崇拜已确实存在。① 六个月之后，第一部收录毛泽东著作的文集——《毛泽东论文集》在上海出版。[54]不仅是在当年，就
42 是在其有生之年，也没有一位其他的中共领导人享受过如此殊荣。

遵义会议之前，共产国际在挑选中国共产党的最高领袖方面往往享有很大的发言权。但这一传统被遵义会议打破，因为在会上，毛泽东而不是王明或与苏联共产党关系密切的其他人，被推选为重要的军事委员会的领导。查尔斯·B·麦克莱恩（Charles B. McLane）曾研究过这段关键时期苏联对待毛泽东的态度。据他所言，莫斯科总体上还是看重毛泽东的，但只是把他当作农民领袖，并不准备将他提拔为党的最高领导人。李立三 1930 年年末倒台之后，莫斯科替换上了自己挑选的中共领导人，而不顾任何推荐毛泽东或其他人继任李立三职务的呼声。[55]麦克莱恩说，这是“苏联最后一次彻底地干涉中国共产党的内部事务”，在随后的几年中，莫斯科对于严密监控中共内部事务的兴趣逐渐降低。[56]1936 年 12 月的西安事变更加速了莫斯科从中国共产党的事务中逐渐脱身的步伐。[57]斯大林对从这一插曲中诞生的统一战线抱有极大的希望，他的注意力很快集中到增强国民党及其军队的力量以抗击日本的任务上。因此，毛泽东在中共党内权力的上升恰好伴随着苏联对中共内部事务干涉的明显减弱。在对世界革命的中心——莫斯科的意志唯唯诺诺之后，中国共产党人终于在毛泽东的领导下成为中国共产党的主人。

毛泽东探寻“正确”理论

随着毛泽东在党内权势的上升和莫斯科干预的减少，毛泽东在这种良好的环境中，开始迈出他努力精通马克思列宁主义理论的第

① 关于朱德的肖像画，参见《解放》，第 6 期，1937 年 6 月 14 日，25 页。毛泽东的肖像画及引语，参见《解放》，第 7 期，1937 年 6 月 22 日，24 页。太阳图案的使用在 60 年代末的“文化大革命”时期达到顶峰，当时流行的一首歌曲（《东方红》），也直接将毛泽东比作冉冉升起的太阳。同一时期，引用毛泽东语录也达到顶峰，“小红书”的现象遍及全国。关于毛泽东崇拜鼎盛时期的细致研究，参见 Robert W. Rinden，“The Cult of Mao Tse-tung”，当代中国意识形态与政治的会议上提交的论文，新墨西哥州圣菲市，1971 年 8 月 2—6 日。1970 年，毛泽东本人也承认，作为“文化大革命”中增加他的政治权力的工具，他是支持个人崇拜的。但毛泽东又坦言，个人崇拜可能过头了，以后应该降温。参见斯诺与毛泽东的谈话（1970 年 12 月 10 日）：*The Long Revolution*（New York，1971），pp. 168－170。

一步。1936年夏，当埃德加·斯诺拜访毛泽东时，他发现毛泽东是一个“认真研究哲学的人”：“有一次，我晚上去采访他，向他了解共产党的历史，另一位来访者为他带来了几本哲学新书，于是毛泽 43
东就要求我改日再聊。他用了三四夜的时间精读了这几本书，在这期间，他似乎忘却了一切。”[58]

我们可以回想，1936年夏正是陈伯达和他的同事们准备发起新启蒙运动之时。从毛泽东后来的文章中，我们可以得知，他应该了解新启蒙运动的概况，因为他曾提到，在中国思想界刚刚开展了一个“广大的唯物辩证法运动”[59]。毛泽东对于哲学的兴趣也许是真诚的，但毫无疑问的是，1936年中期，毛泽东对于新书所表现出的如饥似渴的求知欲肯定是受到了几个月前瓦窑堡会议上发生的激烈的意识形态冲突的刺激。围绕“正确”理论的争辩是毛泽东与留苏学生斗争的核心，而所有的留苏学生都曾在莫斯科中山大学学习马克思列宁主义多年，能够阅读俄文文献，并能流利地使用俄语，对于苏联共产党的历史也了如指掌。如果说毛泽东作为中共公认的领导人还有一个明显的弱点，那便是他对正规的马列主义理论缺乏足够的理解。斯诺1936年夏对毛泽东的描述——“认真研究哲学的人”——表明毛泽东正在努力弥补这个缺陷。

我并非暗示，此时的毛泽东对于理论或意识形态毫无己见。在遵义会议上，毛泽东就已对意识形态在革命运动中的作用有了一些明确的想法，尽管他还不能使其他人理解他对留苏学生政治路线的批驳。在瓦窑堡时，他处于更为强势的地位，并更加开诚布公地论说政治上及意识形态上的事务。在这次重要的会议上，他牢固树立起了一条关键原则，这也是他认识革命问题的基础，即中国共产党的无产阶级性质取决于它的意识形态，而不是由它的社会成分决定的。在体现毛泽东路线的决议（1935年12月25日通过）中，政治局强调了在新的统一战线策略成功的前提下迅速扩大党组织的必要性。由于中国是一个经济落后的农业国家，这就意味着诸如农民和 44
小资产阶级知识分子等非无产阶级群体往往在党内占大多数。但这无论如何也不会损害中国共产党作为一个名副其实的布尔什维克政党的地位：

> 能否为党所提出的主张而坚决奋斗，是党吸收新党员的主要标准，社会成分是应该注意到的，但不是主要的标准。应该使党变为一个共产主义的熔炉，把许多愿意为共产党主张而奋斗的新党员，锻炼为有最高阶级觉悟的布尔什维克的战士，党内两条战线的斗争，与共产主义的教育，就是达到这一目的的方法。党在思想上的布尔什维克的一致，是党的坚强的无产阶级领导之具体表现。[60]

对于这段引语，我们还应做出一些评论。第一，它再次确认了毛泽东以往的信条：意识形态，而不是社会成分，决定了中国共产党坚持无产阶级领导的能力。[61]第二，它将“熔炉”的比拟（毛泽东曾在1929年12月的古田会议上使用过这个比喻）从红军扩展到中国共产党本身，从而向农民和知识分子敞开了党的大门。第三，号召在党内展开“两条战线”的斗争实际上就是对留苏学生宣战，因为这份决议的另一处还宣称“左”倾主义构成了党内的主要危险。回顾这份决议产生的政治背景也是重要的，尽管它只是重述了毛泽东1927年至1930年间在意识形态方面的立场。当毛泽东于前些年提出这些理论时，他还只是中共的一个农村干部；而当政治局在瓦窑堡会议上重复那些思想时，他已成为全党实际的领袖。毛泽东在江西苏区时期（1931—1934）未能结合组织权力与政治思想，但在瓦窑堡，两者终于开启了合为一体的过程。

在瓦窑堡会议上，毛泽东毫不含糊地宣布，党内的“左”倾分子——意指留苏学生——将马克思列宁主义降为“死的教条”，因为他们不能联结理论与“中国的特殊的具体环境”。尽管中国共产党自1921年诞生之日起就一直探索把马克思主义理论与中国实践相
45 结合的道路，但毛泽东在呼吁两者联合时，绝不只是搬出了关于这一主题的原初的观点。一致的看法是，在将马克思列宁主义运用于中国时，应该充分考虑中国特殊的社会文化特征。但这又回避了一个实质性的问题：如何区别“正确的”理论结合实践和“不正确的”理论结合实践。直到1936年年末，毛泽东才下定决心解决这个问题。1936年12月，毛泽东在保安为新成立的红军大学的学生们作了一系列重要的演讲，这些讲稿后来被整理为《中国革命战争的

战略问题》。在这部书稿中，毛泽东针对留苏学生的军事理论，坦率地谈出了自己的看法，这实际上也是就他们理解马克思列宁主义的错误含蓄地发表意见："无疑地，这全部的理论和实际都是错了的。这是主观主义。……这是鲁莽家和门外汉的理论和实际，是丝毫也没有马克思主义气味的东西，是反马克思主义的东西。"[62]

在这些讲稿的字里行间，毛泽东对于他逐渐发展出来的认识更为一般的马克思列宁主义理论的方法也给出了许多提示。[63]在讲稿的开篇，他就强调在具体时空的背景下研究军事问题的必要性，并声明他反对"战争问题上的机械论"。尽管党和军队应向中国以外的其他国家学习，但并不是说，要将这大量的知识全都学习过来，过去的军事理论只能视作原材料，新的理论将从中取材，并被创造成符合当前形势的样态：我们应该"从自己经验中考证这些结论，吸收那些用得着的东西，拒绝那些用不着的东西，增加那些自己所特有的东西。这后一件事是十分重要的，不这样做，我们就不能指导战争"[64]。

在这里，毛泽东确实采取了一种正确的方法来对待革命战争的理论。显而易见的是，他所提倡的创造性改造正成为他对待革命理论之方法的主要特征。毛泽东不再甘心只是暴露留苏学生详加阐述过的理论的缺点，他现在正探索一种既是"正确"的，同时又为"自己所特有的"理论结合实践的方式。的确，任何一种把马克思 46
主义理论与中国实践相结合而产生出来的新理论，都必然会与这种结合之前所存在的马克思主义理论有所不同。正如几个月前陈伯达已指出的，马克思主义如果不在中国问题中具体化，很快便会堕落为"空谈"，而且也容易被人假冒。这似乎正是毛泽东批判的留苏学生所拥护的马克思列宁主义理论的实质——他们的理论是从苏俄的问题出发，而不是以中国的问题为根基。他们套用马克思列宁主义特殊的苏俄形式，并将其当作普遍形式，脱离时空的背景而加以运用，这难道不是歪曲马克思列宁主义？

1935年，毛泽东在攻击留苏学生"反马克思主义"理论的同时，也不断加强对中共自主性的坚持。尽管毛泽东从未否认苏联共产党在国际共产主义运动中的领导地位，但他试图使中共获得超出共产国际先前容忍限度的更大程度的独立性。这可以从他1936年夏与斯诺的谈话中看出来，毛泽东知道这次谈话必然会涉及克里姆林宫。虽然毛泽东承认共产国际的领导作用，并承认中共是共产国际的一个成员，但他格外关心中国的自主权：“这决不意味着苏维埃的中国将由莫斯科或共产国际控制。我们解放全中国，决不是为了把国家移交给莫斯科！”[65]

毛泽东不仅开始维护中共相对于莫斯科的自主权，而且宣称中共将在国际情境中发挥更为积极的作用。在前面提到的1936年12月他为红军大学的学生们所作的一系列演讲中，这种表态体现得最为明显。尽管演讲是关于军事问题的，但毛泽东还是抓住机会，简略地提及了国际事务。他的评论的基本要点是中国革命具有超越国界的意义：

> 中国共产党领导了、而且继续领导着轰轰烈烈的光荣的胜利的革命战争。这个战争不但是解放中国的旗帜，而且是具有
> 47 国际的革命意义的。世界的革命人民的眼睛都望着我们。在新的抗日民族革命战争的阶段上，我们将引导中国革命走向完成，也将给东方和世界的革命以深刻的影响。[66]

对于毛泽东来说，一路挫折的中国革命终于走向了成熟，中国共产党也即将站在全世界斗争的前线，宣布它的合法地位。正是在这种更为广阔的国内外背景下，我们必将看到，毛泽东后来为提升自己的地位而做出努力，他不仅要成为一名成功的政治、军事领袖，还要成为一位重要的马克思列宁主义理论家。

毛泽东、陈伯达与马克思列宁主义

到了1937年中期，毛泽东、陈伯达以及他们具有同样思想的同事们，对于马克思列宁主义理论的观点正明显趋近。毛泽东和陈伯达一致认为，中国的马列主义者未能以一种令人满意的方式把辩证唯物主义的普遍真理同中国革命的具体实践相结合。对于毛泽东而言，这种失败就是把马列主义降格为“死的教条”；对于陈伯达而言，这就是使马列主义仅仅沦为“空谈”。这削弱了无产阶级的理

论，并使其丧失了可靠地指导中国革命进程的能力。现在，改变正在进行之中：毛泽东在中共党内迅速崛起，这使得他有机会推行自己对于马列学说的“正确”阐释。同时，在新启蒙运动中，陈伯达和他那些在城市中的同事们都已察觉到马克思列宁主义在中国切实“发展”的可能性。毛泽东和陈伯达都在寻求一种既是马克思主义又具有中国特色的新的意识形态，所以他们后来在延安的合作并不令人感到惊奇。然而，两人观点中不断增加的共识至少引出了两个需要简单回答的问题：第一，是否有理由相信他们在 1936 年至 1937 年上半年已彼此知晓各自所写的关于马克思列宁主义的文章，并可能受到了对方文章的影响？第二，尽管他们的观点存在着明显的相似性，但是否有证据表明在研究中国的马克思列宁主义的问题时，他们在方法路径上存在着较大的差异？

确切地回答第一个问题是不可能的，但两人在此时似乎还未产 48
生太多的相互影响。毫无疑问，陈伯达知晓中国境内政党深层斗争的大体发展状况，但直到 1936 年 12 月西安事变爆发后几个月，在北平的他及其同事们才有可能获得关于党内事务的详尽信息。当党的运作更为开放之后，毛泽东关于中共内部问题的重要讲话才在秘密会议上传达，并且仍不允许广泛传布。在陈伯达这一时期的文章中，他从未提到过毛泽东的名字，也从未讨论过诸如中共党务这类的事情，因为它当时仍是一个非法政党。同样，毛泽东好像也从未或长或短地讨论过新启蒙运动，没有提到陈伯达及其与新启蒙运动的关联。

通过比较毛、陈两人对待马克思列宁主义与中国传统哲学之关系的态度，我们可以进一步证实，两人除了在最一般的意义上相似外并未产生相互影响。毛泽东和陈伯达都相信马克思列宁主义的理论应该与中国的实际相结合，但这种观点上的一致性遮蔽了他们在面对问题时总体路径上的重要差异。这些差异更增加了以下情形的可能性：他们各自独立地发展出了自己的观点，并对他们自己不同的价值观和各自所面对的形势做出了回应。陈伯达是一位研究中国古代历史和哲学的教授，在北平的一所重点大学里任教。他的职业环境是学术的，甚至在其政治活动中，他也主要关心思想方面的议题，尤其是哲学。陈伯达也曾有过一些政治斗争的实践经验，他曾在张贞的军队里工作，曾被捕入狱，后又去国离家[①]，而且直接参与了“一二·九”运动。不过，陈伯达是颇为典型的学者。当他提倡结合马克思主义理论与中国实际时，他把这种需求与系统研究中国传统思想的另一个需求联系起来。陈伯达的观点并不是全盘否定，因为他曾在别处呼吁保卫“中国最好的文化传统”，其中之一无疑便是在从西方引进辩证唯物主义之前，就已在中国存在的辩证唯物主义的元素（无论如何，这是陈伯达的观点）。这一时期，陈
49 伯达对待中国传统哲学的态度似乎是选择性的，他无情地抛弃其中的反动因素，但也以同样的热情来捍卫和保留其中比较进步的方面。随着时间的推移，这种态度在陈伯达的著述中表现得愈加明显，这无疑是受到了中国高涨的民族主义思潮的鼓舞。时代的特征提出了要求：马克思主义者如果希望仍旧在政治上切题，就应在西方舶来的新哲学和中国自身的哲学遗产间寻找一致的元素，而不是不和谐的元素。

30 年代中期，毛泽东在对待中国传统哲学的问题上采取了比陈伯达更为强硬的态度。毛泽东曾于 20 世纪早期接受过良好的普通教育，当 1917 年俄国革命爆发时，他还在师范学校读书。随后，来自西方的浪潮汹涌澎湃，毛泽东和他那一代人都倾向于有点不加分析地抛弃过去。从 20 年代初起，毛泽东成了一位忙碌的政治活动家，很少有机会学习，而且在过去的十年间，他几乎完全生活在农村。与陈伯达一样，毛泽东开始提倡把马克思主义的理论与中国的实践更为有效地结合起来，但他认为马克思主义与中国传统哲学之间只有极少的相似之处。这可以从他 1937 年春在延安所作的一系列关于辩证唯物主义的演讲中清楚地看出来：

> 由于中国社会进化的落后，中国今日发展着的辩证法唯物论哲学思潮不是从继承与改造自己哲学的遗产而来的，而是从马克斯列宁主义的学习而来的。然而要使辩证法唯物论思潮在中国深入与发展下去，并确定地指导中国革命向着彻底胜利之

---

① 陈伯达在 1927 年大革命失败后赴莫斯科中山大学学习，1931 年在天津被捕入狱。——译者注

> 途，便必须同各种现存的陈腐哲学作斗争，在全国思想战线上树立批判的旗帜，并因而清算中国古代的哲学遗产，方能达到目的。[67]

毛泽东演讲的对象是抗日军政大学（以前的红军大学）中激进的听众，这一事实也许能够解释这段陈述的基调。此时的陈伯达可 50
能不会支持这种观点，除了他坚信自己的看法外，还与形势的变化有关。到1937年年中，要求“清算”中国的哲学遗产简直就是失策。在随后的几个月中，毛泽东无疑是在新政治秘书①的推动下改变了自己在这一问题上的立场的。

毛泽东和陈伯达对待中国哲学遗产的不同态度，足以凸显他们在处理马克思主义理论与中国实际相结合的问题时所存在的方法上的细微却又重要的差别。他们坚信，理论结合实践是在革命进程中探索成功之路的必不可少的先决条件。就此而言，他们在对待马克思列宁主义理论与中国实际相结合的问题上有着共同的方法。但毛泽东对于问题的兴趣带有一些现实政治的紧迫感——其实用的程度则部分地取决于身处革命前线的毛泽东对于理论与实践的努力调和，当他所读到的理论与他所遇到的实际情况有所不同之时。也就是说，他出于急切的现实需要来寻找有用的理论，以保存和发展他所领导的政治、军事运动。当毛泽东年轻时，他曾不加批判地接受了马克思列宁主义的基本预设，只有在现实的革命实践过程中，他才察觉到西方理论与中国实际之间明显的分歧。因此，他所怀有的使理论与实践更为一致的兴趣牢固地植根于领导实践运动深入中国乡村时所面对的具体任务之中。②

毛泽东的兴趣在某种程度上是政治的，它是在毛泽东与留苏学生争夺党内最高权力的背景下产生和发展的。从政治上看，毛泽东 51
从理论结合实践中获益良多，因为由此产生的新理论——假如他能

---

① 陈伯达担任毛泽东秘书的准确时间应该是1939年3月。——译者注

② 毛泽东自己也承认，他在1925年春才第一次发觉农民不同于城市无产阶级的革命潜力。参见对于毛泽东的评论：Edgar Snow, *Red Star over China* (London, 1937), p. 157。直到1927年，毛泽东34岁时，他才开始将其对农民革命潜力的新认识表达为重要的政论作品，例如著名的《湖南农民运动考察报告》(1927年3月)。这篇重要报告的关键段落已按照其原始的版本翻译成英文，参见 Stuart Schram, *The Political Thought of Mao Tse-tung*, 2nd ed. (Harmondsworth, Eng., 1969), pp. 250-259。

够声明这是他所独创的——将会为他在党内的领导地位赋予足够的意识形态上的合法性。接着，毛泽东在中共党内的崛起将不会被仅仅视为历史机缘的结果，而是看作毛泽东正确掌握理论的必然产物。因此，新的理论，不管它被如何命名，都完全可以成为毛泽东努力巩固和增强他的领导地位的一种政治武器。同样重要的是，新的理论也可以帮助毛泽东在意识形态和组织方面确立相对于莫斯科和共产国际的某种程度的独立性。

陈伯达以一种十分不同的、比毛泽东更为抽象的观点来处理马克思主义理论与中国实际的结合。陈伯达起初便对马克思列宁主义有着深刻的理解，随后又赴莫斯科学习。当 30 年代初期毛泽东在农村的政治斗争中重塑思想时，陈伯达也在中国的大城市中与各派政治理论家激烈论战，并重塑自己关于马克思主义理论的想法。正是在这种颇为学术化和理论化的争论中，即在中国社会史论战和新启蒙运动中，陈伯达开始探索马克思列宁主义理论与中国实际之间的正确关系。对比毛泽东的情形，文化因素在陈伯达理论结合实践的渴求中表现得更为强烈。作为北平一所大学里讲授中国古代历史和哲学的青年教授，他将积极回应 1931 年后中国城市中高涨的民族主义浪潮。对于陈伯达而言，把马克思列宁主义与中国实际相结合而产生的新理论是令人满意的，因为它将在马克思主义与中国文化之间建立起一种“活生生的”关系，使马克思主义更容易为普通中国人所接受，并——最重要的是——标志着中国文化独立于西方。

路径上的差异并不意味着毛泽东和陈伯达在结合马克思主义理论与中国实际的问题上没有吻合之处。比如，显而易见的是，毛泽
52 东在政治上独立于苏联、独立于中共党内亲苏派的愿望与陈伯达希望中国文化总体上独立于西方的愿望之间有着一些共同之处；随着时间的推移，毛泽东也日益重视马克思列宁主义与中国人民和中华民族的显著特征相结合时更为广泛的文化层面。到 1938 年 10 月，他已转向这样一种立场，即把马克思主义理论与中国实际的结合等同于“马克思主义中国化”这个令人吃惊的新概念，而他此前从未使用过比这一概念更具文化诉求的词。实际上，毛泽东是从陈伯达那里获得了这个词。陈伯达在 1938 年 5 月的一篇文章中第一次使用

了这种提法，几个月后，毛泽东便在中共六届六中全会的重要报告中采用了它。不过，毛泽东还是明确地以政治的方式来使用这个文化术语，因为它很快就被等同于毛主义者迅速发起的反对王明和留苏学生的运动。

第三章

走向“毛泽东神话”（1937—1938）

毛泽东的“中国化”哲学

53 瓦窑堡会议后的几个月里，毛泽东毫不留情地攻击留苏学生版的马克思列宁主义，但他未能提出另一种明确的选择——显然那便是毛版的马克思列宁主义。到1937年春，毛泽东创造这种选择的时机已经成熟，因为刚刚建立的统一战线需要发展大批新党员，并为国统区的公开宣传工作提供了前所未有的机遇。在如此关键的时刻，中国共产党绝不能表现出任何意识形态混乱的迹象，尤其是在党的最高层。1937年5月3日，毛泽东在延安为党的全国代表会议作公开报告，表达了他对团结之重要性的认识。他重申了对“左”、右两种错误倾向进行坚决斗争的必要性，并号召教育数以千计的干部以适应新的统一战线的需要。在结束语中，他再次转向意识形态在党内的重要性：“为了达到克服上述这些不良倾向的目的，在全党中提高马克思列宁主义的理论水平是完全必要的，因为只有这种理论，才是引导中国革命走向胜利的指

1937年，毛泽东和朱德、周恩来、秦邦宪在延安。

南针。”[1]

从1936—1937年的冬天开始，毛泽东以极其认真的态度应对挑战。他的主要贡献是一系列为延安抗日军政大学所作的关于辩证唯物主义的讲稿。这些讲稿现在存有两种形式，但都不完整。（1）《辩证法唯物论（讲授提纲）》，初版于1938年。（2）两篇哲学文章——《实践论》和《矛盾论》，分别出版于1950年和1952年。大多数学者都认为最初的版本并非伪作，本书也采纳这种观点。[2]关于两篇哲学文章，《毛泽东选集》的编者已经指出，目前收入的版本是根据 54
毛泽东1937年7月、8月所作的原始讲稿修改而成的。[3]当然，讲授提纲中所表达的思想与后来论文中所表达的思想基本相同。但由于文章确已经过修改，并有可能包含了后来的思想，因此，在分析延安讲稿所蕴含的毛泽东的思想时，对它们只能附带使用。只有当以下讨论的某些重要议题出现明显的思想延续性时，我才会引用它们。①

在讲稿中，毛泽东主要关注为当下的政治问题辩护，尤其是与国民党建立的统一战线，但讲授提纲真正的重点还在别处。正如郭颖颐（D. W. Y. Kwok）所指出的，毛泽东此时在哲学上努力的成果，“清楚地表明他力图成为社会及社会革命的理论家和实践家的决心”[4]。毛泽东已经证明他是实践的主导者，现在他还需要展示他是一位理论的驾驭者，如此他才能证明自己作为一个共产主义政党最高领导人的资格。理论与实践的完美结合必须体现在某位领导人的身上，这种认识根深蒂固地存在于马克思列宁主义者的传统之中——同时，这也确实是中国政治普遍的传统——尤其是在列宁亲自树立了典范之后。甚至斯大林也在激烈的党内论争过程中花了多

① 在私人谈话中，斯图尔特·施拉姆提醒我注意一种匿名版的毛泽东讲稿，其中的一篇文章（《实践论》）“与目前的版本大体相似”。这个匿名版题名为《辩证法唯物论》，中国出版社（重庆?）1946年出版。据说这是一个重印本，原来的版本于1944年9月在重庆问世。重印本的序言称这几篇讲稿“内容极好”，因为它们以一种更为接近中国需要和中国情况的语言来讨论辩证唯物主义，在这方面，它们比同一主题的绝大多数著述都做得更好一些。这确实是毛泽东讲稿的长处，尽管在其他方面还有缺点。也正是因为这个原因，这几篇讲稿可能对中国的读者群产生更大的吸引力。[经译者查证，施拉姆所说的匿名版是1946年3月上海的中国出版社根据1944年9月某报社的本子翻印的。书封题有“丘引社版”，内容之前有孙鲠的前言。据龚育之的介绍，中国出版社印行的这一版本，“封面有署名的和不署名的两种”。参见龚育之：《偏见比无知离真理更远——关于〈实践论〉的写作、流传和发表》，载《文献和研究》，1982（3）。——译者注]

年时间竭力树立自己作为理论家的名望。对于这一点，中国同志应当心知肚明。因此，当毛泽东试图在中共党内树立无可争议的至高权威时，他是有先例可循的。

55 在讲授提纲的一处，毛泽东说他希望有一天能出版一本关于辩证唯物主义的书，因为目前以中文写成的这类书不是在内容上有错误就是写得不好。他说，中国尤其缺少关于辩证唯物主义的“讲解的书”。只有使用“通俗的语言，讲亲切的经验”，这种书才能让人印象深刻。他坦然承认，他自己才刚刚开始研究辩证法，还不能写出一本“好书”。[5]不久以后，对日战争的加剧似乎也使这种文化上的努力走向终结，但我们至少还能知道一些这本书将会包含的内容。

大多数研究这门学科的学者都倾向于赞同毛泽东自己的估计，即他在1937年还不能写出一本关于辩证唯物主义的“好书”。例如，魏特夫（Karl Wittfogel）和C.R.赵（C.R.Chao）曾证明，讲授提纲多处抄录当时苏联马克思主义哲学著作的中译本。[6]显然，讲授提纲无论如何都没有在延安以外得到广泛宣传，直到1942年春，张如心才在《解放日报》上公开提及它们。[7]

如果说毛泽东的讲授提纲仅仅是对马克思主义理论进行了极不成熟的讨论，那么它们也就并不重要。我们当前对讲授提纲的兴趣在于，毛泽东在其间阐发了马克思主义中国化在哲学上的正当性，至少在提纲中可以明显地看出来。这种辩护是在讨论唯心主义的过程中完成的。毛泽东说，当人们思考时，不能不使用概念，如此一来，认识就很容易被分解为两个方面。一方面是事物，带有个别和特殊的性质；另一方面是概念，带有一般的性质。对于唯心主义者而言，分离一般与特殊是危险的，因为他们把这种分离——这在思维过程中是必要的——推到扭曲他们对事物本身的认识的程度。也就是说，唯心主义者逐渐把一般性（概念）当作客观的实体，把特殊性（事物）只当作一般性存在的形式。换言之，真
56 实的事物从属于观念的东西，而又仅仅成为观念的东西存在的一种形式。这是一种错误的分裂，毛泽东说：“特殊和一般本来是互相联系不可分裂的，分裂就脱离了客观真理。客观真理是表现于

一般与特殊之一致的，没有特殊，一般就不存在，没有一般，也不会有特殊。”[8]

毛泽东在最初的讲授提纲中并没有顺着这种思路继续将讨论向前推进（不止一人由此推断，以供研究的讲授提纲是不完整的），但在修改后出版的《矛盾论》中，他把这种统一的理论运用到实际历史现象的研究之中，比如列宁主义的历史根源。毛泽东在文中说，斯大林在其讨论列宁主义的《论列宁主义基础》（1924 年）一书中，提供了一个理解事物的特殊性和普遍性及其互相联系的“模范”。斯大林指出，列宁主义在某种程度上具有普遍性，因为它是“帝国主义和无产阶级革命时代的马克思主义”；同时，列宁主义又具有特殊性，因为俄国是“无产阶级革命理论和策略的故乡”。接着，毛泽东说，斯大林解释了列宁主义的普遍性（其马克思主义的方面）包含在其特殊性（其俄国的方面）之中。[9]假如毛泽东相信事物中的普遍性与特殊性不能分裂，那么其中暗含的意思便是列宁主义作为一种革命的理论，是不能脱离其社会背景的。换句话来说，毛泽东所言便是，由具体的俄国起源升华而来的列宁主义中并不存在纯粹而抽象的马克思主义理论。因此，列宁主义只不过是马克思主义理论与俄国实践的结合，是“俄国化”的马克思主义。①

如果这种分析是正确的，那么它将引出两个重要的问题。第一，列宁主义只是各部分（马克思主义加俄国）简单的相加，还是性质上不同的东西？第二，既然列宁主义既具有普遍性（马克思主义的），又具有特殊性（俄国的），那么它能够被运用到俄国以外的其他国家——比如，中国吗？毛泽东把列宁主义看作普遍性与特殊 57
性，即观念的东西与客观的实体之间的完美结合，这已暗示出第一个问题的答案。但有人会问，观念和事物之间的关系是什么呢？或者换一种说法，意识与物质之间的关系如何呢？毛泽东以唯心主义者为反例做出了回答：他们不能领会“意识受物质限制”这种“唯物论的真理”，反而认为“只有意识是能动的，物质不过是不动的集合体”。接着，毛泽东总结道：“只有辩证法唯物论，正确地指出

① 毛泽东并未使用这种措辞，但他论证的思路却直接导向这样的结论，并最终导向新创造的术语“中国化”。

思惟的能动性，同时又指出思惟受物质的限制。”[10]如果物质确实不只是“不动的集合体”，能够对思想施予限制，人们将会按逻辑得出结论：列宁主义不是简单的马克思主义加俄国的总和；更确切地说，它是两者的完美结合，其中原始的马克思主义（思想）已经为俄国（物质）所改变（限制）。为了表达清楚，我再重复一遍，列宁主义并不是以俄国语汇简单装扮而成的原始德国形式的马克思主义，而是一种改变了的“俄国化”的马克思主义，其中的某些方面在性质上不同于马克思最初的理论构想。

至于第二个问题，从上面的分析可以推知，由于列宁主义具有俄国的特征，它不能被成功地移植到任何其他的国家。如果可以移植的话，列宁主义，包括所有具体的带有显著俄国特征的理论和策略，难道必须整体地运用到新的国家？毛泽东可以很容易地否定第一种可能性，因为西欧形式的马克思主义已经经过改造，被成功地移植到俄国。至于第二种可能性，这正是毛泽东批评留苏学生的地方，因为他们愚蠢地照搬列宁主义。不过，毛泽东还是肯定列宁主义适用于中国，但他强调列宁主义必须以一种新的形式运用到中国，因为共性代表着“共通的道理，古今中外，概莫能外”，而个性是“有条件地暂时地存在的，所以是相对的”[11]。也就是说，列宁主义的普遍性（其马克思主义的方面）对中国是有效的，因为它
58 代表着“共通的道理”。列宁主义的特殊性（其俄国的方面）则可以被抛弃，因为它只是“相对的”。弦外之音便是，列宁主义一旦被移植到中国，它将不得不剥离其俄国的特殊性而采取中国的特殊性。因此，马克思主义的普遍性与中国的特殊性的完美结合将产生“中国化”的马克思主义；就其本身而论，它不应被称为列宁主义，因为列宁主义是包含了普遍性与特殊性的“俄国化”的马克思主义。

中国化的马克思主义是将不同于列宁主义而又与列宁主义平起平坐，还是成为一种不同的且更高的马克思主义的形式？几年前，陈伯达已宣称，现代的辩证唯物主义（马克思列宁主义）是超越古希腊原始唯物辩证法和黑格尔更为精细的唯心主义辩证法的更高的发展阶段。从讲授提纲来看，毛泽东似乎完全接受了如下的观点：马克思主义从19世纪最初的形式到更新、更高的形式是质的发展。

例如，尽管毛泽东承认马克思和恩格斯在创建现代形式的辩证唯物主义中的作用，但他毫不犹豫地指出，“列宁发展了这个学说”。列宁主义不是一种与马克思原初的理论不同的却又平起平坐的形式，而是一种十分不同且更为高级的形式，是马克思主义在特殊的俄国环境中的适应与发展。

然而，超越列宁主义的发展也是可能的。鉴于社会主义革命在俄国的胜利和世界无产阶级革命时代的到来，辩证唯物主义的学说“走上了新的发展阶段，更加丰富它的内容”[12]。现在，1937 年夏，毛泽东正在思索着列宁主义在中国特殊环境中的适应和发展——他似乎暗示，这种新的理论综合将代表一种比列宁主义本身更为高级的理论构想。这种发展显然会对中国共产党（毛泽东）与莫斯科的关系产生严重的影响，毛泽东有足够的理由小心他的言论。不过，毋庸置疑的是，毛泽东在 1937 年已构建起这种理论综合的重要的哲学基础，而正是这个哲学基础为后来形成的“毛泽东思想”奠定了 59
理论基础。这种理论综合也为陈伯达及城市中与他志同道合的同事们所接受。他们不是早已预言，随着新启蒙运动的开展，马克思主义在中国发展的时机已经到来？

陈伯达在毛派阵营中的崛起

1937 年夏，大约 6 月末或 7 月初，毛泽东与陈伯达第一次相见。陈伯达好像是在 6 月的某个时候离开北平，秘密奔赴延安。这时，日本已将要侵占华北。① 根据一些传闻，这位有点孤僻、口齿不清（陈伯达说话时有浓重的福建口音和明显的结巴）的北方局的学术代表并没有立即给毛泽东留下深刻的印象。但毛泽东还是很快意识到陈伯达具有成为一名写手的特殊才能，因而不久以后便让陈伯达担任自己的政治秘书。[13]在那个职位上，陈伯达负责起草和/或编辑诸多毛泽东的讲稿、文章和电报，也包括涉及外交事务的文稿。[14]33 岁的陈伯达如今已成为延安毛派阵营的核心，他不仅是青

① 据陈伯达回忆，北平失守后不久他才离开北平，经由天津、青岛和西安，8 月底到达延安。参见《陈伯达最后口述回忆》（修订版），59、61 页。——译者注

年知识分子群体中的一员，而且还深受信任。① 毛泽东倚靠陈伯达的思想才华，而陈伯达也从毛泽东的政治庇护中获益，一种“共生关系”（symbiotic relationship）由此产生。[15]

陈伯达同时还兼任着其他的职务，其中一些可能在他担任毛泽东的政治秘书之前就已任职——也很可能是为后来政治秘书的任命做准备的。据博伊德·康普顿所言，延安时期一个显著的特征便是在中共中央下运作的颇为重要的教育系统。1935 年以前，从全国党组织中挑选出来的干部被派往莫斯科，接受马克思列宁主义方面的高级培训，如陈伯达本人亲身经历的那样。而 1935 年共产国际七大之后，在各国国内发展更为高级的党校越来越受重视。在中国，党在延安时代的早期就建立了多所学校，包括中央党校、马列学院
60 （1941 年重组为中央研究院）、抗日军政大学、鲁迅艺术学院和自然科学院。[16]这激增的教育系统与毛泽东在党内不断增长的权力相伴而生，并为毛泽东以前所未有的程度控制党的意识形态提供了工具。正是这个教育系统，成为 1942 年至 1943 年毛泽东发动的整风运动的温床。由于日本的侵略，众多中共知识分子纷纷从全国各大城市涌向延安。于是，这些新的教育、研究机构也就自然地为其中的人才提供了出路。

到达延安后不久，陈伯达便在这个重要的知识分子群体中脱颖而出。他被任命为中共中央宣传部研究室的领导②——显然，这是一个关键职位——除此之外，他在马列学院也担任了一些职务。他还在鲁迅艺术学院讲授政治问题，根据一条材料，他甚至还从繁冗的政治事务中抽出时间为学院的流动戏剧团写作了一部名为《农村曲》的歌剧。③ 尤其与政治相关的是他在中共中央党校的职位。在

① 据《毛泽东年谱》记载，在 1939 年 3 月 4 日的书记处会议上，中央决定调陈伯达到毛泽东处工作。参见中共中央文献研究室编，逄先知主编：《毛泽东年谱（1893—1949）》，中卷，114～115 页，北京，中央文献出版社，2002。——译者注

② 据陈伯达本人的回忆，他初到延安时确实曾在中宣部工作过，但他负责的是出版工作。参见《陈伯达最后口述回忆》（修订版），61 页。——译者注

③ 歌剧名称有待查实，英文原文为 *Song of the Villages*。由于无法追溯最原始的中文出处，译者只好查阅有关鲁艺的材料，发现确实有一部李伯钊、向隅创作的歌剧《农村曲》，似乎国外学者张冠李戴，把李伯钊错认为陈伯达（本书第七章即出现了这种错误，因为李伯钊经常署名伯钊，与陈伯达的署名伯达十分相近）。从译者目前掌握的有关材料来看，陈伯达好像从未亲自参加过歌剧的创作。——译者注

那里，他是中国问题研究室的主任，讲授中国革命的问题。[17]

从名字便可看出，中央党校里新成立的这个研究室针对的是与整体的世界革命完全不同的中国革命的特殊问题。它直接模仿自苏联的前身——莫斯科中山大学附属的中国问题研究所。这个研究所在M. 沃林（M. Volin）的指导下于1929年创建，致力于传统中国和当代中国的研究与出版物的发行，不过，它的主要关注点还是当前中国的发展。它的人员由苏联的汉学家和中国问题专家组成，但通常还有数十名中山大学的中国毕业生作为助理人员。大多数中国成员在离开苏联之后都逐渐与留苏学生一派关系密切，而陈伯达也有可能参与过这个研究所的工作。[18]不管怎样，陈伯达被任命为延 61
安这个新成立的研究室的主任，这与他长期以来的关注点完全吻合：中国的马克思主义者应该更为成功地结合“新哲学”与中国革命中所提出的具体问题。陈伯达在1937年至1938年间所写的许多文章就专门论及在中国运用马克思列宁主义的问题。

陈伯达于1937年年中到达延安，此时的毛泽东正在作关于辩证唯物主义的系列讲座，这似乎暗示陈伯达的理论与毛泽东马克思主义中国化的理念之间可能存在着联系。这个问题值得研究。正如我们已经看到的，我们有理由相信，两人想要互相欣赏还需一段时间。毛泽东并非一开始就对陈伯达产生了好感，因为陈伯达对社交并不内行。这使得我们倾向于认为，1937年夏，陈伯达并未直接帮助毛泽东准备关于马列主义的论文。另一方面，我最近偶然见到了一本名为《毛泽东论》的文集，这似乎是已知最早的收录毛泽东讲稿和著作的集子。[19]这本书共288页，包含毛泽东25篇独立的著作(讲话、文章、书信、采访等)。陈伯达作为编者，名列书封，尽管简短却洋溢着高度赞扬之情的“编者按”或“前言”没有署名，但可以推测是陈伯达所作。由于这段按语似已标明它写于1937年8月末或9月初（它提到毛泽东向全党作出著名报告的时间是1937年5月，是“四月前”作的），我们可以推断陈伯达在1937年的夏天已与毛泽东建立了某种重要的关系，至少足以使他被选中编辑第一部收录毛泽东著作的文集。特别的是，这本文集包含了毛泽东1937年

5 月 5 日①对全党所作的重要报告的原始文本（《中国抗日民族统一战线在目前阶段的任务》），陈伯达称这篇报告“对于全中国人民的民族解放斗争，更显出重大的意义”。附录是简短的毛泽东传略（可能也为陈伯达所作），它与文集本身连在一起，以供“海内外同胞的研究”[20]。

62 这本书所标注的时间提出了一个难题，可能暗示着中共领导层内部某种程度的意见不合。尽管前言标明成书时间是 1937 年八九月间，但出版时间（在封面上）却是 1939 年，而且该书好像只有唯一的一个版本。当然，1939 年的版本可能仅仅是一个重印本，但也有可能这本书的出版因为某些原因而耽误了两年，1939 年的版本就是第一版。问题的线索是还存在另一本 1937 年 12 月于上海出版的收录毛泽东著作的论文集。这本文集比 1939 年版的文集更小，也更为谦逊，它没有陈伯达所作的充满赞扬之语的前言和传略②（有趣的是，陈伯达在传略中说毛泽东出身于“书香门第”，这种修饰语无疑增加了毛泽东声称要成为党内主要理论家的分量）。谜题的一种解释是：有高层反对陈伯达所编辑的相当奢华的版本，因而拒不同意出版，他们支持较小规制的《毛泽东论文集》，于是它在 1937 年 12 月得以出版。[21]

虽然陈伯达可能在这一问题上遭受了拒绝，但显而易见的是，到 1937 年 9 月，这位来自北平的青年知识分子已经担任了一个与党内高层领导异常亲近的职位。③ 以这种早期建立起来的关系为基础，陈伯达逐渐崛起为毛泽东在延安的重要的理论顾问之一。1937 年年中日本侵华之后，城市中的马克思主义知识分子移往延安，陈伯达开始负责向毛泽东介绍他们在理论上和文化上的争论，这也许是陈伯达超出其他人的地方。

尽管如此，陈伯达与毛泽东的哲学讲稿还是极可能没有联系，至少与其原始版本没有联系。[22] 正如我已讲到的，单是情势就使得

① 应为 5 月 3 日。——译者注

② 《毛泽东论》在书尾附有一篇题为《少年时代的毛泽东》的小传，而《毛泽东论文集》的首篇文章就是《毛泽东小传》。——译者注

③ 如前注所示，陈伯达担任毛泽东秘书的准确时间应该是 1939 年 3 月。——译者注

这种联系变得不可能，因为陈伯达到达延安之时，毛泽东的演讲已进行了一半，而且前面已经提示，毛泽东需要一段时间才会赏识陈伯达（即使假设他们马上就相见了）。事实是陈伯达在从 1927 年起的十年时间里，基本都在潜心研究和诠释马克思列宁主义，而毛泽东，他自己也承认，1937 年才刚刚对辩证唯物主义展开严肃的研究。如果陈伯达确实对毛泽东准备讲稿产生了重大影响，那么讲授 63
提纲中还会到处出现中外批评家所指出的“抄袭”和“错误”便是令人难以置信的。陈伯达俄语流利，对苏联的发展也很熟悉，而且正如他的早期作品所展示的，他显然对马克思主义哲学和非马克思主义哲学都了如指掌，无须抄录苏联哲学著作的中译本。第三点与毛泽东颇为严苛的主张有关，他在讲授提纲中提出“清算”中国的传统哲学。正如我已指出的，陈伯达在 1937 年年中很难赞同这样的观点。

正如前面所提到的，毛泽东号召提高党员“马克思列宁主义的理论水平”，而讲授提纲便是他为此做出的贡献。党刊《解放》自然要给予支持。1937 年 9 月 6 日出版的特刊①引进了一种增刊，以后它将每月出版一至两次，专门针对理论研究的问题。编辑还注明，这个新的版块旨在帮助读者研究理论问题。增刊的第一期（和第二期）由反映斯大林意志的官修新联共（布）党史的节译稿构成②，编辑却声称他准备在以后几期中专门刊载与“中国革命问题”相关的研究材料。[23]陈伯达，作为中央党校专门研究“中国问题”之部门的主任，可能有责任为报刊准备这方面的材料。然而，在出版了很少的几期之后，这个新的理论增刊就消失了，它完全被限制于来自俄国的翻译材料。专门关涉中国革命的研究材料以后再未提及，这方面的内容好像也从未刊登过。尽管有毛泽东个人的鼓励，但他的意识形态运动似乎还是出师不利。

1937 年年底，陈伯达写了一篇长文，可能是想在《解放》的增刊上发表。在文中，陈伯达驳斥了如下指控：孙中山拒绝把马克思

---

① 《解放》第 13 期不是特刊，它的出版时间应该为 1937 年 8 月 9 日。——译者注

② 这两期理论研究增刊共刊载了三篇文章，分别是斯大林的《论联共党史课本》和《怎样研究联共党史》，以及《联共党史研究提纲》。最后一篇文章因篇幅太长，分两次登完。——译者注

主义当作解决中国问题的方法。他认为，恰恰相反，孙中山的基本思想与马克思主义的大部分内容和谐共通，尽管他承认孙中山在某些重要的方面对马克思主义理论的实质存在“误解”。接着，他从五个方面阐明了马克思主义的观点（他正是如此看待马克思主义
64 的）：（1）唯物史观；（2）阶级斗争的性质；（3）剩余价值的问题；（4）社会改良主义的问题；（5）实现社会主义的方法。[24]在最后一部分中，陈伯达讨论了马克思主义对于中国的适用性的问题，这是我们最感兴趣的话题。

陈伯达认为，马克思主义毫无疑问是理解社会发展进程的必不可少的知识钥匙，但它不是教条：当历史改变时，马克思主义必定会随之改变。例如，列宁和斯大林根据马克思和恩格斯所处时代之后出现的新问题发展了马克思主义，但列宁主义仍然牢牢地以马克思主义为基础；它是“在新历史条件下马克思主义的发展”[25]。列宁和斯大林并没有脱离马克思主义的“基本思想”，即社会主义只有在无产阶级成为社会的“政治主人”之后才能建立起来的核心思想。无产阶级夺取政治权力是俄国社会主义革命的特征，它将同样是其他国家社会主义革命的特征。除了这一点不可或缺之外，马克思主义还是十分灵活的。确实有许多具体的方法可用来引起社会主义革命，“根据每个国家的具体历史条件和经济条件”，办法也将变化。比如，陈伯达赞同无产阶级通过和平的方法夺取政权，假如具体的历史条件允许，尽管他并未进一步深入地阐述这一问题。在总结性的评论中，他提醒读者：当马克思主义首次传入俄国时，民粹派（the Slavophiles）曾说新哲学是舶来品，不适合俄国，如果把它介绍进来，将有害于俄国。陈伯达说，不过，马克思主义事实上已成功地运用于俄国，民粹派的叫嚣已完全失败。[26]

关于这篇文章，我们还有几点需要说明。第一，为了应对新的历史情况，马克思主义需要不断改变，陈伯达的这种想法与毛泽东夏天在其哲学讲稿中所表达的观点相似（陈伯达的想法与他在北平发展出来的对于马克思主义的看法联系紧密）。因此，两人对于马
65 克思主义似乎有一些相同的看法，而这种相似性无疑为他们在延安时期及以后的密切合作奠定了基础。第二，陈伯达重新确认了他的

信念：中国传统哲学中包含着“马克思主义”的元素，尽管它是微不足道的。比如，墨子已意识到阶级斗争的思想，因为他曾说过“强必凌弱，富必暴寡”[27]。这种对待传统哲学的态度，使陈伯达与毛泽东在认识马克思主义与中国文化的关系上形成了重大差别，尽管这种差别将在适当的时候获得解决。第三，陈伯达好像在这篇文章里第一次提到毛泽东（前面提到的陈伯达编辑的文集除外），在论及无产阶级可以在条件适宜的情况下和平夺取政权的时候，陈伯达简略地引用了毛泽东的意见。[28]意味深长的是，陈伯达在马克思主义理论的问题上（既不是在政治问题上，也不是在军事问题上）引用毛泽东的语录，这可能表明陈伯达回应了毛泽东作为中共杰出理论家的日益增长的诉求。无论如何，陈伯达在长文中没有提及其他的中共领导人或引用他们的语录。比如，文章没有提到张闻天，当时，他似乎被认为是“党内最好的理论家之一，仅次于毛泽东”[29]。

陈伯达写作这篇文章是在1937年年底，但出于一些无法解释的原因，它直到1939年才公开发表。陈伯达批判孙中山对马克思主义理论的诸多“误解”，陈伯达坚持认为社会主义只有在无产阶级已成为国家的“政治主人”时才能在中国建立，这些观点在当时可能被认为过于“左”，因为与国民党的新统一战线才刚刚形成。到1939年，统一战线已沦落为虚幻的假想，公开发表这类文章也不会为国共关系带来多少尴尬。似乎也有理由推断，当毛泽东的整个意识形态运动（可能包括陈伯达所编的毛泽东文集）在1937年下半年遭到反对之时，陈伯达的文章也一道被暂时搁置。反对派是由王明领导的，运动开展后不久，他就从莫斯科到达延安。王明是留苏学生公认的领袖，中国共产党和共产国际的杰出人物，也是唯一的拥 66
有足够声望挑战毛泽东在中共党内不断增长的统治权力的人物（除斯大林本人之外）。

毛泽东、陈伯达与“毛泽东神话”

1937年10月底，王明搭乘一架苏联的军用飞机飞抵延安，毛泽东及党的其他领导人均到场欢迎。王明的回国肯定会对中共未来的走向产生一些影响，而且他从斯大林那里带来的任何指示都将毫无疑问地向毛泽东显示，他如何受到官方的青睐，他个人的抱负将会如何蓬勃发展。

结果证明，斯大林的指示对于毛泽东的命运产生了好坏参半的影响，尽管它们最终还是有利于毛泽东的。据王明所言，斯大林鉴于毛泽东此时的地位，认为他应该被确立为中共最高领导人；但斯大林好像也敦促党内接受过苏联教育的领导人（即留苏学生）帮助毛泽东改掉“忽视马克思列宁主义”的毛病，克服“缺乏国际主义观点”的不足，转变“狭隘经验主义”的倾向。毛泽东对于这种指责不可能心悦诚服，因为他此前刚刚作了关于辩证唯物主义的演讲，正努力提升自己作为理论家的名望。

然而，其他的指示都有利于毛泽东。其中一条指示的大意是张闻天不适合担任中国共产党总书记的职务，从 1935 年 1 月起，他一直担任这一职务（张闻天显然受到了莫斯科的猜忌，因为他在中山大学读书时曾与托洛茨基分子有联系）。张闻天绝不准备让位于人，而留苏学生的团结也开始消逝，因为王明为了自己得到总书记的位置而挑拨张闻天、博古互相争斗。毛泽东的势力则因为斯大林的另一条指示而进一步增强，这条指示建议在抗日战争的新形势下，中共应尽可能自立，并不再受共产国际中国政策的限制。尽管斯大林
67 轻视毛泽东的理论才能，但莫斯科指示的整体影响还是加强了毛泽东的地位。他已被确认为党的最高领导人，留苏学生的团结被打破，而党走向独立的运动也为斯大林这样的权威所认可。[30]

斯大林三点指示的全部内涵不可能一夜之间显现，当然，王明也根本不会将权力让与毛泽东。王明回国后不久，政治局召开长会听取他的报告，莫斯科（和他自己）希望中共在与国民党建立紧密的统一战线方面更快取得进展。毛泽东当时好像一言未发，但在 11 月重要的“党的活动分子”会议上，他向王明及其支持者发起了猛烈的攻击。他指责王明一伙人已成为不讲原则的机会主义者，他们对与国民党的合作过于热情。毛泽东声称中共唯一正确的政策就是实行“统一战线中的独立自主”，因为王明那种合作极易导致党内的颠覆活动。[31]此处，我们并不关心争论的细节，一项最新的研究

已做出总结：与毛泽东支持的路线相比，王明对待国民党的政策“是‘妥协主义’的政策，并且着眼于莫斯科外交政策的需要”[32]。

两人的斗争在 12 月再度燃起，这时政治局为检讨党的总路线又召开了一次正式会议。据张国焘所言，王明在这次会议上突然提出一份政治局成员的新名单，这份名单完全出自王明一人之手，其中张闻天被降到第七位。毛泽东对王明预先未与他商议此事十分恼火，但在王明保证他无意“谋取帅印”之后，毛泽东又赞同了王明的提议。[33]王明的策略成功地将毛泽东置于防御的地位。在随后的几个月里，王明赢得了许多人的支持，甚至连朱德、周恩来等人也都支持他对待国民党的“调和主义”政策。王明返回中国确实对“中共暂时的右转”产生了立竿见影的效果，这反过来又增强了王明及留苏学生在领导层中的地位。[34]

12 月 13 日的政治局决议进一步增强了王明的势力，这份决议 68
宣布将在“不久可能的时间内”召开党的第七次全国代表大会。新的大会将成为重组党的领导层，尤其是撤销 1935 年遵义会议确立的领导集团的合适平台。毛泽东此时极易受到攻击，因为遵义会议在一些重要的政治局委员（包括张国焘和王明本人）缺席的情况下就仓促地安排了工作，会议是在这些人不知情的情况下召开的，更不用说未经共产国际的批准了。第七次全国代表大会的议程似乎注定要引起毛主义者和留苏学生的“一决雌雄”。“中心任务”将是决定实现抗日民族统一战线的最佳方式。此外，大会还将对自 1928 年莫斯科召开的第六次全国代表大会以来中国共产党的历史做出“基本总结”。[35]班国瑞（Gregor Benton）在其关于这一主题的研究中总结道：王明返回延安后，他“对毛泽东的政治猛攻和他在党内的傲慢行为，都意味着又增添了一位争夺领导权的不容置疑的人物”[36]。显然，尽快召开第七次全国代表大会的决定有利于王明，不利于毛泽东，毛泽东的地位可能还难以承受王明及留苏学生全力以赴的攻击。

也许是为了消解他在政治上的脆弱，毛泽东开始加强其在军事上无可争议的强势地位。1938 年年初，许多论述军队重要性的文章开始在党刊上出现。例如，1 月 11 日，《解放》刊载了军事将领陈伯钧的文章，主要是长篇节录毛泽东1934年所写的军事方面的小册子（《游击战争》），陈伯钧希望它能有益于全党参与主动作战的“领导干部”。[37]1938年5月30日出版的周刊包含了一篇毛泽东论述游击战争的新文章，5月26日至6月3日，毛泽东作了一系列名为《论持久战》的重要演讲。它们写成单独的一篇文章在《解放》7月1日纪念中日战争爆发一周年和中国共产党成立十七周年的专刊上
69 发表。除了毛泽东所写的独具特色的文章外，这一期的封面还以书法的形式刊印了毛泽东的教导，鼓励人们在抗日战争中坚持到底。[38]虽然毛泽东努力学习马克思主义哲学，但我还是同意德田教之的看法，在毛泽东夺取权力的关键时刻，他的战争论可能是“其获得领导地位的合法性的基石”[39]。随后我们将看到，当他将要与接受过莫斯科教育的对手展开最后一搏时，毛泽东放弃了哲学而选择了军事战略，这并不令人惊奇。

自1927年年底秋收起义以来，毛泽东与朱德一道，逐渐深陷军事事务之中。尽管毛泽东没有太多的战争经验，但他还是在20年代末30年代初很快发展出了自己的基本战术。[40]由于毛泽东长期以来并未担任党的政治领袖，他逐渐依赖军事作为其运作的主要基础，而且在遵义会议之前，他在中共党内和莫斯科的名声都主要是一位农民军事斗争的领袖。不过即便如此，随着留苏学生的崛起，毛泽东在军事领域还是逐渐被踢开，只是到了留苏学生的战略不能保住江西苏区之时，他才被重新召回，取得军队的控制权。留苏学生和共产国际派来的军事顾问（李德）决心不惜一切代价捍卫根据地的完整，即使这意味着与远为精良的国民党军队进行定点战。而毛泽东则力陈引诱敌军深入根据地腹地的必要性，如此一来便可以一部分一部分地分而歼之。留苏学生却极力反对这种战略，他们将其称为“游击主义”，而鼓吹用他们自己的“定点”防御的战略来取而代之。

毛泽东对机动性的重视是其不断发展的军事战略学概念的关键，但它不能被简单地等同于所谓的游击主义。毛泽东的战略以如下假设为中心：当最后情况合适时，游击战将让位于运动战，并最终让位于决定性的阵地战。然而，他认为当前党的军事战略必须以

非理想状态为基础，弱小的红军在人数上和武器上都远逊于国民党军队。他特别强调培养具有高度积极性的士兵的重要性，这样的士 70
兵可以用他们所拥有的一切武器去战斗，而非坐等不可企及的更好的武器。他进一步认为红军规模虽小，但可以通过使用运动游击战的战术来弥补，这样便可以慢慢蚕食人数较多、移动较慢的敌军，而共产党的军队也不会遭受直接的攻击和潜在的毁灭。甚至游击队员还需要一些避难所，这都要靠建立根据地来提供，同时根据地还将为游击队提供人力和补给。但如果根据地在军事上难以防守，那么党将毫不犹豫地舍弃它而选择更为合适的地方建立另一块根据地。从长远来看，党和军队是必须保存的，而单个的根据地则可以根据情况来决定取舍。

毛泽东承认最后建立起具有一定规模、相对固定的根据地是必要的，这些根据地能培育出胜任大规模运动战并最终胜任阵地战的更为稳定的军队。只有阵地战才能最后解决国共两党争夺最高权力的问题。但这种战争只在更为遥远的未来才会变得切实可行，那时的红军将强大到足以直接挑战国民党的军队。在此期间，有必要把阵地战排除出脑海，集中全力日复一日地建设弱小的红军，而又不忘记全国胜利的终极目标。毛泽东深知动员群众为了遥远的目标而抗击强敌的困难，他强调，对于党员和军队，必须要有一套强大的意识形态教育的计划，使党永远保持对军队的领导，而不是相反。[41]只有充满意识形态热忱、拥有坚强领导的党和军队才能在最艰难的情况下动员农民群众来支持。毛泽东认为，没有这种支持，党和军队就会死亡，就如同鱼儿离开潜游之水必定死亡一样。

到1938年年末，当毛泽东和王明展开最后决战的时候，毛泽东 71
已积累了丰富的军事经验，而且出版了许多关于这一主题的论著。这使得王明处于十分不利的位置，因为流亡莫斯科的岁月使他脱离了实践运动，即使斯大林的支持也不能弥补这项缺陷。军事将领们尤其看重毛泽东在政治、军事领导方面的经验，他们仍然高度怀疑王明担任最高领导职务的能力，因为中国革命已成为高度军事化的政治运动。王明1938年年初的路线很大程度上基于两项主张，即“真心”与国民党合作和全力以赴保卫武汉（在日军攻陷南京之后，国民政府迁至武汉）。这与毛泽东的路线尖锐对立，后者强调与国民党建立更为松散的关系，强调运动战而非定点防御。结果证明，王明的两点战略到秋天就千疮百孔：国民党专横地关闭中共在武汉的组织，武汉城本身也即将陷入日军的包围圈之中。由于王明的政治、军事战略并未奏效，他的个人影响很快便不复存在，他所领导的反毛运动也迅速失去了动力。

如人们合理假设的那样，如果王明计划在即将召开的党的全国代表大会上重组领导层，那么他的希望则被一条通告猝然打破，党将召开六届六中全会而不是第七次全国代表大会。毛泽东的解释是“因为战争紧张的原故”[42]，不能充分准备正式的全国代表大会。显然，毛泽东在设法巩固他的地位，他远没有被王明及其支持者逐出政局。官方的材料表明，毛泽东虽遭到王明集团的严重挑战，但六届六中全会最终还是“基本上克服了”“右的偏向”，从而在党的领导层中取得了“思想上”[43]的一致。这种论断可能有些夸大，但研究这一时段的大多数学者都认同这种说法基本上是准确的。比如，范力沛（Lyman P. Van Slyke）说，六中全会“没有进行清洗，但
72 留苏学生，最后一个站在毛泽东完全控制全党道路上的拦路虎，可能变得不那么重要，并被迫承认了毛泽东的至高权威”[44]。这一结论为莫斯科 1938 年出版的《苏联大百科全书》所证实，该书关于毛泽东的词条也承认他在中共党内的最高地位。[45]当王明最后试图从毛泽东手上夺回权力之时，斯大林最终可能没有支持王明。显然，王明失败了，也就是说，现在莫斯科方面已开始谨慎地公开承认毛泽东在党内的优势地位。

与此同时，陈伯达已确定地加入了毛派阵营，他的文章开始反映毛泽东日益增长的权力。陈伯达首次在《解放》上亮相是他在 1938 年 4 月 1 日那期刊物上发表了一篇论述孙中山统一战线观的短文。① 陈伯达和艾思奇（他也为这期《解放》撰稿），都以“教授”的身份向读者介绍他们对于孙中山学说所得出的一些值得重视的“新的见解”[46]。在 1938 年春的这篇文章和其他文章中，陈伯达避

① 1937 年 11 月，陈伯达以“史达”为笔名在《解放》第 24 期上发表了《改造军队和武装民众问题的商榷》一文，这是他在《解放》上发表的第一篇文章。——译者注

1938年9月至11月，中共扩大的六届六中全会在延安举行。会上传达共产国际关于中共抗日民族统一战线的政治路线是正确的和以毛泽东为首解决统一领导问题的指示。这是六中全会主席团成员合影。前排左起：康生、毛泽东、王稼祥、朱德、项英、陈绍禹（即王明）；后排左起：陈云、秦邦宪（即博古）、彭德怀、刘少奇、周恩来、张闻天。

开任何对马克思主义理论的讨论，很可能是因为王明从苏联回国引发了党内的紧张状态。然而，在7月1日周年纪念刊上，一篇题为《我们继续历史的事业前进》的文章中，陈伯达重谈理论问题。[47]在这期特刊上，洛甫（张闻天）、林伯渠（林祖涵）和陈伯达各发表了一篇文章（按此顺序）。林伯渠的文章《光荣的七月》，只是简单地赞颂中国共产党及其英勇抗击日寇的行为，这可能与他作为延安根据地政府主席的相对中立的立场有关。洛甫的文章更具实质意义（下面将会讨论），它无疑代表了留苏学生的总观点。陈伯达的文章，尽管在最后，但是最长，而且好像也是三篇中最重要的。它可被看作代表了毛泽东一派的观点。这三篇文章确实构成了中共高层内部的某种联合阵线，对于初到延安的人来说，陈伯达能被毛主义者选中来阐述他们的立场，这具有重大的意义。

陈伯达的文章在中共十七周年纪念日之际公开发表，标志着他已上升为毛派阵营的主要发言人。陈伯达与毛泽东的个人关系似乎
78 也逐渐拉近。根据毛泽东身边一位警卫员的回忆，1938 年 11 月，陈伯达在日军空袭延安时受轻伤，毛泽东表现出极大的关切。陈伯达在城里买报纸，遭遇空袭，弹片擦伤了他的头皮，当毛泽东得知这一事故后，立即要求为陈伯达提供专门的医疗援助。材料记载：“听说陈伯达同志伤势不重，主席这才吁了口气，放下心来。”[48]

陈伯达 7 月 1 日的文章是其此后大多数作品的代表，因为它们都同样关注马克思主义理论和中共党史。这里，我们对历史方面的内容很感兴趣，他对待理论的态度将留待下章讨论。

陈伯达的一个主要观点是中国共产党已经成为中国政治中的重要因素，因为它坚持进行“两条战线的斗争”。他说，这种斗争从 1921 年党诞生之日起就开始了，一直延续到今日。两条战线斗争的编年史与七年后党在 1945 年六届七中全会上正式通过的官方党史极其相似。陈独秀的“右倾机会主义”、瞿秋白的“冒险主义”（未点名）和李立三的“左”倾路线全都包含在陈伯达的叙述中。的确，鉴于后来陈伯达在 1943 年至 1944 年对党史的关注，他 1938 年的这篇文章似乎更有可能是 1945 年通过的官方党史决议的起源（请见本书第 263～269 页①对这一问题的讨论）。然而，两者还是有一个重要的区别：在 1938 年的文章中，没有一处指名道姓地提及留苏学生，不管是个人还是集体②，也没有一处指名道姓地提及毛泽东或毛派的其他成员。显然，陈伯达是经毛泽东和留苏学生的同意才写出这样一个范本的。他提到名字的人只有这样几个：（1）反面例子——陈独秀、李立三、张国焘等；（2）烈士——李大钊、彭湃、瞿秋白等。[49]

即使陈伯达未被准许点名批评留苏学生，在记述自 1931 年 1 月四中全会以来党的活动时，陈伯达还是清楚地表明了他的观点。他

---

① 英文原书页码，即本书边码。——译者注

② 在 1945 年的《关于若干历史问题的决议》中，只提“第三次‘左’倾路线”，并没有点陈绍禹（王明）、秦邦宪（博古）的名字。在编辑《毛泽东选集》的过程中，根据 1950 年 8 月 19 日毛泽东致中央政治局的信的精神，才加上陈、秦二人的名字。参见《党的历史决议》，见胡乔木：《胡乔木回忆毛泽东》（增订本），2 版，325～326 页，北京，人民出版社，2003。——译者注

说，尽管这次全会坚持了党的“布尔塞维克①的一致和团结”，但在 74
江西苏区时期，同“左”、右倾机会主义的斗争仍在继续。“左”倾机会主义在这一时期的特征是：对民主革命性质的缺乏了解，对巩固工农联盟的忽视，在军事胜利时攻打中心城市的“冒险主张”。而右倾机会主义则表现为困难时期悲观失望的态度及逃跑主义的倾向。显然，“左”倾机会主义的特点实际就是留苏学生的特点（在毛主义者看来），右倾机会主义的缺点实际就是张国焘的缺点。由于不能对留苏学生点名，陈伯达只好非常简单地通过宣称“左”、右倾机会主义的最好代表都是张国焘来克服这一困难。在党尝试与国民党建立新的统一战线的时期，陈伯达仍把张国焘当作替罪羊，指责他继续执行了“左”倾路线和右倾路线。如果说陈伯达的叙述不管怎样都代表了毛主义者对党史的重构，那么留苏学生便不要指望会有美好的未来，因为陈伯达已隐隐暗示，1931 年四中全会之后在留苏学生领导下的中国共产党并没有“走上布尔塞维克的道路”。如果真是这样，1931 年至 1935 年留苏学生领导的合法性将被严重削弱，他们作为党的发言人的信誉也将扫地。

陈伯达解释党史的时机，与其内容一样，也是意味深长的。对党自 1928 年六大以来的历史作一“基本总结”，已作为一项任务被提交给即将召开的七大。在 7 月 1 日纪念特刊上，《解放》的编辑们宣布了一项动议，要尽可能多地收集党过去的材料，尽管其中并未提及计划中的大会。他们力劝读者上交自己所拥有的一切材料——党中央或地方党组织的文件及出版物，党员个人所写的论文、文章、著作及个人关于党史的回忆录。这份告示说，收集的目的是为了将来进一步研究“中国革命的经验与教训”，并希望每个人都能 75
配合这项收集材料的工作。[50]

鉴于预定将在计划召开的七大上回顾党史，以及从当时需要党的历史材料的情况来看，陈伯达 7 月 1 日的文章似乎是毛主义者以官方名义重构党史的第一步，它清楚地表明毛主义者将最终断定他们相对于王明和留苏学生的至高无上。洛甫在同一期《解放》上发

① 即布尔什维克，当时由于发音相似而有不同译法。以下不再一一指出。——译者注

毛泽东木刻画像，原载《解放》，第 45 期，1938 年 7 月 15 日。

表的文章中没有具体谈及党史，这也是意味深长的。随着毛泽东获得最高权力，留苏学生将在即将到来的党史重构中发挥一定的但是很小的作用。

到 1938 年夏天，此后“毛泽东神话”的主要元素已经清晰可辨：(1) 毛泽东成功领导了遵义会议以来的实践运动；(2) 毛主义者逐渐取代了党内所有的反对集团；(3) 毛泽东逐渐从莫斯科的影响中独立出来；(4) 毛泽东在党内逐渐确立了重要的军事战略家的地位；(5) 毛泽东凭借自己的能力崛起为马克思列宁主义理论家（然而，这还只是试探性的）。① 此时的毛泽东已成为群龙之首，而且我们已经观察到，毛泽东崇拜的最初信号在 1937 年 6 月便已显露。现在我们应该注意另外两个信号：身为抗日军政大学校长和红军主要将领之一的林彪在 1938 年 9 月的讲话中，公开称赞“天才的领导毛泽东”，以及 7 月 15 日的《解放》刊载了第二幅毛泽东的木刻画像。[51] 到 1938 年中期，毛主义者已顺利地把“毛泽东神话”的主要元素融入计划召开的七大所承诺的官方对于党史的建构分析之中。作为被选中的人，陈伯达写下了毛主义者重构中共党史的第一份初稿，他由此成为“毛泽东神话”背后的领军人物之一。

① 对于“毛泽东神话”各个方面的阐释，参见 William F. Dorrill，“Transfer of Legitimacy in the Chinese Communist Party：Origins of the Maoist Myth，” in John Wilson Lewis，ed.，*Party Leadership and Revolutionary Power in China* (Cambridge，Eng.，1970)，pp. 69－113。根据多里尔（Dorrill）的解释（p. 71，n. 1），使用“神话”一词并不含有轻蔑的意味。它只为传递出一种政治传奇的感觉——亦真亦幻，它聚焦于一位“一贯正确和总是胜利”的领导人。

第四章

马克思主义中国化（1938）

陈伯达与中国文化的“中国化”

1938 年，毛泽东和陈伯达共同关注根据中国自身的特点来发展 76
马克思主义的问题。然而，我们已经注意到他们对于传统中国文化的态度上的差异，陈伯达采纳了一种比毛泽东所展现的立场更为积极的态度。然而，1938 年年初的燃眉之急不是在中国发展马克思主义，而是中国在面对日本的侵略时自我维持的能力。在毛泽东的哲学演讲结束之后的几个月里，中国深陷更大的绝望之中，因为日军快速占领了中国大片国土。1938 年 5 月底至 6 月初，毛泽东在关于持久战的演讲中提到，日军的掠夺政策有两个方面，一是物质的，一是精神的。毛泽东说，日军除了赤裸裸地杀人越货外，还在精神层面“摧残中国人民的民族意识。在太阳旗下，每个中国人只能当顺民，做牛马，不许有一丝一毫的中国气”[1]。

毛泽东关注“中国气”的情感，为当时许多同胞所共有，而且国民党和共产党都在开展广泛的宣传运动以煽起民族主义的火焰。[2]在论持久战的演讲中，毛泽东转到日本侵略时期民众政治动员的问题。他说，为了抗战的目的而组织宣传工具，我们确实已经做了很多，但还只是“沧海一粟”。而且目前的许多宣传“不合民众口 77
味”，于是在宣传与试图吸引的民众之间产生了“隔膜”。毛泽东总结说，如果想要更有效地动员民众参加抗战，那就必须尽快对所有宣传上的不足进行改进。[3]

要使共产党的意识形态和宣传愈加为中国各个阶层的民众所接受，一个显而易见的方法便是缓和马克思主义理论与中国传统文化

1938 年，毛泽东在延安窑洞撰写《论持久战》。这篇著作是指导全国抗战的纲领性文献。

之间的冲突。马克思主义是对中国文化的精神持有敌意的“洋教条”，因此它在中国没有前途，陈伯达长期以来便对这种指责十分敏感。此时正是他详述信仰的时候，他认为这种指控是无根据的，马克思主义理论与中国的“国粹”之间也不存在真正的冲突。如果这两种关键元素能够有效地融为一体，那将为一种可能吸引中国大众的新形式的意识形态和宣传奠定思想基础。

尽管陈伯达在 1938 年春回避了马克思主义理论这类微妙的话题，但他仍努力帮助中共制定文化政策。毛泽东倾向于忽视革命和抗日战争的文化层面，但对于陈伯达来说，文化维度正是他的主要关怀。在一篇写于 1937 年年底左右，但直到来年 5 月才公开发表的文章中，陈伯达极力强调文化因素在战争中的重要性。他坚持认为，日本对中国文化的进攻只是整个法西斯企图的一部分，法西斯是要毁灭世界文明，使人类陷入一个新的黑暗时代。既然中国文化，包括传统文化和现代文化，反映了世界上四分之一以上的人的天才创造，那么中国人保卫自己文化的斗争就绝不是狭隘的：“我们保卫中国文化的存在和发展，同时是关系到世界文化的存在和发展的［最终］命运的。”[4]陈伯达把抗日战争看作是对熔铸古今而诞生的中国新文化的严峻考验。通过这次斗争，中国文化将得以基本保存，同时，战争也将直接为中国文化向前发展提供情境。

78 读过陈伯达文章的非马克思主义者极易为那些对中国文化发展的重视所干扰，特别是在战时，他们极易怀疑那种重视无论如何都可能仅仅是介绍马克思主义的伪装。陈伯达预料到这种反应，他极力让这些持怀疑态度的人放心。新文化的创造是全民族抗日斗争的重要一环，并且它与保护传统文化并无冲突。至于中国的文化遗产，尤其是在道德和思想等关键领域，陈伯达说明了他的基本前提：“我们是历史论者，我们认为新道德的产生是不会和旧道德的发展没有关系的，而且……［我们］也不是认为旧思想没有任何传统遗留给新思想。”①

在呼吁文化层面的新旧融合中，陈伯达在中国历史与马克思主义理论达致妥协的方面，比中共党内绝大多数同行走得更远。然而，作为一位马克思主义者，他不能放弃中心命题，即在这种调和历史与理论的过程中，文化的基本内容从某种意义上来说将是新的，将会带上当今时代的特征。正如我们从陈伯达先前的论文中所获知的那样，当今时代是一个辩证唯物主义的新科学在中国知识分子的生活中迅速占据统领地位的时代。因此，陈伯达又不得不回到1936 年至 1937 年一直困扰左翼文化圈的问题，即内容与形式的关系问题。

1938 年 5 月②，某文学刊物刚以“文艺大众化”为话题出版了 79
一期专刊，陈伯达就立即写信给该刊物的编辑。在信中，陈伯达重申，他支持使书面文字更加贴近中国千百万大众的运动。考虑到抗日战争期间动员民众的需要，陈伯达说，大众化运动对于中国的生存来说必不可少。但大众化运动也暗含着某种矛盾：为了动员民众而在运动中过于强调马克思主义（无论以何种名义），这必定会使民众疏远，但另一方面，过分重视传统主义（无论以何种伪装）又无异于背叛无产阶级革命。陈伯达通过回溯文艺界中民族形式的争论，很快解决了这个选择题。他说：“关于通俗化运动，我以为利用旧形式来装进新内容，将具有特殊的效力。”[5]他在另一篇同样写于 1938 年 5 月的文章中详述了这一观点：“活泼地、生动地、理智地、科学地把民族旧的文化道德改造为民族新的文化道德，把新内容由旧形式显现出来；但这也不是说，我们不需要新形式，我们是说：我们文化的新内容，会生出新形式，但我们文化的新内容是可

① 陈伯达：《论抗日文化统一阵线》，1937 年冬，见陈伯达：《在文化阵线上》，56 页，上海，生活书店，1939。陈伯达的这篇文章与毛泽东几个月后提交给六届六中全会的报告极为相似。关于此论点，请见本书91～92 页（英文原书页码，即本书边码。——译者注）对毛泽东报告的长篇摘引。推测陈伯达参与了毛泽东讲话稿的起草，这并非是毫无道理的，尤其是对待理论与文化问题的那部分。尽管陈伯达使用的是“历史论者”，而毛泽东使用的是“历史主义者”，但它们都可以被翻译为“historicist”，因为两段话的核心观念都是历史作为“价值标准或事件的决定因素”（《韦氏词典》）的重要性。对于陈伯达和毛泽东来说，学习历史并非为了历史本身，而是因为它与当今及未来事物的走向直接相关。

② 应为 1937 年 5 月。——译者注

以在无论旧的任何形式中显现出来。”[6]

实质上，这些正是瞿秋白的观点，陈伯达自 20 世纪 30 年代初期以来一直热烈地拥护这些观点。1938 年，在与文艺界中的左翼人士进行激烈辩论之后，陈伯达、周扬和其他拥护瞿秋白文艺理论的人已胜利在望。由于毛泽东本人的正式支持，中共关于文化战线的官方政策逐渐表现为瞿秋白式的混合物：马克思主义意识形态将以新、旧两种形式传递给民众，主要目标是在为民族解放和社会解放而进行的斗争中动员起全国千百万的民众。

1938 年春，陈伯达对文化问题的剖析，不仅对于中共制定这一领域的官方政策来说十分重要，而且还为 1938 年 7 月 1 日的长文铺
80 平了道路，在那篇为《解放》纪念刊而作的文章中，陈伯达重新谈到了马克思主义理论与中国历史的中心议题。陈伯达在文中声称，中国共产党忠实信奉“马克思列宁的科学共产主义”，并且是无产阶级——中国一个正在上升的新阶级——忠实的政治代表。但共产主义不应被认为只有在外国的土地上才是人们世世代代“所梦想过的”东西。相反，“［它］也是我们民族数千年来最优秀的人们所梦想过的东西。［譬如，］我国古代一个……哲人——墨子，就曾经梦想过这样的社会”[7]。

不过，梦想只能在实践中实现，为了将梦想转化为现实，掌握一种完备的社会理论——唯有马克思列宁主义才能提供这样的理论——是必要的。但马克思主义不是“死的教条”；它是“生动的科学”，它充分考虑到了各民族的个体特征和历史条件。既然马克思主义是生动的科学，那它就不是静止的，而必须不断改变以应对新的环境。因此，陈伯达说，中国共产党人必须能够根据中国自己的特点和历史环境，对马克思列宁主义的原则加以“具体的发挥和充实”。把所有这些思想整合起来，我们可以作出如下总结：在陈伯达看来，马克思主义理论根源于中国传统文化；能够运用于中国具体的环境之中；能够通过在中国的运用得以丰富和发展。

有鉴于此，下面的现象便不会令人感到惊奇：陈伯达否认马克思主义与中国文化之间存在任何冲突，中国共产党也不会因为信仰马克思主义就抛弃一切中国“丰富的文化思想遗产”。正好相反：

> 中国共产党是继承中国一切最好的固有文化传统，中国一切最优秀的［思想］学说的。中国共产党人认为自己是孙中山先生三民主义革命精华的继承者，是近代中国维新运动和革命运动中一切优秀启蒙思想的继承者，是中国古代一切最优秀文物的继承者。[8]

当然，如果中国共产党真的许诺从过去继承这巨大的文化思想 81
遗产，那么马克思列宁主义将会被丢弃。如果党从过去接受了如此巨大的影响，是不是它就不可能完整地保持其革命性？对于这种观点，陈伯达充满自信地说：中共除了继承这些文化遗产外，还将以马克思主义为基础去“改造和发挥而光大”它们。然而，这些文化遗产却不是一种可塑的东西，任凭马克思主义随意定型；外国理论与本土传统之间将引发一个相互影响的复杂过程，两者都将被再塑。陈伯达说：“中国共产党的善于接受我们民族一切最好的文化思想遗产，这就增加着马克思列宁主义在中国的无限价值，同时也正增加着我们民族一切最好的文化思想遗产的价值。”[9]此时的陈伯达并未指明理论与文化交互影响之后可能产生的结果，但这正是他几周之后回过头来谈论的主题。

当陈伯达在《解放》的纪念文章中为马克思主义理论与中国文化的结合据理力争时，张闻天却在同一期发表的文章中努力避开这个问题，尽管他还是谈到了马克思主义在中国的作用。张闻天的主要论点是马克思列宁主义应被视为现代科学。如同其他科学家一样，马克思和列宁向人类知识的宝库贡献了自己的发现，因此马克思列宁主义代表着一套科学的思想，既适用于中国也适用于其他任何国家。马克思主义作为唯一正确的社会理论，一旦被介绍到中国，人们就会欣然接受。可以说，马克思列宁主义植根于中国的思想文化之中，以至中国的思想文化将必然按照马克思主义指引的方向发展（与辩证法的历史相一致）。[10]张闻天似乎认为通过马克思主义的科学性就足以建立马克思主义与中国文化的兼容性；与陈伯达不同，他认为不需要证明某些中国古代哲学是原始马克思主义的。对于实现马克思主义理论与中国文化传统中特殊、具体元素的某种 82
结合的所谓的必要性，张闻天也保持缄默。

张闻天并不准备像陈伯达那样宣布，马克思主义通过与中国文化遗产的相互作用，自身也将会得到充实。张闻天依然保持着科学的类推，他坚持认为把马克思列宁主义介绍到中国将会大大加速中国思想文化的发展，同时也将提高中国思想文化的总体水平。张闻天说，这就像把现代科学技术介绍到中国将大大提升国家的科学技术水平一样。[11]张闻天似乎是在含蓄地说，马克思主义理论结合中国文化的愿望是无用的，这就如同把现代科学与传统文化（无论其属于哪一个民族）以某种方式混合的怪想法一样。

陈伯达与张闻天之间这场关于马克思主义理论与中国文化之关系的争论源于1920年共产国际第二次代表大会的缺陷。从表面上看，列宁关于帝国主义的理论为马克思主义相对于中国的关联性提供了充足的理论基础，因为列宁认为资本主义国家内部的阶级斗争已经转变为殖民地、半殖民地国家的斗争。列宁甚至走到了这样的地步：他承认共产党和苏维埃机构将不得不适应这样的事实，即东方殖民地国家基本是以农民为主体的社会。尽管这并不必然表明列宁已经预想到东方国家的共产党几乎完全由农民组成，但他至少还是迈出了第一步，并最终导致在中国建立了一个以农民为主要成分的共产党。[12]同时，列宁（甚至M. N. 罗易，坚持亚洲中心论的印度理论家）还提出了这样的观点：尽管东方的革命力量主要由农民组成，但亚洲殖民地国家的革命道路仍将大体与欧洲国家的革命道路一致。换句话说，正如共产国际第二次代表大会所赞同的，马克思主义对于亚洲的适用性是由亚洲国家的社会经济结构决定的，因此亚洲革命的主要任务应与欧洲的任务相似，两地区在文化等上层建筑上的差别也不会掩盖这一事实。正如卡雷尔·当科斯（Carrère
88 d'Encausse）和施拉姆所观察的，列宁和共产国际第二次代表大会主要关心亚洲革命战略战术的问题，几乎完全忽略了殖民地革命的文化层面。这种看法是“极有见地的”[13]。

这种忽视亚洲社会各具特色的文化维度的倾向清楚地反映在张闻天对马克思主义去文化的“科学”性的重视中。陈伯达觉得这种见解是有缺陷的，它应对中国机械套用苏联革命理论负责，这种照搬曾在1927年灾难性的事件中登峰造极。而且，它也使得马克思主义在20世纪30年代的抗日斗争中饱受指责：马克思主义是“外来的意识形态”，既不适合中国，也不能吸引中国人。由于受到研究文化问题的个人兴趣的鼓舞，也由于受到瞿秋白早年试图在中国解决同样的革命问题而付出的努力的鼓舞，陈伯达很快成为党内思想文化领域的主要发言人。张闻天对马克思主义科学性的重视反映出留苏学生日益增长的关切：在陈伯达这类人的手中，马克思主义正面临着“民族化”的危险。留苏学生中的许多人在莫斯科学习时就认识陈伯达，他们也许还记得，1936年陈伯达曾骄傲地接受他是“爱国哲学”拥护者的指责。[14]在20年代早期的探索过程中，中共基本上忽略了列宁和共产国际未能充分研究东方革命的文化层面的失误。甚至连毛泽东本人也往往全神贯注于政治事务和军事上的战略战术，大体上忽视了文化领域。但对于陈伯达来说，革命的文化背景，尤其是马克思主义理论与中国文化的关系，才是具有决定性意义的问题。

由于陈伯达7月1日的重要文章已经正式公开了关于理论与文化之关系的争论，他便迅速转为主动出击。7月23日，他在《解放》上发表了另一篇重要文章，名为《论文化运动中的民族传统》。在这篇文章中，陈伯达为许多“优秀的革命家”和文化工作者已陷于“公式化”和“教条化”而感到遗憾；他们这样做的结果是，忽 84
视了本国历史的研究，忽视了中国传统哲学和文学而宁愿大谈世界哲学和文学。陈伯达几乎将笔锋直接对准莫斯科训练出来的留苏学生，他将文化界教条主义者的缺点归因于他们未能理解斯大林针对苏联文化发展所提出的社会主义内容与民族形式之关系的理论。由于没有理解斯大林的理论，这些教条主义者就不可能“根据自己民族的革命运动，根据自己民族的特点，根据自己民族所需要的文化运动”[15]，把这一理论运用于实践。陈伯达警告说，忽视甚至抛弃中国自己民族的文化传统是最令人担忧的，因为这正好落到了“托派”分子和其他叛徒的掌心之中。这尤其会强化“托派”分子的观点：农民是中国历史和中国社会上的反动力量，中国传统哲学中根本不存在唯心主义和唯物主义这两大主要阵营。

除了落入阶级敌人之手外，从理论上看，忽视中国悠久的历史传统也是根本站不住脚的。在陈伯达看来，“真正马克思主义者都会了解：一种新文化是不会凭空掉下来而和过去的历史发展及过去的文化发展无关的。而且如对于旧文化不能去作有批判的接受和改造，就无从创造新文化。”[16]陈伯达宣称，这是列宁从俄国革命的切身经验中得来的道理，但它是普遍适用的。如果中国共产党人想要为中国创造崭新的文化，他们就必须了解中国历史广阔的全景，就必须“善于接受和发展旧的最好传统”[17]。通过援引斯大林和列宁的权威，陈伯达正在使用留苏学生所熟悉的策略，因为留苏学生总是把他们精通的经典著作当作意识形态武器去攻击理论水平较低的
85 毛主义者。陈伯达本人作为一名莫斯科的“留苏学生”，也能代表党内的毛派，熟练地利用同样的策略。

陈伯达接着指出，除了理论上基本站不住脚和政治上落入“托派”分子之手外，教条主义者忽视中国文化传统的倾向还会造成另一个严重的后果：它会使大量中共意识形态的产品及宣传在吸引最广大的人民群众方面失效。陈伯达支持鲁迅对于“旧瓶不能装新酒”的摈弃，他抱怨说，过去许多党的文化工作者都忽视对“民族旧文化形式”的使用。他们没有意识到为了与中国众多的平民百姓（绝大多数是农民）沟通，必须要用与各个地方相连的众所周知的民族形式去传播新思想。简而言之，陈伯达说，共产党人正在努力创造的民族新文化应该既是“中国化”的，又是“地方化”的。[18]

陈伯达使用的这两个词是引人注目的，因为其中的一个词（中国化）被毛泽东转用到 1938 年 10 月中共六届六中全会的报告中。陈伯达早在同年的 5 月 4 日，在《我们关于目前文化运动的意见》一文中就首次使用了这些词，他似乎是这些词的原创者①，或者至少说，他在此时就与这些词有着某种关联。[19]然而，两个口号背后的基本思想却不是陈伯达的，而是瞿秋白所创。到 1938 年，瞿秋白的文艺思想已影响了一大批中共知识分子，其中就包括陈伯达。陈伯达可能早在 1925 年就认识瞿秋白，当时他是上海劳动大学的学

① 据张静如的研究，“中国化”这个词在 20 世纪二三十年代“是非常流行的。不管人们从什么角度都可以随口说出来”。参见张静如：《关于“中国化”》，载《党史研究与教学》，2006（5）。——译者注

生，瞿秋白是上海劳动大学的教师。① 当陈伯达 1927 年至 1930 年在莫斯科中山大学留学时，他有机会再次遇见瞿秋白，因为瞿秋白是这一时期中共驻共产国际的首席代表。

至于他所理解的“中国化”和“地方化”的准确含义，除了前者等同于“民族化”以外，陈伯达并没有详细叙述。不过，它们的大致指向是清楚的。人们会记得，瞿秋白曾认为“白话”——中国 86
20 年代兴起的新形式——并不是真正有效的“普通话”，因为在吸收外国影响（大部分都是有益的）的过程中，白话很大程度上变得“西化”和“现代化”了。它含有太多外国词汇，而且它的口语模式对于老百姓来说太难理解与吸收。这个中外元素尴尬的混合物不能有效地融合为老百姓易于理解的真正的普通话。因此白话不能承担它本应承担的语言功用；它既不是完全现代的（语言上易于理解的），又不是完全中国的（文化上易于接受的）。瞿秋白提出以普通话（城市无产阶级的现代语言）的形式取代白话，普通话象征着现有白话发展为一种现代性与中国性同时兼得的新语言（口语和书面语）。用陈伯达的术语来说，瞿秋白所构想的普通话将是“中国化”的白话。

在提倡中国文化（这里的中国文化是广义上的，不只是语言学和文艺学）中国化的过程中，陈伯达实际上拒绝接受如下理论：20 世纪的中国文化要么是现代的（西方的），要么是传统的（中国的），而不可能是两者同时兼顾的文化。他争辩道，只有在中国初生的文化中建立起现代与传统的正确关系，中国化才会发生，在这一过程中，现代化影响的本质仍将持续，而中国文化的精华也会在形式上保留。如同瞿秋白的普通话一样，陈伯达所谓的中国化的文化也是现代性和中国性兼备的。因此，尽管中国共产党人是马克思列宁主义——本质上是一种西方哲学——坚定的信仰者，陈伯达却毫不犹豫地宣称他们同时也是中国真正“国粹”的保存者，当然，他们不会保卫其中的“渣滓”。[20]

陈伯达“地方化”的概念，同中国化一样，也源于瞿秋白的文

① 这里的上海劳动大学应该是 1922 年国共两党合作创办的上海大学，1927 年蒋介石查封取缔上海大学，并在原址成立了国立劳动大学。——译者注

艺理论。瞿秋白相信，在条件允许的情况下，应鼓励地方性和区域
87 性的文艺传统。假如它们仍旧从属于全国性的普通话，那么它们也能被生活在各个方言区的普通百姓当作有效的交流媒介来使用。如陈伯达正在建议的，如果中共在文艺界应用了这两种观念，党的意识形态和宣传很可能会更加切合中国普通百姓的口味，无论他们的地方背景或社会阶层如何。

值得重复的是，陈伯达相信这两种观念不应仅仅运用在语言上和文艺上，而应运用到更广阔的文化领域，其中也包括马列主义理论本身。问题的症结在最后一点上。首先，马克思主义的新酒能否装到中国的旧瓶中呢，即马克思主义能否被中国化，能否在中国化之后仍然保持其去文化的科学性和普遍的适用性呢？或者说，当马克思主义在内容和形式上都中国化，在中国更易为人所接受之后，它是不是就变得与世界其他地区无关了呢？进一步追问，“社会主义内容”和“民族形式”（陈伯达语）的相互影响会不会改变马克思主义的本质，也就是说，中国化的马克思主义到底还是不是真正的马克思主义？第二个问题是马克思主义是不是像语言和文艺一样能够被地方化，也就是说，会不会出现各种各样的马克思主义来适应中国不同地区的特殊情况，比如“广东马克思主义”或“福建马克思主义”？这个问题看似荒诞，其实并非如此。如果马克思主义中国化是可能的（使其成为中国的），那么它不是同样可以“福建化”（使其成为福建的）吗？有人又会问，如果马克思主义被中国化和地方化了，那么马克思和列宁本人所认可和主张的东西不就所剩无几了吗？

显然，这是一个困扰着陈伯达的问题，因为他知道这个疑问并存于他提出之口号的潜在支持者和反对者的头脑中。但他向读者保证，民族甚或地方形式的表征归根结底是不会危及文化上的新内容（比如马克思主义哲学）的。在新内容与旧形式的辩证关系中，前者最终会占统治地位：

> 文化旧形式的尽量利用，正所以便利于文化新内容的广大发
> 88 展，并且在发展过程中，文化新内容将不断地征服旧形式，不断地使旧形式成为文化新内容的附属，而过渡到文化新形式。[21]

在这相互影响的复杂过程的第一阶段，马克思主义的新内容将会与传统的中国形式相融合，但这一过程并不会到此终结，它还将发展到第二阶段及更高阶段，其间，内容和形式的相互影响将会把传统的中国形式转变为现代的中国形式。在这种综合中，最终的结果（然而，在陈伯达看来，最终的东西是不存在的）将是一种独特的文化，它代表着现代的马克思主义的内容（科学的）与现代的中国（民族的）形式的完美融合。一个崭新的国家将与生俱来地拥有一种兼具现代特征和明显中国特色的文化；这种新文化在性质上既是科学的，又是民族的。这种文化是毛泽东所提倡的文化，在1940年的名作《新民主主义论》中，他正是使用了这些词来描述新文化特征的，这可能是受到了陈伯达的影响。

毛泽东提倡马克思主义中国化

陈伯达7月1日的文章是党内发动新的意识形态运动的标志，在文中，他敦促中共重估其对待民族传统的态度。不久，艾思奇、张如心、杨松及其他人（包括陈伯达）所写的有关马克思主义理论与中国历史的各种主题的文章开始在党刊上出现；在思想生活的迅速重整中，人们现在已不是在外国背景下，而是从中国独特的历史文化出发来研究和应用马克思主义。至于对全国普通民众——共产主义之鱼所畅游的海洋——的教育，毛泽东宣布“伟大任务”是双重的：必须“提高人民的民族文化与民族觉悟”，必须“以民族精神教育新后代”[22]。鉴于1938年秋中国的困境，毛泽东对于“民族精神”的关切是可以理解的；日军横扫全国，巨大的工业中心武汉也即将落入敌手。到1939年春，中共重估其对待民族历史与民族传统之态度的运动混合在国民党支持的“国民精神总动员”之中。面 89
对日本接二连三的胜利，“国民精神总动员”运动试图提高民众低落的士气。

在1938年10月党的六届六中全会上，毛泽东在一个十分特殊的背景下——党内外高涨的民族主义情绪，他在党内不断增长的至高权威以及莫斯科对其超群地位的接受——作了主报告（《论新阶段》)。毛泽东的报告发表于 10 月 12 日至 14 日间，是国家、党和革命之状况的长篇总结。在报告靠后的一部分，毛泽东谈到了马克思列宁主义理论的问题，他认为，在革命中，学习理论是胜利的条件。他说，中国共产党在提高理论水平方面大有进步，但仍有许多工作要做。接着，他提议，在六中全会结束之后，来一个“全党的”学习马、恩、列、斯理论的“竞赛”。一大批关于中国历史与传统的文章开始出现在《解放》上，这个意识形态运动也恰在此时发动。

强调马克思主义理论与强调中国历史这两个独立因素的重叠绝不是偶然的，因为毛泽东在报告中论说意识形态学习的要点便是结合马克思主义理论与中国历史的绝对必要性。毛泽东首先指出中共党员应把马克思列宁主义当作行动指南，而不是当作刻板的教条：

> [我们] 不应当只是学习马克思列宁主义的词句，而应当把它当成革命的科学来学习。不但应当了解马克思、恩格斯、列宁、斯大林他们研究广泛的真实生活和革命经验所得出的关于一般规律的结论，而且应当学习他们观察问题和解决问题的立场和方法。[23]

在毛泽东的眼里，一个人必须清楚地区分马克思列宁主义的“词句”和马克思列宁主义的“立场和方法”。正是立场和方法，而不是词句构成了“革命的科学”。

这段话的全部意义是什么呢？在 1937 年关于辩证唯物主义的演
90 讲中，毛泽东区分了所有现象的一般性与特殊性。一般性是绝对的和持久的；特殊性则是相对的，因而也是暂时的。毛泽东将这种分析框架运用到列宁主义上，他认为列宁主义的一般性是其马克思主义的内容；它的特殊性则是其俄国形式。如果我们将同样的分析框架运用到马克思列宁主义（不仅仅是列宁主义）上，我们能说马列主义的一般性是它的内容（也就是说，它是“革命的科学”），它的特殊性是它的形式（也就是说，它既是欧洲的，也是俄国的）。因此，毛泽东在区分马克思列宁主义的“词句”和“立场和方法”时，实际已经区分了绝对的内容与相对的形式。他勉励中国共产党人吸收马克思列宁主义的革命内容，但摈弃它的民族形式。

但毛泽东以前还认为事物的一般性是寓于特殊性之中的，即马克思列宁主义的革命内容是寓于欧洲形式和俄国形式之中的。如果中国的共产主义者都如毛泽东在六中全会报告中所建议的那样，为了揭示马克思列宁主义的革命内容而剥去其民族形式，那么马列主义还将剩下什么呢——一个脱离一切具体环境或具体背景的，也许最好能用纯数学语言来表达的高度抽象的“立场和方法”？毛泽东很快驳斥了这种结论：“没有抽象的马克思主义，只有具体的马克思主义。所谓具体的马克思主义，就是通过民族形式的马克思主义，就是把马克思主义应用到中国具体环境的具体斗争中去，而不是抽象地应用它。”[24]

毛泽东似乎在提倡创造一种中国特有的马克思列宁主义的新变体，但如何实现呢？我们将回想起陈伯达早先所宣称的，中国文化中国化的时机已经到来，即中国文化将变得既是现代的，又是中国的——内容上是现代的而形式上是中国的。这与毛泽东心中所想的马克思主义十分相似，也就是说，创造一种马克思主义的新变体， 91
以中国的民族形式去展示科学的革命内容。在六届六中全会的发言中，毛泽东使用了陈伯达中国化的提法，但赋予其更为具体的意义：马克思主义的中国化，“使之在其每一表现中带着必须有的中国的特性，即是说，按照中国的特点去应用它，成为全党亟待了解并亟须解决的问题”①。这里使用的中国化是指创造马克思主义新变体的过程，新变体本身则仍旧没有名称。大约七个月以后，正如我们应看到的，《解放》周刊指出，在中共所有的领导人中，把马克思列宁主义的历史与中国革命的具体实践结合得最为成功的人便是毛泽东。由此可以推出如下命题：毛泽东思想代表了马克思主义的新变体，它是从马克思列宁主义中国化的过程中产生的，尽管这中间还有一个小跳跃。

我可以回想，对待中国历史遗产的合适态度是陈伯达与毛泽东

① 《毛泽东选集》，2版，第2卷，534页，北京，人民出版社，1991。出于相当明显的原因，毛泽东没有将陈伯达地方化的概念运用到马克思列宁主义上。这个概念只能运用在文学艺术领域中，如果运用到政治理论上，将会十分尴尬。这种情况在1938年是尤其真实的，当时毛泽东正以崛起的民族领导人的身份极力统一中共的意识形态。

之间重要的不同点。毛泽东过去曾提倡过两件完全矛盾的事情：使马克思主义适应中国的具体环境与清算中国传统哲学。这自然忽略了这样的事实：用陈伯达的话来说，中国当前的环境并不是“凭空掉下来”的；它本身就是历史的创造物，是与历史密切相关的。这种对待传统遗产的严苛态度在哲学上肯定是站不住脚的，而面对着中国民族主义的高涨和对中国“民族精神”的关切，这种严苛的态度也很快变得在政治上站不住脚。毫无疑问，基于这些考虑，毛泽东在六届六中全会的报告中最后收回了他清算中国哲学遗产的要求。除了马克思主义中国化外，毛泽东还以新的视角看待过去：“学习我们的历史遗产，用马克思主义的方法给以批判的总结，是我们学习的另一任务。……今天的中国是历史的中国的一个发展；我们是马克思主义的历史主义者，我们不应当割断历史。从孔夫子
92 到孙中山，我们应当给以总结，承继这一份珍贵的遗产。”[25]这听起来非常像陈伯达1936年的想法，当时他为中国的马克思主义者不能正确地对待中国的哲学遗产而感到悲哀。

毛泽东接着说：承继遗产，转过来就变为方法，“这对于指导当前的伟大的运动，是有重要的帮助的”[26]。毛泽东以前曾说过，马克思主义提供了指导革命的方法。现在他正引入第二个方法——中国的遗产，以作为中国革命的指导。既然毛泽东早就认为今日之中国来自昨日之中国，两者不可分割地联系着，那么他所说的承继“遗产”实际上就是指既承继中国过去的特征，也承继中国今天的特征——中国环境的总和，既包括物质的，同样也包括精神的。毛泽东以前在规劝马克思主义必须适应中国具体环境时，主要关注当时的环境，而现在又加上了历史的维度。中国的历史遗产已被成功地吸收进马克思主义中国化这一新概念中。

然而，毛泽东清楚地指出，两种方法并不是同样重要的。正如他所言，“历史遗产”必须“用马克思主义的方法”给以批判性的总结，显然，马克思主义的方法在这两种方法中更为高级一些，它是革命和历史遗产的必不可少的指导。但历史遗产一旦经过马克思主义正确的总结，它本身就成为一种方法，就能去评估马克思主义中与指导中国具体革命斗争相关的部分。这种推理好像与陈伯达早

先的论断一致，陈伯达认为在内容与形式的辩证的相互影响中，新内容逐渐会将旧形式转化为新形式。将其运用到毛泽东关于马克思主义理论（新内容）和中国历史（旧形式）的讨论中，这种推理暗示，马克思主义与传统的中国历史的相互作用将最终创造现代的中国历史。但在这一过程中，马克思主义本身也会改变。也就是说，它将发展到更高的阶段，它的内容将比其运用到中国之前更为丰富。在呼吁全体党员加深他们对马克思主义和中国历史的理解的过 93
程中，毛泽东暗暗意识到两者辩证的相互影响是革命成功的关键环节。

对于毛泽东来说，中国的马克思列宁主义者只去“总结”中国的历史遗产，这是不够的；他们还应将历史遗产“承继”到世界观中，因为历史遗产能提供有助于指导革命的新方法。毛泽东好像是在说，在承继中国的历史遗产（也就是中国的总体环境）时，中国的马克思主义者并不是简单地采用一种普遍内容（革命的科学）蕴含其中的新的特殊形式。或者说，也许更准确一些，他们正采用一种新形式，但这种新形式不应只是一个承载旧内容的死的容器。完全相反，作为一种评估旧的马克思主义内容的方法，新的中国形式对于马克思主义的持久效力来说确实是必要的。在1937年关于辩证唯物主义的演讲中，毛泽东曾强调“意识受物质限制”的“唯物论的真理”，他坚决反对物质是一个“不动的集合体”的命题。由此我们可以推知：在毛泽东的眼里，列宁主义是一个过程的产物，在这个过程中，俄国的环境（物质）改变（限制）了欧洲的马克思主义（意识）；也就是说，列宁在他以俄国为背景的革命新实践中，修改、转变和发展了马克思主义。现在，1938年秋，毛泽东令人信服地向全党表明，马克思列宁主义在中国也应该经历一个同样的修改、转变和发展的过程。

毛泽东认为理论由两个不同的却相互联系的部分构成：方法和形式，或者更准确地说，科学的方法和民族的形式。在提倡马克思列宁主义中国化时，他拒绝将马克思主义理论（欧洲形式的革命科学）和列宁主义理论（俄国形式的革命科学）运用于中国，并提出创造一种适合中国的新的革命理论（中国形式的革命科学）来取而

代之。这种新理论是可能的，因为这样的理论本身就有普遍的科学的（绝对）特征和特殊的民族的（相对）特征，普遍性寓于特殊性
94 之中。只要原始理论的普遍性得以保存，新的特殊性就能够嫁接其上，由此而来的融合将最终产生新的理论。

让我们来看看这个中国化的过程：马克思列宁主义理论被分解为两个不同的概念元素，革命的科学（“方法”）与欧洲和俄国的民族形式（“词句”）。在中国革命的具体实践中，原初的民族形式被抛弃，（新的抽象的）革命科学通过新的中国的民族形式展现出来。这种内容和形式（“方法”和“词句”）的融合将导致一种可被添加到革命科学总库中去的新理论的产生。这种新理论并非是原有的内容简单地穿上中国的新衣，因为新形式对于原有内容会发挥一定的改造作用。因此毛泽东把新的中国的民族形式设想为确认、摈弃或补充原初革命科学（马克思列宁主义）中的各种命题，以使其适应中国环境的过程。这与他 1935 年的思想十分相似，当时毛泽东宣称，中国共产党人面对世界上现存的各种军事理论，应该吸收那些用得着的东西，拒绝那些用不着的东西，增加那些自己所特有的东西。

毛泽东并不重视发展他关于中国化的思想，正如斯图尔特·施拉姆所言，马克思主义中国化的含义此时在毛泽东的心中显然是“复杂而模糊的”[27]。毛泽东没有针对他真正想表达的意思举出任何具体的例子，他只是说，就大家关心的文学样式而言，“教条主义必须休息，而代之以新鲜活泼的、为中国老百姓所喜闻乐见的中国作风和中国气派”[28]。作为战时忙碌的领导人，毛泽东必须反应迅速，而不可能待在安静的书房里，他可能自己都没有弄明白他所提主张的全部深义。不过，毛泽东本质上认为，中国独特的历史（形式/遗产/环境）提供了实证数据库（方法），通过这个数据库，马克思列宁主义的具体命题（理论）能得到评估。一些命题由于本身是必不可少的而会被采用，另一些则需要适应中国的具体情况，还
95 有一些将会被摈弃，因为它们在中国背景下显得不合时宜。除此之外，还会创建一些新的理论以应对中国革命中所遇到的全新的情况。至于这个适应或者中国化的过程会给马克思列宁主义带来怎样

的结果，人们只能主观臆断。有人会认为原初的思想将会得到“创造性的发展”(也就是说，有效的新理论将会发展出来)，或者还有人认为原初的思想将会被“修改”(也就是说，现存的有效的理论将会被曲解甚至摧毁)。简而言之，这正是以留苏学生为主的领导集团与新近权力上升的毛主义者之间旷日持久的激烈的理论争辩的症结所在。

毋庸置疑，毛泽东有意识地提出，根据马克思列宁主义在中国的应用与发展来创立一种新的革命理论。这个新理论是对一般的马克思列宁主义理论的新贡献；它是马克思列宁主义的外加物，而一定不是替代物。正如毛泽东在关于辩证唯物主义的演讲中所揭示的，列宁在俄国运用和发展了马克思主义，并极大地增加了它的价值，但列宁主义没有替代马克思主义；对于中国来说，情况也是一样的。毛泽东说研究马克思主义不能离开列宁主义，研究列宁主义也不能离开马克思主义。如果任何地方在具体的革命实践中产生了任何新的理论，它们都应被添加到源于马克思的科学革命理论的宝库之中。

陈伯达、毛泽东与马克思主义中国化

在这一阶段，我们应该力图确定1938年秋毛泽东提出马克思主义中国化之时，陈伯达的思想与毛泽东的思想之间的准确关系。到此时，陈伯达已深受毛泽东的信任，他被邀请为《解放》纪念中共成立十七周年的专刊写一篇关于党史的重要文章。毛泽东在六届六中全会上所作的报告特别长，人们可以合理地推测，如果没有一些人帮忙，他不可能完成报告的所有准备工作，而他的政治秘书则有 96
职责在这方面予以帮助。因此，毛泽东的政治秘书陈伯达——他本人也是一位优秀的理论家——似乎极有可能参与了六届六中全会报告的草拟，至少帮了一些忙。

此外，正如我已注意到的，毛泽东六届六中全会报告中重要的一段与陈伯达早先所写的论文极为相似。而且毛泽东对马克思主义中国化之必要性的论证也与陈伯达早先的一些思想非常相似。这些相似之处可以列出以下几点：（1）毛泽东的两个主要诉求，把马克思列宁主义与中国革命的具体实践相结合及对中国的历史遗产（尤其是“从孔夫子到孙中山”的哲学遗产）进行马克思主义的总结，与1936年9月陈伯达为中国的马克思主义理论家提出的和新启蒙运动相关的两大任务是一致的。（2）毛泽东对于中国历史遗产所持的更为同情的、转变后的态度——1937年他持有几乎完全相反的立场——与陈伯达的反复敦促一致，他曾力劝马克思主义者应对中国历史的积极方面采取一种更为建设性的态度。（3）“中国化”一词（毛泽东在1938年10月的六届六中全会报告中第一次使用）似乎源于陈伯达1938年5月4日和7月23日的文章，在这些文章中，他呼吁一切中国文化的中国化和地方化。换句话说，陈伯达为毛泽东提供了结合马克思主义理论与中国实践的口号及大部分理论基础（但不是基本概念，基本概念是毛泽东独立创制的），而且促使毛泽东觉察到中共有必要对中国历史遗产采取一种更为积极的态度。（4）马克思主义中国化的基本概念与陈伯达至迟1936年以来的观点完全一致，在1938年毛泽东提出马克思主义中国化的建议之后，陈伯达即将成为党内首屈一指的理论拥护者。所有这些似乎都确认了陈伯达在最初概念构建中的独立作用以及他作为党内理论家和毛泽东顾问的日益增长的重要性。

毛泽东通过提倡马克思主义中国化进入到从未涉及过的理论地
97 带。六届六中全会的政治决议只字未提马克思列宁主义中国化的必要性，这表明党内缺乏按照这一新方向前进的热情。[29]不情愿的理由有多种。马克思列宁主义的中国化可能会使其丧失与欧洲两位著名倡导者相伴而来的声望和权威，也会使中国的共产主义者孤立于国际共产主义运动的主流之外。同时，这一概念很可能会招致斯大林和共产国际的反感，他们可能会从马克思主义中国化中看到中国“小资产阶级民族主义”在中共党内所产生的不良影响。毛泽东的报告《论新阶段》的官方中、英文文本之间的重要差异提供了一条线索：党内可能曾就这一问题发生过争论。两个文本都警告“国际主义内容与民族形式”的分离，但中文版号召党的各级组织清除“教条主义”，而英文版则要求从中共党内清除“沙文主义”（Chau-

vinism)。因此，毛泽东原本主要反对留苏学生的、对教条主义的指责巧妙地转变为反对毛泽东本人的、对沙文主义的控诉。[30]默尔·戈德曼已指出，1939年春，胡风和冯雪峰等中共杰出的作家和批评家公开拒绝毛泽东结合马克思主义理论与中国传统文化元素的提议(他们早先也拒绝接受以下观点：在文艺领域，新的马克思主义的内容能够与传统的民族形式相结合)。[31]毛泽东即将度过一段艰难时期，以使全党——尤其是留苏学生和其他优秀的理论家——接受他的马克思主义中国化的建议。为新理论的斗争也即将成为1942年至1943年整风运动的重要主题之一，如果毛泽东获胜，他将树立起中共党内首席理论家的无可争议的地位。

尽管毛泽东的建议激起了反对意见，但马克思主义中国化的概念对于他努力取得党内意识形态的至高地位还是具有巨大的价值的。他的中国化的思想也许是“复杂而模糊的”，但通过中国化，马克思列宁主义将被有效地置于无意义的搁置状态，并与绝对权威
相分离，不管它是经典著作，还是官方在世的著作解读者：斯大 98
林、苏联共产党和共产国际。当然，有一个问题仍需特别回答：谁将掌控马克思主义中国化的实际进程，谁将确定最终完成的理论成果是正确还是不正确？如果马克思、列宁、斯大林和共产国际——作为判定中国共产党是否受“正确”的马克思列宁主义理论指导的最终权威——被取代，谁将代替他们的位置？只要恰当使用中国化的理论，它就能帮助毛泽东在党内树立意识形态上的超群地位，同时它还能强化毛泽东在意识形态上、在全党与莫斯科及共产国际关系上的立场。

然而，至此搁笔是不公平的。马克思主义中国化的概念当然在某种程度上是毛泽东在党内崛起的过程中想要充分利用的工具，而且也确实是他使用了的工具；但马克思主义中国化绝不只是工具，它还有更多的意义。它代表着中共第一次认真地尝试以大众化的方法来解决向中国广大民众介绍复杂的外来意识形态的问题。毛泽东希望，马克思主义中国化能促使中国人以赞同的态度来看待新学说，更为重要的是，促使中国人把马克思主义当作一种方法工具来研究自己的历史。马克思主义可以为民众提供认识过去的新见解，

并结合以他们所喜闻乐见的中国传统，而民众，不是精英，正是这种传统的主要创造者。同时，研究中国历史将指明一条道路，使基本上源于西方传统、基本上用西方语汇表述的马克思主义理论适应中国独特的文化，并可能在中国文化中得以丰富。对于由此得到的任何见解的正确性，真正的考验当然是革命实践，从中将会产生出一套既具有中国特征又无疑是科学的知识和理论。马克思主义中国化的概念简洁地总结了在中国结合理论与实践的这种追求。

在提出马克思列宁主义中国化之后，毛泽东当前的任务是对中
99 国化的进程及最终成果施加控制。在这一努力中，毛泽东并不是孤军奋战。据《解放》周刊公布，1938 年 9 月 30 日，恰好是毛泽东在六届六中全会上提倡马克思主义中国化的两周以前，新哲学会在延安成立。其宣布的宗旨是反对“纯理论”的研究，而推进结合中国实际需要的具体理论问题的严肃研究。新哲学会声称，中国的哲学家应该像其他人一样，“为抗战建国的任务，为着理论在中国的发展”[32]而履行自己的职责。诸如艾思奇、周扬、张如心、杨松等“最早的毛主义理论家”都是新哲学会主要的创立者，当然也包括陈伯达。马克思列宁主义中国化的运动——以及对于“毛泽东思想”的有意识的创造——即将正式拉开帷幕。

第五章

“先知”的崛起（1939—1940）

陈伯达马克思主义中国化的努力

到1938年秋，毛泽东已崛起为中共的实际领导人。他已战胜来 100
自张国焘和王明的反对，并最终作为中共的最高领导人获得了莫斯科的承认。林彪等军事将领已公开赞扬毛泽东为“天才的领导”，甚至连王明都逐渐接受毛泽东卓越超群的事实。在1939年1月15日延安的一次演讲中，王明明确地称毛泽东为“中共领袖”[1]。毛泽东的威望不仅在党内日益增长，1938年夏，就连美国记者霍尔多·汉森（Haldore Hanson）在采访过毛泽东后都表示，毛泽东是继斯大林之后，“世界政治中最有权威的马克思主义思想家和领导人”[2]。尽管毛泽东作为理论家的资格还绝没有被全党普遍接受，但正如肯尼思·休梅克（Kenneth Shewmaker）已指出的，战时访问过延安的多数西方记者都倾向于高估毛泽东的独创性及其作为马克思主义理论家的声望。[3]

在留苏学生中，仍有许多人批评毛泽东，在各种各样的知识分子团体中也是如此。在1939年6月30日的一篇文章中，毛泽东透露，他的两篇重要报告《论持久战》和《论新阶段》自1938年出版以来，遭到了各方面的“责难、挑战和质疑”[4]。其中一些批评无疑是来自王明及留苏学生中他的支持者，还有一些则来自身处国统区的胡风和冯雪峰等人，他们反对毛泽东在理论和文化领域所提出的
中国化、民族形式等思想。[5]陈独秀和他的追随者托洛茨基分子也不 101
断批评中共的战时策略，当然，中共的战略就是毛泽东的战略。陈独秀是国民党按照统一战线的要求实行大赦后释放出来的诸多政治

犯之一，他先是在武汉后又到了重庆，而此时他正花时间写文章来指责中共对中国革命的领导。[6]

大约是在同时——1939 年年初——国民党发动了一次反对共产党的意识形态攻势。尽管蒋介石以前并不是受人爱戴的领导人，但在 1937 年 7 月 7 日日本全面侵华之后，他却赢得了巨大的个人声望。1938 年春，尽管军事上遭逢厄运，但蒋介石还是被选为国民党的总裁（或领袖）。那年晚些时候，武汉的陷落标志着日本进攻的结束（日军直到 1944 年才又短暂地活跃起来），中国战场进入长时期的相持状态。借助日益增长的权威与机遇，蒋介石再次把注意力转到对付共产党的问题上。在 1939 年 1 月的五届五中全会上，国民党中央执行委员会通过了《防制异党活动办法》，为了确保落实又采取了一些后续步骤。[7]从蒋介石一方来看，给中共贴上“异党”的标签是精明之举，因为这有助于削弱毛泽东已在公众中产生的吸引力。此时，毛泽东决心将马克思列宁主义中国化，以此使其更容易为普通中国人所接受。

除了削弱共产党外，蒋介石还想强化自己作为民族真正的拯救者的公众形象。这绝非易事，因为到 1939 年年初，日本的看似不可战胜，国民党军队在战场上的不佳表现以及无法控制的通货膨胀都使得一种失败主义的情绪弥漫于中国人之间。蒋介石首先试着借鉴战前的新生活运动，发动了冠冕堂皇的“国民精神总动员”。这是 1939 年春的事情。据亲眼见证过这一运动的保罗·莱恩伯格（Paul Linebarger）所言，运动缺乏“广泛的普及性”，并没有真正取得进展。[8]不过，
102 运动至少提高了一些人的民族主义情绪，因此它对中共制定政策的环境产生了一定的影响。但显而易见的是，不管有没有国民党的推动，民族主义都正在中国高涨，共产党人也不能被视为落后。

正是在这种背景下，陈伯达崛起为中共党内马克思列宁主义中国化的主要拥护者之一。到 1938 年夏，陈伯达已成为毛派阵营中的知名人物，因为他已获得理论家、党史学家和毛泽东私人顾问的地位。① 随后，在 1939 年年初，他又被选为陕甘宁边区第一届参议会

① 据《毛泽东年谱》的记载，在 1939 年 3 月 4 日的书记处会议上，中央决定调陈伯达到毛泽东处工作。参见中共中央文献研究室编，逄先知主编：《毛泽东年谱（1893—1949）》，中卷，114～115 页。——译者注

主席团成员和参议会常驻议员。① 此外，他正走进作家生涯中一个最多产的时期。毛泽东刚刚提倡在中国历史的背景下研究马克思列宁主义，并宣称马克思列宁主义与孙中山的三民主义之间不存在根本的不兼容，一切党员都应“用马克思主义的眼光”研究孙中山的主义，并在实践中努力实现它。[9]这个任务实际上就是调和中国的历史文化、孙中山的三民主义以及马克思列宁主义理论。毛泽东领导下的中共迫切需要这样一种调和，因为它在意识形态问题上正遭受着来自“左”倾人士和右派的攻击。托洛茨基分子（还有留苏学生）怀疑毛泽东在理论上和实践上的领导是否足以称得上是马克思列宁主义的，而国民党则断言中共实际上是“异党”，并不是真正的中国政党。在这种情况下，毛泽东及其支持者就有责任来尽可能有说服力地论证毛泽东领导下的中共既是真正的马克思列宁主义政党，又是真正的中国政党。

1939 年年初，陈伯达以一系列旨在把马克思列宁主义牢固地放在中国历史文化背景下的文章为起始，充当了这次意识形态进攻的先锋。他的思想和论点散见于随后几个月出现在《解放》上或别处的多篇文章之中，但我将试图按照他思想发展的路线来重新梳理，并尽可能准确地标明出处，杜绝特定语境的滥用。

首先，陈伯达在 1939 年 1 月 28 日的文章中将中国辩证唯物主 103
义的起始确定在商代灭亡的时期。这一时期，一些思想家，比如周公，开始怀疑天命在安排人事方面的永久性，并对人类关注自身利益的本能表现出不断增长的自信。陈伯达不得不承认周朝早期统治者这种天命“无常”的怀疑是由他们维护新朝代的利益促发的，因为这种怀疑铲除了商朝所宣称的天恩神护不绝的根基。不过，周公的怀疑代表了明显的进步，它超越了商朝统治者只关心上天之无所不能的“顽固迷信”。尽管周朝的统治者仍然相信“上天”，仍然相信“天命”，但他们新发现的对天的存疑（不是不信仰）和对人的

① Warren Kuo, *Analytical History of the Chinese Communist Party*, 4 vols. (Taipei, 1966 - 1971), 3: 581。郭华伦的资料来源是：《解放》，第 68 期，1939 年 4 月 4 日，陕甘宁边区第一届参议会特刊。1939 年 1 月 17 日—2 月 4 日，参议会在延安召开，会上选举陈伯达为主席团成员（25 人中排名第 20 位）和参议会常驻议员（7 人中排名第 3 位）。可以推测，陈伯达在主席团成员和常驻议员中的高排名反映了他作为毛派代表的地位，但这并不是说他个人在延安领导层中占有如此之高的地位。

日益增长的自信都代表着“中国古代唯物论思想和辩证法思想发展最原始的序幕”[10]。在另一篇讨论哲学家老子的文章中（1939 年 2 月 16 日），陈伯达在贤哲的思想中发现了“唯心论与唯物论”、“辩证法与形而上学之不可克服的矛盾”。但老子仍然证明了：（1）任何社会的统治者都不能独立于物质世界而存在（也就是说，他们都不是神）。（2）他们的统治不是永恒的，而是不断变化的，并且终将衰亡。因为老子写出了统治阶级世俗的本性和多变的命运，所以他的思想展现出“初步的唯物论”和“粗朴的辩证法”[11]。

不过，陈伯达认为墨子才是中国“古代最伟大不朽的哲人”，主要是因为他在墨子的思想中发现了“唯物史观”和“阶级斗争的104 学说”的元素。[12]比如，墨子是中国古代社会下层阶级的代表，并且他谴责富人和有权者的压迫，梦想未来的新社会能够更加公正。在所有古代哲学家中，只有墨子最能理解中国哲学史的两大问题，即“名实”关系问题和“知行”关系问题（陈伯达解释说，用现代哲学术语，这两个问题就被称为本体论和认识论）。尽管还不够完美，但墨子确实已认识到现实独立于人的认识而存在，实践是评估认识的唯一标准。而且他没有把貌似对立的东西——知与行——看作是脱节的，而是把它们当作锁在一起的整体。因此，陈伯达总结道，墨子掌握了唯物主义和对立统一的原理，他的思想应被认为是“近代中国辩证唯物论之原始的先驱”[13]。

陈伯达根本没有试图去证明中国古代，甚或 20 世纪初的传统中国存在完全成熟的辩证唯物主义；他的论点只是可以从中国的过去找到一些辩证唯物主义的“因素”。比如，他对于谭嗣同的“粗朴的”唯物论和“不完整的”辩证法的描述就与他对于老子的“初步的”唯物论和“粗朴的”辩证法的估计十分相似（同样，陈伯达也在孙中山的思想中发现了某些“唯物论的因素”和某些“个别自发的辩证法因素”）。[14]陈伯达并未充分说明老子至谭嗣同的两千余年间辩证唯物主义缓慢发展的原因。他只是暗示辩证唯物主义充分发展所必需的社会条件直到 20 世纪才在中国存在（比如王阳明，他是一位重要的辩证法的思想家，但他拥护唯心主义而不是唯物主义，这严重地削弱了他的哲学）。[15]陈伯达认为，即便如此，辩证唯物主

义最终在中国发展到当前“科学共产主义思想”的水平，并不只是
俄国革命的影响，俄国革命仅仅“影响了和加速了”马克思主义在 105
中国的发展。[16]恰恰相反，内在的、本土的因素才是重要原因，它们提供了有助于马克思列宁主义在中国发展的复杂的社会环境：

> 在中国，马克思主义的成为自觉的［思想］潮流，成为自觉的力量，这是根据于中国工人阶级基础及其力量的发展，是在工人阶级运动由自在的阶级发展到自为的阶级的时候，一般说来，就是在五四运动之后，而在这时候，和上述的社会［即阶级］基础［的演化］相随而来的，也正是中国社会意识的发展，文化传统的发展已最能衔接到马克思主义的发展的时候，也就是马克思主义在中国近代文化上已更有继承根基的时候。这样，马克思主义在中国出现，更已不是所谓简单的［引进］“外来货”了。①

通过论证中国传统哲学可以找到辩证唯物主义的元素和马克思主义在近代中国的发展主要是由于内在的条件，陈伯达希望能驳倒右派的论点。这类人指责马克思主义由于中国的“特殊国情”而完全不适合中国，以陈伯达的观点来看，这是完全不可容忍的。然而这又会使他遭受“左”倾人士的攻击，“左”倾人士宣称由于中国并没有任何所谓的“特殊国情”，所以马克思主义在运用于中国时也就没有任何“特点”。陈伯达说，这种论点不是别的，正是“左”的“清谈主义”，说马克思主义在中国应该没有任何特点，这就会把马克思主义仅仅当作“死的抽象的教条”。这种论点实际就是把中国的马克思主义同真实的生活隔绝起来，就是不把马克思主义建立在具体的历史基础上。

陈伯达相信，中国的马克思主义者想要使马克思主义真正有
效，就必须在革命斗争中掌握五把知识钥匙：(1) 西方及世界其他 106
地区的革命学说；(2) 西方及俄国的无产阶级“生动地运用”马、

---

① 陈伯达：《三民主义概论》，120～121 页，重庆，1939。陈伯达对于马克思主义在中国发展的内在因素的重视与毛泽东 1937 年对中国辩证唯物主义的外部起源的重视截然不同。本书第 49 页（英文原书页码，即本书边码。——译者注）曾提及毛泽东的看法。

恩、列、斯理论的方法；（3）中国传统思想文化中的优秀元素；（4）百年来中国革命传统的主要特征；（5）孙中山三民主义的革命精华。陈伯达认为，通过综合这五个基本元素，并将它们与中国革命的具体实践相结合，中国的马克思列宁主义者才能使马克思列宁主义在中国“具体化”和“中国化”起来。[17]

陈伯达不仅把孙中山的三民主义列为完全中国化之后的马克思主义的五大元素之一，还期望把其对孙中山思想的诠释看作一个过渡现象。在《三民主义概论》一书中，陈伯达评论道，研究孙中山思想的论著汗牛充栋，但没有一部是根据“科学的原则”来处理三民主义的。这正是陈伯达提议大家来做的工作，他认为正确、科学地解释孙中山的思想体系，对于“革命科学在中国的发挥”是十分必要的。陈伯达的主要论点是，孙中山的思想必须放在特定的历史背景下审视，就像诞生于中国自身历史的如今也正在被中国革命实践迅速改变的一些东西那样。孙中山的思想只是历史长河中的过渡因素，并不是永久不变的现象。据陈伯达所言，孙中山的三民主义是由三股重要的中国传统思想分别发展而来的。孙中山的民族主义来源于中国普遍存在的种族思想，尤其是在蒙古族和满族统治时期，这种思想十分盛行，即“夷夏之防”的观念。他的民权主义是由中国传统哲学家的某些思想演化而来的，比如，孟子“民贵君轻”的思想。第三种主义，他所说的民生主义则是根源于中国传统的“大同”观念，特别是晚清改革家康有为和谭嗣同都曾诠释过它。[18]

107 由此看来，孙中山的思想直接来源于中国历史，三民主义是对“我们民族中一部分最好的旧传统思想的一种继承”。但陈伯达又迅速补充道，孙中山的思想远远超越了古代的思想，传统中国没有而且也不可能存在三民主义，因为它是“近代半殖民地半封建的中国的历史产物，是近代中国民族的矛盾和社会的矛盾的一种反映”[19]。孙中山的思想不是自动生成的，而是在其长期的革命实践中逐渐形成的。民族主义取代了过去简单的反满主义，并进到目前反对帝国主义的阶段。“大汉族主义”被克服了，现在，重点已被放在中国境内少数民族的“平等和自由联合”上。民权主义从限制性的选举和间接民权发展为普遍的选举和直接民权。最后，民生主义则由最初“平均地权”的思想扩展到“给佃户以土地”的新观念和“制定劳工法”以改善众多城市工人的生活。陈伯达总结道，由于这些变化，原来的三民主义发展到了更高的、更“革命的”阶段，因此，它对于中国人民的价值也不断增加。[20]

三民主义既不是孙中山的独创，也不是中国的独创，因为三民主义是由“近代中国人民不断流血的革命斗争和近代革命维新先驱者的革命实践”发展而来的（尽管陈伯达写这本书的目的是为了强调孙中山思想和马克思列宁主义的中国根源，但他使用了“近代革命维新先驱者”的说法，实际上他已间接地承认孙中山的思想体系同样受西方——包括俄国在内——激进思潮的影响）。陈伯达接着说，孙中山的思想肯定比其渊源更为进步。作为一个历史的产物，它必须与时俱进。它必须“随着民族的和社会的矛盾的发展，随着中国革命实践的发展”而发展。陈伯达认为，三民主义到 1925 年孙中山逝世之时一直都是发展着的。比如，20 年代初三民主义不是通 108
过增加中共“三大政策”（联俄、联共、扶助农工）的内容而获得了极大的丰富吗？[21]

在讨论孙中山的思想和马克思列宁主义的过程中，陈伯达清楚地区分了两者之间的根本差别。前者是中国资产阶级民主革命的思想，而后者最为确定地代表了更加先进的国际无产阶级革命的思想。不过，在历史现阶段，两种不同的思想体系有着许多相同之处，它们在将来的一段时间内还可以被视为“好朋友”。但从长远来看，中国共产党人不会放弃他们对于“科学共产主义”（马克思列宁主义）的信仰，他们还将为最终建立一个真正的共产主义社会而斗争。在共产主义革命的适宜阶段，三民主义将会被马克思列宁主义超越。而现在，马克思列宁主义正在吸收所有其他的革命思想，反过来，中国正在形成的新的文化系统又正在把马克思列宁主义吸收进来。

现在我们可以开始理解马克思主义中国化的过程将会如何复杂，因为它是由至少五种复杂关联而又相互独立的元素锻造而成的新的思想综合：外国非马克思主义理论、马克思列宁主义理论与方法、中国传统思想文化、中国近代革命的传统和孙中山思想的革命精华。陈伯达并没有确切而详细地论证这一新的综合将会如何形成，他只是重复了他的信仰：马克思主义中国化只有在中国革命实践的熔炉中才能铸成。但他丝毫也不怀疑这样的综合确实能够实现：

> 我们这民族是世界文明史上最古最大的民族，这个民族具有无限的聪明才力，在历史上对于外来的各种文化思想的接受，都能特别予以光大和发扬，因而使之成为自己民族的特产，［为了说明这一点，］别的不说，如印度佛教的输入中国，结果在中国发现了特别的异彩，为佛教大放光明……就是其最著的［例子］。我们可以看见：凭借中国这伟大民族的聪明才力，也必将使马克思列宁主义在中国新的社会基础上，发现其特别光芒万丈的异彩，而向导中国向新的文明史前进，造福于我民族，并造福于全世界。[22]

有人会问，按照这种思路进行论证，纯粹科学理论的成分到底
109 占多少呢？毫无疑问，党内许多人都不愿看到把佛教和马克思列宁主义作这样的类比。但陈伯达正在继续着融合的伟大传统，他热切地相信中国庞大的文化遗产的惊人威力最终将会把马克思列宁主义变得既是科学的又是中国的。毕竟，印度佛教经过中国本土文化的改造之后，最终不还确实是佛教吗？这个问题的答案及回答相似问题（中国化的马克思主义是否还真的是马克思主义）的答案超出了本研究的范围。不管怎样，陈伯达都相信佛教和马克思主义的根本的、潜在的精华（无论是宗教的还是科学的）完全能够在文化转型中存留下来，我们知道这一点就足够了。显然，延安的许多同志都是赞同陈伯达的观点的，因为陈伯达的文章据说在这一时期深受党内干部的喜爱，无论是年老的还是年青的。[23]到 1939 年年中，陈伯达确实为毛泽东对马克思主义中国化的呼吁贡献良多，他可能比党内其他理论家做得更多。在这一过程中，陈伯达树立起了作为中共主要理论家之一的地位，树立起了党内马克思列宁主义中国化的主要倡导者的地位。譬如，在 1939 年至 1940 年的干部教育运动中，他的一篇重要文章（《关于马克思学说的若干辩证》）被八路军大量

重印，并广泛下发给干部一类的人学习。①

学习毛泽东著作的运动

我已长篇分析了陈伯达关于马克思主义和中国历史的论著，因 110
为它们在中共首次重要的干部教育运动之前，在营造意识形态气氛方面发挥了重要的作用。针对毛泽东的提议，来一个“全党的”学习马、恩、列、斯理论的“竞赛”，以作为更大范围的干部教育运动的一部分，六届六中全会通过了一个关于此事的专门决议。这将促发“提高全党理论的水平”的艰苦努力，尤其是关于“灵活的把马克思列宁主义及国际经验应用到中国每一个实际斗争中来”的问题。[24]1938 年的最后一周，党成立了干部教育局，负责“有计划、有组织地”执行干部教育的计划。这项计划持续了整一年（1939 年 5 月—1940 年 6 月），涉及延安附近 30 英里半径范围内的近 4 000 名干部和学生。它的主要内容是在中国背景下学习马克思列宁主义，辅之以各种基本技术的课程，而这些技术都是有效的政治领导和政府管理所必不可少的。[25]

主管运动的一个理论家是罗迈（李维汉），留苏学生之一。在 1939 年 6 月 1 日的重要演讲中，他宣称，六届六中全会已把马克思列宁主义的学习提高到“党的建设的第一等重要的位置”。罗迈概述了计划的细节：干部们将“普遍地”、“有系统地学”马列主义、政治经济学、辩证唯物论和历史唯物论、联共（布）党史及共产国际的纲领。他们还将以马克思主义方法论的立场来学习中国历史，尽管罗迈为缺少中国历史优秀的、“完整的教科书”而感到遗憾，并建议在这方面下大力气来研究。关于“党的建设的规律”，罗迈提议可以阅读中央刚刚通过的《共产主义与共产党》草案。最后，他提醒听众，共产党人不只是学问家。罗迈告诫他们 111
仔细留意国内外的时事。罗迈总结说，所有这些学习都是必要的，都是对六届六中全会号召的回应，都是为将来某天召开党的七大

① 到 1939 年秋，陈伯达已名声大振，他在《解放》上发表一些《随感录》时，可以只署他的名——伯达，而不署姓。参见《解放》，第 85 期，1939 年 9 月 30 日，17～18 页。

铺路。[26]

毛泽东的著作在哪些方面适应了这个宏伟的学习计划呢？尽管陈伯达及其他一些人已经多次在他们最近的文章中引用毛泽东的论断，但没有一个人明确把毛泽东作为学习和效仿的对象。而尽管罗迈没有建议学习毛泽东论著本身，却敦促听众“学习党的主要领导人毛泽东同志等好学不厌的精神”[27]。虽然加了“等”，但罗迈十分明确地挑选毛泽东作为效仿的主要对象。因此，模仿毛泽东及其著作的运动似乎是与干部教育运动并肩发展的。

实际上，我们可以把 1939 年 5 月 1 日《解放》上刊登的专题社论确定为这次运动的开幕式。这篇社论似乎是对两年多以前第一期周刊出版以来工作的回顾，但在总结之后，重点出现了：

> 毫无疑义的，中共中央在本报所公布的文件以及中共中央诸位负责同志在本报所发表的文章，乃是本报一切主张和言论的灵魂，而特别可指出的，是毛泽东同志在本报前后所发表的综合抗战经验、指出抗战前途的两个具有历史意义的著作：《论持久战》与《论新阶段》。[28]

这份声明在措辞上小心翼翼，但明显想要树立毛泽东在中共领导集团尤其是在理论界的超群地位。在这份声明的旁边是赞扬《解放》

112 周刊的大字手书体标语和“王明”的落款。王明以这种方式——至少公开地——确认自己在意识形态上相对于毛泽东的至高权威。[29]

从此以后，《解放》开始越来越频繁地提及毛泽东的著作。比如，在 1939 年 5 月 30 日的一篇文章中，理论家杨松不时引用毛泽东关于民族问题和国际问题的论述。[30]在 8 月 30 日出版的这一期上，著名的马

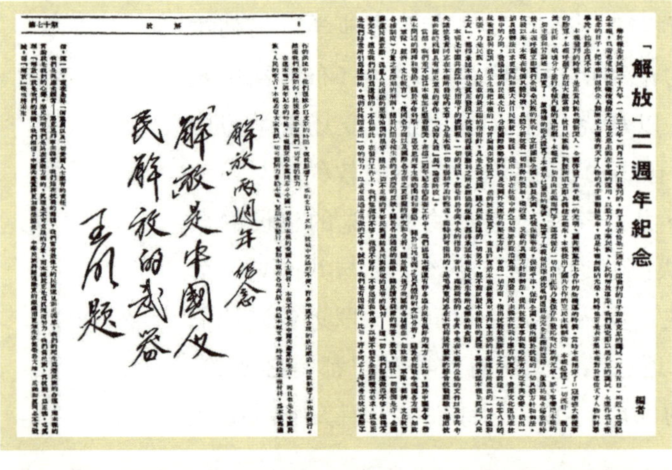
解放两週年纪念

解放是中国人民解放的武器

王明题

「解放」二週年紀念

編者

《〈解放〉二周年纪念》提及毛泽东的著作，载《解放》，第 70 期，1939 年 5 月 1 日。

克思主义理论家艾思奇鼓励读者学习诸如《论持久战》、《论新阶段》及《论游击战》这样的中国共产党的“名著”。[31] 12月30日，高岗在为此前召开的地方党会议而作的演讲中，称赞毛泽东有关抗日战争三阶段（防御、相持、反攻）的理论，尽管他把毛泽东的名字置于党中央的名下。[32]

在干部教育运动的过程中，毛泽东似乎建立起了对于此时迅速膨胀的中共宣传工具的有效控制。例如，他为中共即将发行的诸多新期刊的创刊号写发刊词或主要文章，包括《八路军军政杂志》、《共产党人》(新的理论刊物)、《中国文化》和《中国工人》等。[33] 毛泽东很快成为全党最受追捧的作家，并受到共产党报刊的推崇。他向党内主要期刊的投稿被拒登和鄙视的时代（20世纪20年代末陈独秀领导时期及30年代初留苏学生领导时期）已经过去了。现在他不仅被拥为党内最伟大的实践领导人，而且也被拥为党内首屈一指的理论作家。到1939年夏，以毛泽东或毛泽东思想为中心的崇拜虽然没有高度发展起来，但有一点是清楚的：这种崇拜正在酝酿之中。然而还是有迹象表明，毛泽东日益增长的超群地位并没有得到党内全部领导人的衷心支持，包括一些可能被认为是亲毛派或至少是中立派的领导人。例如，在5月30日的重要文章中，陈云要求党员学习马克思列宁主义和中国历史，但他几乎完全没有提到毛泽东或毛泽东的著作。[34] 同样，在7月7日《解放》发表的两篇文章中，张闻天在中共成立十八周年之际总结了“马克思列宁主义的历史”，其中提到了马克思、恩格斯、列宁和斯大林（还有孙中山），但没有提到毛泽东及他的著作。[35]

刘少奇——他最终成为毛泽东的坚定支持者之一——几乎公开声明了他对毛泽东掌权的顾虑。在1939年8月7日为延安马列学院所作的演讲中，刘少奇宣布中共已继承了中国历史长河中“进步思想家、事业家的优良传统”，这体现了当前的路线，但他没有一处提到当时马克思主义中国化的尝试。[36] 更加令人惊讶的是，他完全避开了任何对毛泽东或其著作的提及。然而，他广泛地提到了中国传统思想家和苏联的理论家，例如米丁（M. Mitin）。他要求听众们都“作马克思，恩格斯，列宁，史太林最好的学生”[37]，却没有把

113

毛泽东列入应以同样方式仿效的名单中。最后，刘少奇宣称党员应该对党内各种好、坏现象采取正确的态度，这段论述只能被解读为直接提及与日俱增的毛泽东崇拜的危险：

> 我们［必须］首先认识与辨别党内各种现象，各种思想、意识，各种分歧的意见与主张，那些是正确的……而那些又是不正确的……或者在争论的两方面都是不对的，对的应该是第三种意见与主张。经过冷静的辨识与思考之后，［我们应该］决定自己明确的态度，而站在正确的方面。［我们应该］不盲从、不崇拜任何偶像。[38]

这里需要作两点说明。首先，刘少奇暗示两方争论时可能存在第三条——更好的——道路，他似乎是在祈求占优势的毛主义者和留苏学生间的妥协，尽管一切都正向着毛泽东完全胜利的方向发展。其次，刘少奇预料到了这完全的胜利，而且他好像为胜利可能带来的结果担忧。刘少奇直率地警告人们小心“偶像崇拜”，即小心对毛泽东及其著作的日益增长的颂扬。① 刘少奇 1962 年对于这篇讲稿的修改表明他已远离了 1939 年的认识，并表明他原初想要使用的评论是多么激烈。在 1962 年的修改版中，刘少奇至少八次提到毛
114 泽东，原来他提醒人们不要“崇拜任何偶像”，而现在他提醒人们不要“随波逐流”[39]。鉴于刘少奇自 1939 年起在党内不断上升的重要性以及他在毛泽东获得党内至高权力问题上的明显转变，我们需要在 1939 年直至 1945 年的几年中定期转回来叙述刘少奇的所言所行。在一定程度上，刘少奇对于日益增长的毛泽东崇拜的态度转变可能也反映了许多党内其他高级领导人的立场。

我应该强调的是，1939 年刘少奇及其他批评毛泽东的人并不是全盘反对毛泽东的领导，他们只是在原则上不同意，或至少是不喜欢毛泽东崇拜的趋势。在这种崇拜的气氛下，毛泽东那些理论论文也被拔高得超过了其真正的价值。现在，党的报刊正连续不断地论

---

① 当然，此时党内还只有极少数的高级领导人不对毛泽东搞个人崇拜。比如，博古在 1939 年 10 月 9 日接受埃德加·斯诺的采访时就表示他不满意毛泽东对英国和美国所采取的过分敌视的态度。参见 Edgar Snow, *Random Notes on Red China, 1936—1945* (Cambridge, Mass., 1957), pp. 24-25。随着毛泽东崇拜在 40 年代初的发展，甚至连博古这样的人最终也别无选择，不得不参与其中。

及毛泽东1938年的两篇著作(《论持久战》和《论新阶段》)的重要性。它们确实对党的发展做出了重要的贡献，但还不足以支持其作者是卓越的理论家的论断。没有人提到毛泽东1938年前的任何著作，甚至连陈伯达这样的毛泽东的支持者也忽略了他于1937年所作的哲学上的努力。显然，如果当前学习毛泽东著作的运动能够成功，这将有助于毛泽东加强其作为马克思列宁主义理论家的地位。还有，正如约翰·E·鲁(John E. Rue)所指出的，毛泽东越来越渴望抵消斯大林联共(布)新党史的影响，这本书于1938年出版，现在又被定为延安干部教育运动的必读书目。[40]如果毛泽东想使中共摆脱对于“外国样板”(布尔什维克)的过分依赖，那么，为全党提供一些自己的基本著作便是明智的。同样，更进一步地使留苏学生的领导及他们过去所推行的政策名誉扫地也是需要的。

毛泽东通过转到党史问题来处理后一个问题，而党史恰是张闻天在关于中共成立十八周年的两篇文章中有意忽略的主题。正如毛泽东在为党的新理论刊物《共产党人》而作的重要的发刊词(1939年10月4日)中所提到的，只有通过深入钻研党史，才能找到建设布尔什维克政党的正确途径。通过回顾十八年的党史，毛泽东声称，只有在1935年1月遵义会议之后，中共才“彻底地走上了布尔什维克化的道路，奠定了……建立抗日民族统一战线的基础”[41]。但长期以来，留苏学生的文章都说1931年1月的六届四中全会标志着中共作为一个真正的布尔什维克政党的成熟(因此，他们在党内的另一个绰号是“二十八个半布尔什维克”)。现在，毛泽东正要求留苏学生接受一套党史的新解释，即六届四中全会在党的发展中仍有积极作用，但极大地削弱了它的总体重要性。新解释还为最终全盘否定六届四中全会(并由此全盘否定留苏学生本身)铺平了道路。毛泽东为《共产党人》所作的发刊词确实是毛主义者重构党史的里程碑，它为陈伯达后来所写的论述中共的著作定下了基调：赞颂毛泽东并彻底贬低留苏学生。 115

《〈共产党人〉发刊词》发表后不久，毛泽东转到了罗迈最近提出的问题上，即缺少一部从马克思主义的立场来写作的全面系统的中国历史教科书。1939年12月15日，毛泽东发表了一篇迎合这种需要的短文，名为《中国革命和中国共产党》。官方的资料表明，这是由毛泽东和“其他几个在延安的同志”合写的。第一章是中国历史的概述，是“其他几个”“同志”起草，经过毛泽东修改的。第二章为中国近代革命，是毛泽东独自写的。第三章是党的建设，出于某些未知的原因，“担任写作的同志没有完稿而停止”[42]。正是在这个重要的课本中，毛泽东引入了“新民主主义”的提法，但由于毛泽东在 1940 年 1 月 19 日以此命名的宏文中大为发展了这一概念，所以我应暂时推迟对它的讨论。但 12 月 15 日的课本仍有两个令人迷惑的方面值得注意。第一，负责写作第一章中国历史的“其他几个”“同志”是谁？第二，为什么第三章党的建设没有写完？

鉴于陈伯达的立场及以前的著作，我们似乎有理由推测陈伯达
116 可能与其他一些毛派阵营里的知识分子一道，参与了第一章的起草工作。1939 年的原始版本与后来 50 年代《毛泽东选集》中公开发表的修改版本相比，对于传统的历史采取了更为积极的态度，这更加暗示了前面的推测。有一处更改应被摘引。原始的版本说：“在中华民族的几千年的历史中，产生了很多的民族英雄与革命领袖，产生了很多的革命军事家、政治家、文学家与思想家。所以中华民族又是一个有光荣革命传统和优秀历史遗产的民族。”[43]而修改版则删去了“产生了很多的革命军事家、政治家、文学家与思想家”。这种删除似乎暗示着，尽管毛泽东在 1939 年保留了这样的语句，但它更多地体现出在对待传统历史的态度上，陈伯达比毛泽东本人持有更为积极的态度。毛泽东在 1939 年已稍微更改了自己先前的观点，但到了 50 年代初，他又对中国传统的价值持一种更加怀疑的态度，只留下“民族英雄和革命领袖”来代表过去的遗产。另一方面，陈伯达从未停止他对于中国历史与中国哲学的深深的尊敬。陈伯达尤其称赞周代的哲学家和思想家，这其中就包括他个人的最爱——墨子。①

缺失党的建设一章的情况也是一个有趣的问题，并且它很可能

---

① 参见《毛泽东选集》，2 版，第 2 卷，623 页。正如斯图尔特·施拉姆在私下交流中所表明的，在毛泽东著作公开出版之前的全面修改中，这种对于中国历史重要性的贬低也许更多的是受到了苏联压力的刺激，而不完全是毛泽东本人的刺激。但直到现在，这个问题仍然悬而未决。

也与陈伯达有关。在课本的原始版本中，毛泽东用如下文字结束了第二章：“以下，我们就来逐步讨论中国共产党的建设问题。”[44]有人由此推断，当第二章完成时，它是设想此文包括第三章的，但第三章只是到了最后一刻才被取消。党的建设一章似乎足够重要，以至于它不完成，整本课本就只能延迟出版。因此，出版第一章和第二章而缺少第三章好像是一个故意的遗漏，其原因应与刊印的偶然 117
事件无关。

党内负责研究中共历史和准备党史资料的专门委员会可能是重要的，这个委员会由张闻天领导，陈伯达是其中的重要成员之一。尽管张闻天在委员会中占据了重要的位置，但他在关于中共成立十八周年的文章中躲避棘手的党史问题。毛泽东随后在《〈共产党人〉发刊词》中处理了这个问题，在文中他对留苏学生在党史问题上的路线（此时的党的官方路线）发动了直接的攻击。由于党的建设一章必然要回顾党史，因此人们可以推测这个委员会是不可能在所取路线上达成一致意见的。委员会主席张闻天肯定会利用其有利条件来挫败包括陈伯达在内的毛派，他的立场是阻止有争议的章节一同出版。[45]这意味着毛主义者此时在这一问题上做了让步，默许了——尽管毫无疑问是不情愿的——毛泽东的课本以那种去尾的方式出版。不过，这个问题可能恶化了两派本已糟糕的关系，到1939年年末，控制党史的斗争逐渐上升为毛主义者与那些困兽犹斗的留苏学生之间发生冲突的关键领域之一。

毛泽东的新民主主义理论

毛泽东在巩固其作为中共首席理论家的地位上面临着来自党内的压力，除此之外，急迫的外部压力也促使其在全国性舞台上巩固党的地位。到1939年年末，国民党实际上已封锁了陕甘宁边区，统一战线随时可能破裂，这些都使得中共必须树立自己鲜明的政治立场。1939年12月，汪精卫投降日本造成了很大的轰动，坊间到处散播着蒋介石可能被劝服而向似乎不可战胜的日本妥协的恐惧。对于那些希望继续斗争的中国人来说，中共可能是抗日的唯一选择。 118

更为麻烦的是11月的公告，国民党为回应此前9月国民参议会的决议，计划于1940年11月召开国民大会。国民党发起的对日和平协定加上宪政承诺将会对厌战的中国人民产生极大的吸引力，而中共则会被打入冷宫。更糟糕的是，共产党将可能面临国民党和日本联合发动的彻底“清剿”行动，因为蒋介石和日本都把共产党看作中国社会结构的极大威胁。在世界大战不断扩展的背景下，国民党出于消灭共产党的目的，将寻求与日本达成可接受的解决方案。[46]

为了向中华民族证明与日本妥协不失为一种有吸引力的选择，这些不祥的进展还需要来自中共领导层的积极回应。但与国民党的犹豫不决和内部斗争相反，共产党把自己当作真正代表中华民族的党派，自己有能力领导中国人民战胜日本，并在将来建立先进的宪政国家。为了应对挑战，毛泽东于1940年1月19日发表了题为《新民主主义论》的长篇论文，在文中他首次系统说明了中国革命的性质。文章发表之后（发表于中共新创办的期刊《中国文化》上），各派都将其视为重要声明，直到今天，它仍是毛泽东著作体系中的重要文献之一。然而我们在此处的兴趣仅限于毛泽东“新民主主义”的概念及其理论内涵。毛泽东在1939年12月的课本中也使用了这个词，但毛泽东著作的编辑者指出这个概念在后来的文章中“大为发展了”[47]。此外，既然《新民主主义论》是写给普通民众阅读的，那么它在思想表达上会比党的课本更为含蓄，因此在讨论新民主主义背后的思想时，同时参考这两篇著作将是有益的。

119 在党的课本中，毛泽东认为，由于特殊的国情，中国目前正在进行的资产阶级民主革命已不是旧式的了，而是“新式的特殊的”：“我们称这种革命为新民主主义的革命……就是在无产阶级领导之下的人民大众的反帝反封建的革命。”[48]反过来，这种新式的革命将会在中国创造出新式的社会——“现在已不是一般的民主主义，而是中国式的、特殊的、新式的民主主义，而是新民主主义”[49]。

但有人会问，“中国式”民主主义的显著特征是什么，或者问得更直接一些，“新”民主主义与“旧”民主主义的区别是什么？这个问题的答案有两个方面：国内和国际。在毛泽东看来，俄国1917年的革命改变了一切革命的进程，因为它取代了传统的资产阶级民主革命，并在全球范围内揭开了无产阶级革命的时代。过去，民主革命是由资产阶级领导（因而也是在资产阶级意识形态的领导之下）的，而中国的新民主主义革命是在无产阶级（即共产党）及其独特的马克思列宁主义意识形态的指导下进行的。这就意味着，中国新民主主义革命的最终目标不是建立传统的资产阶级民主，而是建立无产阶级的社会主义民主，并在更远的未来完全实现共产主义社会。

如果这是中国新民主主义革命的普遍性，那么它的特殊性又是什么呢？或者换句话说，是什么使得新民主主义革命独具中国特色？答案应从毛泽东“几个革命阶级联合的，统一战线的”[50]概念中寻找。布尔什维克的无产阶级革命只是赋予无产阶级、小资产阶级和农民以革命的或半革命的地位，而中国的新民主主义革命则将半革命的地位同时授予所谓的民族资产阶级，在革命的统一战线中，他们也被包括在内。因为沙皇俄国已经在资本主义发展的道路 120
上凯歌行进，也因为俄国没有遭受完全的外国侵略，所以资产阶级才会成为革命的主要对象。然而，在中国“半封建半殖民地”的状态下，那些没有为反动派或帝国主义直接服务的资产阶级仍会参加革命斗争，至少目前是如此。经由统一战线建立起来的国家体制将是“几个革命阶级联合专政的共和国”[51]。

从这个角度来审视，中国的新民主主义革命可被视为具有双重属性。在最低纲领中，革命将寻求广泛的统一战线以推翻“封建的”地主阶级、官僚资产阶级和国外的帝国主义者，并巩固新民主主义革命。在最高纲领中，统一战线中非无产阶级的阶级将被逐步改造，新民主主义革命将不可避免地进展到社会主义，最终是共产主义的阶段（对于这一完整的过程需要多长时间，毛泽东作了模糊处理，他只是附带提到新民主主义的第一个阶段将会“相当地长”[52]）。这种对马列主义意识形态普遍性和中国统一战线特殊性的重视表明新民主主义革命实际上就是“中国式”的无产阶级革命，也就是说，它在内容上是马克思主义的，在形式上是中国的。因此，新民主主义革命的理论是马克思列宁主义“普遍真理”同中国革命“具体实践”相结合的产物，它正是毛泽东（还有陈伯达）多年以来一直寻求的那种融合。

毛泽东没有花费太多笔墨去说明他提出新理论是为了指导所有的革命，即指导中国的革命以及更为广阔的整个世界的革命，但这正是他的论点的隐含之义。他清楚地指出新民主主义革命并不仅仅是一种只要无产阶级的力量强大到足以实行他们自己的革命时就可以摆脱的策略。相反，他主张："中国的社会必须经过这个革命，才能进一步发展到社会主义的社会去，否则是不可能的。"[53]新民主主义将会在毛泽东（因而也是中共的）关于中国革命的理论中占据
121 核心位置，它将确实成为中国无产阶级革命的显著特征。尽管毛泽东没有使用确切的词，但很显然，新民主主义革命的理论是马克思列宁主义中国化的直接产物。新理论在内容上是马克思主义的，同时在形式上又是中国的。新民主主义革命所催生的明显不同的新文化的性质更加表明了这一点。毛泽东宣称，依他的观点来看，新民主主义的文化将是"科学的"和"民族的"，换言之，是马克思主义的和中国的。[54]

这当然会引出如下问题：新理论是否适用于中国以外的地区，准确地说，这是因为新理论具有本质上的中国性；也就是说，一种属于特定文化的理论是不是与完全不具备中国性的地区无关？根据毛泽东所言，答案是否定的，因为他已在党的课本中暗示新民主主义革命"正在中国和一切殖民地半殖民地国家"[55]发展起来。既然毛泽东不认为新民主主义革命会在欧洲、北美和其他非殖民地国家发展起来，那么其推理思路的隐含之义便是显而易见的。他正在暗示，1917 年的俄国革命是至 1939 年为止世界上唯一成功的马克思列宁主义革命，而一种新的革命样式将会对它进行补充（不是取代）。也就是说，俄国的无产阶级革命仍将是非殖民地（发达）国家马克思主义革命的典范，但新的革命样式——中国的新民主主义革命——从此以后将被视为殖民地半殖民地（发展中）国家马克思主义革命的主要范例。毛泽东的新理论很可能会引起莫斯科的震惊，如果中共坚持这种主张，莫斯科的意识形态权威将会受到相当大的削弱。然而，到 1940 年，苏联人全神贯注于欧洲战事的迅速发展，以至于眼下不能过多关注中共的言行。只要中共支持抗日民族

统一战线，其意识形态的具体状况可以暂搁一旁，留待以后仔细考虑。

中共宣称毛泽东绝不只是马克思列宁主义简单的模仿者，他已凭借自身的实力成为一位创造性的理论家，而毛泽东新民主主义革 122
命的概念则为这种说法提供了基石。实际上，“新民主主义”这个词及其背后所蕴含的总体思想都不是毛泽东首创的，它们早已成为流行的新词。正如易劳逸已指出的，在30年代国民党知识分子和无党派知识分子中间，民主主义是一个十分风行的概念。但人们在很大程度上对它不抱希望，因为1912年中华民国的所谓“民主”制度已使中国有了一次不愉快的经历，此后大家的注意力便更多地转到从西方引进的“旧式”民主怎样与中国特定的情境相适应的问题上。当时流行的一些思想认为中国语境下的民主将以一定程度的经济平等为基础，它将是全体民众的民主而不只是某一阶级或某一政党的民主，它将由通过考试检测的有能力的人来运转。如果这种（或类似的）改革被推广，中国未来的民主将会是“真实的”，或“改进的”，或“新式的”民主。[56]这些思想在共产主义运动内部也很流行，尽管它们毫无疑问染上了马列主义意识形态的色彩。比如说，国民党和无党派理论家所说的“有能力的人”在中共的解释中被当作党的干部。尽管如此，新民主主义对于30年代各政治派别来说都是一个常见的概念。例如，1937年年末王明提到中国的未来将是一个“新式的民主共和国”，1938年博古预言中国必定会成为“新的民主制度的国家……三民主义的中华民国”[57]。不过，在共产党的阵营内，确实是毛泽东重新使用了这个此前含义不清的概念，以作为一种全面的、系统的中国革命的理论，并恢复了它的国际意义。

即便如此，毛泽东也不是独自一人进行着尝试。陈伯达似乎对新民主主义哲学文化层面的构建施加了显著影响。O. 布里埃（O. Brière）是一位生活在中国的耶稣会牧师，他特别关注中国共产主义运动的哲学层面。据他所言，正是陈伯达“发展了”毛泽东新民主主义概念的“哲学层面”。郭颖颐也称陈伯达“被人们普遍认 123
为提供了新民主主义哲学中最精彩的那一部分”，一份日本的材料也说陈伯达在 1940 年积极参与“新民主主义的文化运动”[58]。

从哲学或意识形态的角度来看，新民主主义革命的主要特点是：它是在无产阶级意识形态领导下进行的“民主”革命；也就是说，在马克思列宁主义的领导之下。这一点使得它与资产阶级意识形态指导下的“旧”式的民主革命明显区分。1936 年至 1937 年，陈伯达之所以把新启蒙运动称为“新”，主要是因为它是在中国无产阶级的“新哲学”——辩证唯物主义的指导下进行的。由此可见，毛泽东新民主主义背后抽象的哲学—意识形态原理与陈伯达此前新启蒙运动的原理如出一辙。“新民主主义”和“新启蒙”都冠之以“新”——由此不同于并且高于“旧”民主主义和“旧”启蒙，是因为它们是在无产阶级的“新哲学”——马克思列宁主义领导之下的社会运动。毛泽东曾在 30 年代末密切关注上海和北平所发生的关于马克思主义哲学的争论，毋庸置疑，他肯定深受影响。这种情况在 1937 年之后甚至变得更为真实，因为许多论战的主要参与者（包括陈伯达）都在延安中共意识形态形成的过程中发挥了重要的作用。

当然，陈伯达的“新启蒙”与毛泽东的“新民主主义”背后，思想上的精确相似本身并不能证明一个人影响了另一个人，但这种影响却是难以忽略的。陈伯达可能更多的是在文化层面对毛泽东产生了影响，尤其是陈伯达 1938 年关于中国文化（从广义上定义）中国化的提议。陈伯达认为，在现代化的过程中，中国文化面临着失去其鲜明中国特色的危险。人们的任务便是在中国新的文化形式中建立起现代化需求（其带有西方化的危险）与保持真正的中国特性（其助长狭隘的民族主义）的合理平衡。陈伯达扼要论述的中国化的概念提到了寻找这种平衡的过程，其结果便是逐渐发展一种兼具
124 现代特征与中国特征的新的中国文化。毛泽东随后将陈伯达中国化的概念运用到更为狭窄的意识形态领域，但他没有对广义的文化领域作出任何扩展性的评论。到 1940 年，毛泽东显然已对文化事务更加具有信心，他终于开始处理这方面的问题。在提倡“新民主主义的文化”，即“民族的科学的大众的文化”中，毛泽东实际上重复了陈伯达中国文化中国化的建议。正如毛泽东的新口号所充分考虑

到的，陈伯达建议背后的基本逻辑是只有真正中国化的文化（兼具现代特征和中国特征）才有机会吸引并满足 20 世纪广大中国人民的需求。

最后，我们知道陈伯达在全中国宣传和应用新民主主义思想方面发挥了积极的作用。比如，1940 年 2 月他被选为新成立的延安各界宪政促进会的理事。3 月 8 日，他发表了一篇文章，文中他把新民主主义的概念运用到宪政问题上，当时国民党和无党派人士正在重庆讨论宪政问题。毫不奇怪，他会得出这样的结论：除非宪政运动赞同建立“各阶级的革命民主专政”，否则它将毫无成果。[59]陈伯达的建议显然是在尝试把毛泽东“发展”的马克思主义理论运用到中国具体的政治情境中。在中国独特的历史背景下，“民主制度”将会使“几个革命阶级联合专政”合法化，而不会使资产阶级专政或无产阶级专政合法化。在一定程度上，中国的革命历程将确实不同于西方传统的资产阶级革命或俄国经典的无产阶级革命的过程。虽然中国的革命道路还在马克思列宁主义的传统之内，但它将会十分独特。

到 1940 年年初，毛泽东在中共党内的地位显然达到了一个新的高度。这是因为干部教育运动中又逐渐发展出了一个赞颂毛泽东的 125
运动，以及毛泽东方面配合这一运动而爆发的新的理论努力。1940 年 2 月 29 日，《解放》周刊 100 期之际，编辑在总结周刊成败得失的社论中适时记录下了毛泽东不断增长的名望。由于《解放》是中共中央委员会的官方刊物，所以编辑说许多党内的“领导同志”都参与了《解放》的工作。比如，《解放》这些年来已刊载了毛泽东同志的“许多伟大著作”，包括《论持久战》、《论新阶段》以及《新民主主义论》。这篇社论实际上还在抬高毛泽东的个人声望方面更进了一步，因为它把毛泽东描绘为“海内外众所仰慕的人民领袖”[60]。

由此可见，这篇社论比 1939 年 5 月 1 日的纪念社论走得更远，它把毛泽东个人抬高到远远超过党内其他高级领导人的地位。然而，为表示对这些领导人的尊敬，编辑煞费苦心地一笔带过了最重要的 8 位领导人的“宝贵的文字”（朱德、王明、洛甫、周恩来、康生、陈云、王稼祥和刘少奇，按此顺序）和另外 18 位党和军队的领导人，这些人可能不像前列的 8 人那么重要。① 显然，这份经过深思熟虑的 26 位高级党、军领导人的名单不仅满足了中共实际的领导人（例如，朱德），还满足了中共象征性的领导人（例如，王明）。他们很可能都已支持（或至少是接受）把毛泽东抬到他们之上的新运动，但他们显然还没有下定决心让自己的成就在这一过程中消失。②

毛泽东的威望也正在中共的控制范围之外增长。保罗·莱恩伯格是一位美国学者，他当时正在中国，而且绝非共产党的同情者。
126 他写道，毛泽东是一位“辩证法的专家，他善于把共产国际的政策合理化，并在马克思主义正统学说的限度内保持着敏锐的批判性”[61]。这种对于毛泽东的描述是非常有趣的，因为它准确地反映了毛泽东极力塑造的形象，能率先敏锐地觉察、剖析社会历史的变化并提出有关未来发展蓝图的理论。也就是说，甚至连莱恩伯格这样具有批判性的观察家也总结道，毛泽东是一位精通马克思列宁主义的理论家，他拥有坚持独立于莫斯科的顽强精神。毛泽东的自我描述可能也不会比这更好，莱恩伯格的评论反映出青云直上的毛主义者在延安建立的有效的宣传机器取得了明显的成功。

甚至是对共产党没有任何好感的国民党人也渐渐被迫承认毛泽东有别于中共普通的领导人。例如，1939 年年末，国民党理论家叶青尖锐地评论毛泽东对第二次世界大战在欧洲爆发所发表的看法。叶青挖苦道，难怪毛泽东会对形势抱有错误的认识，“这是毛氏尚未贯彻中国化主张之故。我对于毛氏主张中国化，确表同情。……我所谓同情，是赞成他认识中国文化遗产的价值，切切实实学做一个百分之百的中国人。这是他比陈绍禹高明之处，也即是较有前途较有成就之所在”[62]。

---

① 原文是：“……朱德、王明、洛甫、周恩来、康生、陈云、王稼祥、刘少奇、任弼时、项英、博古、邓发、彭德怀、凯丰、林伯渠、吴玉章、董必武、李富春、杨尚昆等同志的宝贵的文字与八路军新四军著名将领贺龙、林彪、关向应、萧克、邓小平、张鼎丞、彭雪枫等同志的富有内容的文章。”见《站在中华民族解放事业的前进岗位上——纪念解放报出版一百期》，载《解放》，第 100 期，1940 年 2 月 29 日。——译者注

② 这篇社论的标题（《站在中华民族解放事业的前进岗位上》）与 1939 年 7 月 7 日洛甫在《解放》上发表的纪念中共成立十八周年的文章的标题（《在民族自卫战最前线的岗位上》）极为相似。洛甫是不是被说服在这篇特殊的社论中公开颂扬毛泽东？或是其他人写了这篇社论以回应洛甫在较早的文章中对毛泽东的忽视？这其中可能存有一种妥协——洛甫不得不同意赞扬毛泽东，除非当时还有其他重要的党和军队的领导人可以考虑。

虽然叶青的文章从头到尾充满着恶意，但人们会留意到，他根据两人对待中国化的态度清楚地区分了毛泽东和王明。王明长期以来与莫斯科和共产国际关系紧密，自视为中国共产主义运动中真正的布尔什维克的首席代言人。这种套路在中共内部也许很受欢迎（在毛泽东获取权力之前），但它很少考虑给国民党或中国其他非共产主义团体的印象。毛泽东与莫斯科的联系没有那么紧密，此时马克思列宁主义中国化的政策更大大增强了其独立于共产国际的姿态。显然，如果叶青的观点代表了国民党，那么毛泽东作为中共的领导人会比王明或任何一位追随他的留苏学生都更受欢迎。即使毛 127
泽东中国化的政策事实上不能吸引像叶青这样的人，却为他们挑起中共内部两大派之间的不和提供了又一个机会。毫无疑问，毛泽东对中国历史和传统文化的日益增长的赞赏甚至在那些对共产党没有好感的中国人心中也引起了共鸣，无论如何，不应低估这种可能性。即使不论其他方面，毛泽东中国化的新政策也代表着向正确的方向迈出了一步；今天马克思主义只是被中国化，但明天它会被彻底吸收到传统的中国样式之中，从而剥离掉其西方的、革命的自命。

显然，中共党内也有一定程度的担心：马克思主义中国化确实会损害马克思主义的革命本质吗？延安时期的一个谜题便是为什么后来极少提及1940年1月发刊的新期刊《中国文化》，而毛泽东的《新民主主义论》正是该刊第一期的核心文章。有人会认为围绕着毛泽东的宣传新民主主义的运动已给了这份期刊一个良好的开端。谜题的答案可能应从向公众介绍期刊的头条社论中寻找。[①] 毛泽东认为新民主主义的理论是中国所特有的，是根据中国社会的特殊情况得出的，而社论却采取了一种尖锐冲突的立场。它并没有直接批评毛泽东或“新民主主义”，而是用“民族民主革命”替代“新民主主义”，似乎对毛泽东的新概念缺乏热情。这篇文章对中国化的概念发起了正面进攻。它直截了当地评论道，那些坚持认为需要马

---

① 我在这里插入一条限定性的注释。《中国文化》好像是在整风运动中消失的，而且我也没找到原始刊物的影印本。以下的分析和引用都是根据苏联科学院哲学研究所和远东研究所所写的专著中的记述。苏联学者显然得到了《中国文化》的创刊号，人们只能推测它的内容被公正地体现在专著中了（由于没有引注作者，我假定这篇正在讨论的文章是一篇社论）。参见 V. A. Krivtsov and V. Y. Sidikhmenov, eds., *A Critique of Mao Tse-tung's Theoretical Conceptions* (Moscow, 1972), pp. 69－70。

128 克思列宁主义中国化的人（例如，像叶青那样的人）“说马克思主义要中国化，中国化的意思就是要变更其形式，变更其形式的意思就是要把原来的马克思主义完全丢掉”[63]。当然，这是间接攻击毛泽东、陈伯达及党内其他中国化论者的观点。这也严重歪曲了他们的观点，因为他们多次声称改变马克思主义的形式将会与保持其革命内涵相容。虽然我们不知道谁写了这篇社论，但对形式的关注及形式损害内容的信念使人回想起胡风和冯雪峰的观点。根据这些相似性，这篇社论应是一位同情胡、冯思想的人所作，但这个人又应比那两位直言不讳批评毛泽东文化政策的评论家更为接近党的核心组织。①

攻击中国化的概念当然会削弱基于中国革命特殊性的新民主主义的理论建构。这将会引出如下的问题：中国的历史发展是不是不同于其他文化，它是不是在一定程度上游离于“人类历史的一般的规律”之外？由于党内都把马克思列宁主义视为这些所谓的“历史规律”的科学陈述，所以人们必然会问：接受具有中国特殊性的理论是不是就意味着对马克思列宁主义本身的拒斥？对于《中国文化》上这篇社论的作者来说，这个批判性问题的答案是极为明显的：

> 近代中国的一切反动思想，都有着一个特殊的传统，如果要给它取一个名字，那也许可以叫做思想上的闭关自守主义。……不管它的外表形式怎样千变万化，它的基本内容仍不外是这样的：强调中国的“国情”，强调中国的“特殊性”，抹煞人类历史的一般的规律，认为中国的社会发展只能依循着中国自己特殊的规律，中国只能走自己的道路，中国自己的道路是完全在
> 129 一般人类历史发展规律之外的。……这一种思想上的闭关自守主义的传统，可以说是中国的反动思想的特点。[64]

虽然这里没有提到毛泽东，但众所周知的是，毛泽东恰是热情地支持被编辑挑出来攻击的那种思想。由此可见，《中国文化》在

① 鉴于王实味后来与毛主义者在理论、文化领域发生了冲突，所以我想到了王实味，觉得他很有可能是作者。正如我在第六章将要讨论的，《中国文化》发表了王实味关于民族形式的有争议的文章，这使得他在整风运动刚刚成形之际便卷入了与陈伯达的尖锐斗争之中。

创刊号中就指摘了作为马克思主义理论家的毛泽东，并因此对其胜任中共领导人的能力提出了质疑。这是毛泽东不可能忽视的挑战，新期刊在整风运动中没有被保留下来，也就不足为奇了。①

尽管发生了这样的小事件，但对于毛泽东在中共党内逐渐登上最高领导人及主要理论家的位置来说，1939 年仍是重要的。斯图尔特·施拉姆基本正确地总结道，到 1939—1940 年的冬天，“毛泽东最终完全控制了中国共产党的政策和意识形态……到 1939 年年末，王明已降到从属地位并停止发挥任何实际的作用”[65]。然而这种说法还应该有点限度，因为正如《中国文化》的事例一样，毛泽东还将在 1940 年大部分时间和 1941 年一部分时间里面对一系列对其权威的挑战。比如说，正是在 1940 年夏，王明及其支持者在他们完全失去党内影响力之前，组织了最后一次违抗毛主义者的明显行动。这些对毛泽东权势的挑战绝对不如张国焘、王明全盛时期的挑战那么严重，但显然也足以让毛泽东确信，他还需要做出更多的努力以使党处在他的直接领导之下，以永远铲除残存在党组织中的一小撮反对势力。这种决心导致他提出了“整风运动”，这场运动在 1942 年的大部分时间里占据了党内生活，并最终确立了毛泽东在中共理论上和实践上的无可争议的领导人的地位。

① 经译者查证，《中国文化》创刊号上的这篇文章是艾思奇所写的专论《论中国的特殊性》。首先，艾思奇并没有攻击毛泽东马克思主义中国化的理念，恰恰相反，艾思奇极力反驳叶青对“中国化”的错误解释（注释［63］所引的文字只是转述叶青的看法，并非艾思奇本人的观点），并引用毛泽东《论新阶段》中的名言来指明马克思主义中国化的正确途径。其次，艾思奇在结尾处多次使用“新的民主主义革命”的提法，而“民族民主革命”只在文中出现了一次，这说明艾思奇并非对“新民主主义”的概念缺乏热情。由于毛泽东刚刚提出“新民主主义”的说法，党内在概念表述上略有差异也是可以理解的。参见艾思奇：《论中国的特殊性》，载《中国文化》，1940（1）。——译者注

第六章

挑战与回应（1940—1941）

挑战毛泽东的权威

130 1938年10月武汉陷落之后，日军没有在中国发动任何进一步的重大进攻，从而揭开了一段相对僵持的时期。这使得国民党有机会转过来关注共产党，1939年间，统一战线一直处在极度紧张之中，1939年9月，国民党发动了“第一次反共高潮”。巧合的是，苏联在这一时期修复了与德国和日本的关系，1939年8月签署了《苏德互不侵犯条约》，9月，苏联与日本之间的休战协定开始生效。

由于苏联似乎已与德国和日本建立了互助的关系，又由于德国在欧洲获得了惊人的成功，因此，一股悲观主义的情绪开始弥漫整个中国。1939年12月汪精卫投降日本，并于1940年3月在南京建立伪国民政府，这些都加剧了这种悲观主义的情绪。汪精卫的投降震惊了海内外民众，但它也充分折射出国民政府及民间亲日派的观点。[1]甚至连蒋介石也很有可能与日本妥协（如1942年泰国政府的所作所为那样），如此一来国民党便可以选择与日本联合来共同反共。国民党认为，一旦共产党被除掉，抗日战争将会“焕然一新”，将可能获得更好的“成功”机会。

当然，中共完全有理由敦促国民党继续全力参战——不仅为了使敌军疲惫，还为了使国民党专心于战事，无暇向共产党施压。使
131 国民党忙于抗日至少可以激励保卫国土的决心，甚至可能巩固毛泽东战略中的关键一环——统一战线。查默斯·约翰逊（Chalmers Johnson）恰当地指出：“使重庆抗战的一种方式就是让战争活跃起来，百团大战就恰是完成了这一目标。”[2]这里提到了中共1940年8

月20日发动的引人注目的军事行动，当时八路军在华北五省同时展开对日作战。尽管这次行动后来被证明给中共带来了不利的副作用，但它使日本在华北的主要交通线遭到了严重的破坏。在约翰逊对这次军事行动的分析中，他总结道，国际形势的恶化以及由此导致的悲观主义在中国的传播可能是中共在决定于这一特殊的时刻、以这种大胆的方式打击日本之时“所考虑的最重要的因素”[3]。中共不仅证明了战争仍旧十分活跃，而且证明了日军也会严重受挫。传给重庆的信息是十分清楚的：如果战争将会胜利的话，那么国民党方面的怀疑和犹豫应该让位于大胆的军事进攻。

然而，中共1940年春爆发的内部争论可能也刺激了百团大战的启动。根据官方的记述，国民党1939年9月至1940年3月间对中共军队的日益增多的骚扰使得中共内部滋长了大量的敌对情绪，导致中共党内的某些派别呼吁更为强硬的反对国民党的路线。材料说：“这种过‘左’的偏向，已经开始成为党内主要的危险，妨碍党去继续扩大与巩固抗日统一战线。”[4]这种“左”的观点显然是基于以下三个主要命题：（1）中日之间的民族矛盾已下降到次要地位（大概是因为苏联已与日本改善了关系及中国战场的相持状态）；（2）国民党最近的反共活动把国共两党之间的阶级矛盾提升到了主 132
要矛盾的位置；（3）因此，中共准备放弃统一战线政策，重新采取土地革命那种更为激进的政策。[5]这种“左”倾主义违背了党的统一战线政策，毛泽东不得不趁这种“偏向”还未取得强势之前就将其消灭于萌芽之中。有鉴于此，1940年秋所发动的百团大战就不仅是为了使国民党方面的有关人士确信，同样也是为了使党内的某些派别确信，抗日的消耗战对于所有相关党派来说仍应是第一位的。

尽管中共的领导层大概都同意在军事前线采取一些大胆的行动，但在行动的实际指挥上仍然存有严重的分歧。根据一条1968年的材料，朱德和彭德怀未征得毛泽东的允许，甚至还未通告毛泽东就已擅自发动战役。这个事例很好地说明，虽然毛泽东是党的军事委员会主席，但朱德和彭德怀仍然掌握着军队的指挥权。同一条材料还说，战争的实情违背了毛泽东的基本军事原则，这应该是真实可信的，因为百团大战中大批军队的广泛散布确实是毛泽东很不喜欢的一种战略。尽管毛泽东与最高军事统帅之间所谓的争论仍然模糊不清，但它似乎符合由 1940 年春出现的“左”倾偏向而引起的党和军队的普遍的纪律松动。[6]

然而，一个人的难题往往会成为他人的机会。1940 年 7 月，当毛泽东面对“左”倾情绪的爆发时，王明重印了（以一个新的标题）他 1931 年首次出版的党史论著——《两条路线》。[7]毛泽东在其为《共产党人》所写的发刊词（1939 年 10 月 4 日）中已试图按照有利于自己的原则来重写党史，并号召对党“十八年的经验”进行一次全面总结。[8]但直到此时，王明 1931 年的小册子仍是关于党史的标准记述。1940 年的王明对于重新获得他以前在党内的强势地位
133 已不抱太多希望了，但这并不意味着他已同时放弃了防止留苏学生先前的总路线——毛主义者现在称之为“‘左’倾机会主义”——在党史中被彻底否定的所有希望。

鉴于 30 年代初至 40 年代初形势的变化，王明显然没有看出把留苏学生的路线视为当时正确的路线与同时接受毛泽东现行的路线为正确的路线之间有什么不一致。在为他的党史论著第三版写作的新序言（1940 年 3 月）中，他明智地提出这样的观点：

> 每个忠诚的辩证唯物主义和历史唯物主义者，不能离开一定的时间和空间条件来看待和处理问题。不能把昨日之是，一概看作今日之非；或把今日之非，一概断定不能作为昨日之是。同时，也不能把此地之是，一概看作异地之非；或把异地之非，一概断定不能作为此地之是。一切决定于时间和空间，一切决定于当时当地所处之各种具体条件和具体环境。[9]

王明的最终目的可能只是为了找到一种保全留苏学生面子的暂时的解决办法，但他为小册子重拟的题名“为中共更加布尔塞维克化而斗争”却没能帮助他表达上述的想法。这个新书名似乎明显反驳了毛泽东的主张：只有在毛泽东于遵义会议上夺得权力之后，中共才“彻底地走上了布尔什维克化的道路”，在随后的几年中，党才在毛泽东的正确领导下实现了真正的布尔什维克的一致和团结。如果毛泽东及其支持者还需要进一步的证据以证明王明及其小团体的不可信任，那么王明的行动——在毛泽东遇到困难时跳出来攻击

他——就足以为据了。[10]

王明的小册子出版于1940年7月。大约两个月前，王明可能就已预料到来自毛主义者的异议。5月3日，王明在延安新近成立的泽东青年干部学校的开学典礼上作了一次关于毛泽东的简短的但充满高度赞扬之情的讲话。学校的名字本身就很好地表现出毛泽东在中共党内迅速上升的威望，而王明的讲话则更是正式表明他接受了这种现状。王明接着冯文彬的报告，把自己的发言概括为一条口号：“学习毛泽东！”王明认真准备了这次演讲以期传达一些特别的观点。他说，泽东青年干部学校学生的中心任务就是要通过“学习 134
毛泽东同志的生平事业和理论”来使这所新学校的实情符合它的“光辉名字”。他们应该把毛泽东当作自己一生的楷模，遵从毛泽东的领导，为毛泽东所代表的伟大事业而奋斗。[11]

王明问：大家应该怎样学习毛泽东呢？他建议关注以下五个主要的方面：毛泽东“革命的精神”、毛泽东“勤于学习的精神”、毛泽东“在其理论和实践中”“勇于创造的精神”、毛泽东“长于工作的精神”和毛泽东“善于团结的精神”。王明详细地解释了这五个主题，并且在每个主题下都把毛泽东夸赞了一番。王明说，毛泽东“革命的精神”使得他很小的时候就忠于革命，结果是他现在已成为党的“主要领导人”，革命的“优秀的领导者”。由于他早年就投身革命工作，所以他没有进过一所“专门学习革命理论的学校”（诸如王明在上海和在莫斯科那样），但其勤奋的学习态度使他能够弥补这一缺陷。后来，他精通马克思列宁主义，善于“灵活地”应用马列主义，能够在实际的革命工作中把理论与实践联系起来。因此，他“不仅成为中国革命的伟大政治家和战略家，而且是伟大的理论家”[12]。

这促使王明更为细致地讨论毛泽东“在其理论和实践中”“勇于创造的精神”，他从五个“新的创造”来分析：（1）毛泽东发展了苏维埃这个马克思列宁主义的概念，使其包括了以“工农民主专政”为特征的特殊形式，与传统所指的“无产阶级专政”形成对照；（2）基于苏联的经验，毛泽东通过创造“新的中国的工农红军”改造了中国军队的传统；（3）毛泽东在理论上和实践上把游击

战从一种“辅助的战术”提高到“战略的地位”，这一点体现在他
的军事著作中，而这些著作都是“马列主义在军事问题上的新发
展”；（4）毛泽东根据马克思列宁主义，在广阔的民族运动中，“把
135 统一与斗争的原则，辩证地了解和运用起来”，创造了新的“抗日
民族统一战线”；（5）毛泽东创造了“新民主主义”的概念，这一
点体现在《新民主主义论》的文章中，而这篇文章是“对马列主义
关于国家问题的新贡献”。王明总结道，在这五个独立的方面，毛
泽东已将自己树立为一位创造性的理论家，他既适应中国革命的新
情况和新挑战，又没有背离斯大林发展出来的马克思列宁主义的普
遍的理论框架。[13]

王明接着开列学生们应该效仿的毛泽东的品质，又开始赞美毛泽东“长于工作的精神”。王明说，不管是什么样的工作，毛泽东总能做得很好——学生运动、统战活动、宣传组织工作、下层的群众工作及高层的领导工作。“在农民工作中，他是一个有名的农民工作大王，在军事工作中，他是伟大的战略家，在政权工作中，他是天才的政治家，在党的工作中，他是公认的领袖。”王明强调，如果某人希望在革命工作中取得成功，那么他就尤其应该学习毛泽东“善于团结的精神”。由于毛泽东能在态度上、在工作作风上促进大家的团结，所以他“不仅是共产党全党团结的核心，不仅是八路军和新四军团结的中流砥柱，而且是全中国无产阶级和人民大众众望所归的团结中心”[14]。

王明这篇引人注目的演讲可以当作他最后向毛泽东屈服的标
志，尽管他随后又重新出版了关于党史的小册子。事实上，王明对
于作为理论家的毛泽东的赞扬还是集中在政治、军事层面的实际问
题上，完全没有提及哲学、经济或文化。甚至连毛泽东的支持者也
对他 1937 年的哲学论文评价不高，而经济、文化正是他很少接触的
领域。人们也可以把王明所强调的毛泽东对马克思列宁主义理论框
架（包括斯大林的修改）的依赖解读为贬低毛泽东作为理论家的自
136 身的能力。不过，这种强调更有可能是经过仔细盘算的，以期在马
克思列宁主义的框架内稳固地树立毛泽东的地位，并结束围绕毛泽
东宣称的理论邪说而展开的无休止的争论。毛泽东的理论之所以被

称为异端邪说，是因为毛泽东有所谓的“小农意识”以及毛泽东对马列主义思想的要点缺乏理解。事实仍然是，王明已在一定程度上接受了作为理论家和领导人的毛泽东在党内拥有至高权威的看法，这次演讲必定会使他从毛泽东至高权威的严峻挑战者的名单上除名。

但如果王明是指望通过这种不同寻常的赞扬来缓和毛主义者对他重印党史论著的敌意，那他肯定打错了算盘。迟至 1940 年 2 月 20 日，王明好像至少还在党的高层中占据了一个名义上的位置。在当天编印的延安各界宪政促进会成立大会的官方公报中，吴玉章被列为理事长，选出的 45 名理事成员包括毛泽东（排名第一）、王明（排名第二）和张闻天（排名第三），而这份公报宣言显然是由毛泽东亲自起草的。[15]然而，一度向党刊频繁供稿的王明，此时发表的文章却越来越少，1940 年 11 月 20 日他在《共产党人》上发表的一篇关于“毛泽东同志”统一战线策略的文章被一位研究者评论为带有“自我批评”的特征。[16]王明重新出版颇有争议的党史论著是他在整风运动之前最后一次明显违抗占支配地位的毛主义者的行动。到 1942 年，当整风运动达到顶峰之时，王明好像只是延安中国女子大学的校长。[17]

但即使王明已事实上让路，毛泽东还是要面对党内的其他异议。比如说，他在 1940 年 12 月 25 日的一份指示中抱怨“目前党内的主要危险倾向，仍然是过左的观点在作怪”[18]。毫无疑问，这种“左”的偏向已经为 1940 年秋中共百团大战的成果所加强。这次中共力量的大展示使得国民党极为不安，他们判断该是做出更多努力以控制统战联盟的时候了。现有的对陕甘宁边区的封锁得到了加强，1941 年 1 月，国民党军队还在皖南攻击了中共的新四军。新四军被击溃，其主要将领或被捕或被杀，普通士兵死伤数千。尽管损失惨重，但从长远来看，皖南事变还是给中共带来了极大的益处，因为在全国人民的眼中，皖南事变使得中共成为“为中国民族主义事业牺牲的烈士”，并由此将自己的声望提高到可与国民党比肩的地步。[19]同时，事变加强了“左”倾分子在党内的地位，因为皖南事变似乎证实了他们的理论：国共两党之间的阶级矛盾已使中日之间的民族矛盾黯然失色。

1940年10月至1941年3月间，中共设法熬过了国民党的“第二次反共高潮”，但军队中还是发生了一些紊乱。在1941年5月8日的指示中，毛泽东已注意到“有些同志”认为皖南事变已使得统一战线无效了，认为中共应该采取“土地革命”的政策，认为应更多强调纯粹的“阶级教育”等。尤其值得注意的是，毛泽东承认，这些同志觉得在新的情况下，我们“现在需要的已不是包含一切主张抗日和民主的人们的政权，而只是所谓工人、农民和城市小资产阶级的政权了”[20]。这等于完全拒绝毛泽东最近创立的新民主主义革命的思想。“左”倾分子把毛泽东中国革命的新理论仅仅看作是一种策略，一种随着实际形势的变化就可以摆脱的东西。这当然不会为毛泽东所接受，毫不奇怪他会抱怨“党的正确的政策，在这些同志的心目中，至少是暂时地模糊起来了”。然而，到1941年初春，毛泽东已不再准备容忍自1940年年初便开始折磨中共的意识形态纷争和组织纷争。党正面临着危机，对于毛泽东来说，只有采取果断的行动才能挽救党于灾难之中。

138 事后看来，毛泽东似乎过分估计了这次“左”倾的严重性。毕竟，他已在1938年的六届六中全会上大获收益，而且表面上也没有一个领导人（包括王明在内）能够成功地挑战他。但另一方面，当从中共在其他领域遭遇难题的背景下观察党内斗争时，人们就能感受到斗争确实是一触即发。

党的迅速扩张已给党组织带来新的压力，而且1940年年中干部教育运动的仓促终止也妨碍了对大量新党员的思想教育。在军事方面，新四军所遭受的打击已剥夺了统一战线所有的优点，以致中共不得不更多地关注军事组织的状态。日军不断增多的对中共军事力量的骚扰使得这种警戒的需要更加凸显。中共的百团大战使日本人确信必须更为有力地对付共产党。到1941年7月，日本已任命新的“华北司令官”（冈村宁次将军），并执行新的、残忍的焦土政策或“三光”政策（“杀光、烧光、毁光”①），试图孤立和摧毁中共的游击力量。最终证明，这一政策起了反作用，因为它驱使本来消极被

① “三光”政策的中文表述通常是“烧光、杀光、抢光”。——译者注

动的农民加入到中共军队的行列之中，但在政策持续的时段，它也给中共华北的根据地造成了极大的困难，尤其是当它与国民党在其他战线上增加的压力同时发生之时。[21]

除了这些军事层面的问题外，中共还不得不抗衡国民党和日军试图削弱共产党而强加的经济封锁。根据一项研究，1941 年封锁的强化导致陕甘宁边区“疯狂的通货膨胀”，这不仅是由诸如谷物、棉布和食盐等必需品的日益短缺引起的，而且是由中共发行自己的货币（此后“边币”迅速贬值）的决定引起的。国民政府完全中断给中共根据地的战时补助，这更加剧了形势的恶化。最后，尽管各 139
方面的这些变化已向根据地人民强加了明显的困苦，但 1941 年的谷税数额却被设定为以前的两倍多。这次的税负是中共统治以来最高的，具有讽刺意味的是，它是由中共视为最亲密的盟友的贫农来负担的。[22]

1941 年下半年至 1942 年间，许多根据地的情况甚至更加恶化，但中共遇到真正的危机还是在 1941 年春。在最近关于这一时期的研究中，马克·塞尔登（Mark Selden）已深入到对比 1941 年的危机与 1927 年和 1934 年的危机。每一次危机都使共产主义运动陷入“濒临灭亡的严重失败”之中，但每一次都是毛泽东崛起为新路线的“主要建筑师”，把党从敌人的手中、从毁灭中拯救出来。1927 年第一次统一战线的破裂引出了毛泽东的农村战略；1934 年江西苏区的丢失，紧跟而来的便是毛泽东对第二次统一战线事业的支持；1941 年对中共根据地军事上、经济上的封锁则又促成了毛泽东群众路线的理论及实践的诞生。[23]塞尔登把 1941 年危机的严重程度与 1927 年和 1934 年危机的严重程度等同起来，这一点无疑是正确的，但我们不应忘记 1941 年危机与前两次危机的本质区别。1927 年和 1934 年，毛泽东只是处在党的领导层的外围：1927 年他是党的最高层中的二等人物；1934 年，在留苏学生的统治下，他已从党和军队重要的位置上退下来。因此，当事情出错时，他并不是那个需要负责和受到指责的人。1927 年的陈独秀和 1934 年的王明、博古才是无可逃遁的负责任者，在这些情境中，毛泽东很容易从侧翼插入，成为落败领导人的主要批评者。因此毛泽东每一次都能在崛起的新领导集团中充当关键人物。

当然，1941 年的情形则正好相反。没有人比毛泽东本人更清楚，如果中共屈从于不断增加的危机，那么作为党的领导人的他将
140 要承受大部分指责。这回轮到王明和/或留苏学生—军事联盟的集团站在侧翼，作为毛泽东的主要指控者和继任者了。毛泽东之所以能在 1927 年和 1934 年的危机中幸存，大约首先是因为他不用为此负责。但如果党不能熬过 1941 年的危机，那么同样的结果将不会出现。

叶青攻击毛泽东

当毛泽东身处困境之时，另一个老对手叶青（任卓宣）单枪匹马地发动了一场对毛泽东个人领导力的攻击，而毛泽东作为马克思主义理论家的能力则是其攻击的重点。叶青在 20 年代曾是中共的领导人，但 1928 年被国民党逮捕并以死刑相威胁后，他便脱离了共产党。从那以后，他就成为一个“独立的马克思主义者”。30 年代他积极参与上海的各种思想论战，但 1937 年日本侵略之后，他停止了与城市里的中共理论家（包括陈伯达）的辩论，并重新接触国民党，而在不同的时期，他都与国民党有一些联系。由于他的观点逐渐趋向民族主义，所以他对马克思主义的热情有些冷却，尽管他从未完全抛弃马克思主义。1939 年，他重新加入国民党。随后的几年里，他在国民党的政教系统中担任过多个职务。1942 年，他成为国民党组织部的头目，1943 年，他又被选为国民党的三民主义青年团的常务干事。[24]

叶青在国民党内的崛起部分是因为 1941 年春他所出版的《毛泽东批判》一书的成功。这可能是国民党到那时为止出版的攻击毛泽东的书中最全面、最老练的一本。它的多种版本及多个修订版都得到了广泛的流传。[25]在书中，叶青详细分析了毛泽东的理论概念，尤其是马克思主义中国化的提议，而这里我们感兴趣的也正是这个话题。尽管从大致轮廓来看，叶青对毛泽东和中共的批判性分析代
141 表了国民党官方的观点，但叶青始终从“社会主义”的传统来论

辩，好像一位自称客观的“科学共产主义”的研究者。显然，对于一些特殊的受众，即中国广阔的左翼运动中正在斟酌毛泽东1940年提出的“新民主主义”的那些文化人来说，这种方法将是最具吸引力的，而叶青正在使自己的评判受到他们的注意。叶青多次声称毛泽东提出新民主主义的目标是为中国共产党在中国树立“生存根据，争取发展机会”。但他很快又说，毛泽东在中国根植新民主主义的企图虽然构思巧妙，但最终“完全落了空”。因为新民主主义的思想是所谓中共领导人构想出来的有瑕疵的思想，他们既不懂得共产主义的本质，也不懂得使共产主义适应中国特殊需要的方法。[26]

叶青对毛泽东并没有全盘否定。他认为毛泽东已经意识到了有必要解决“马克思主义方法”与“中国实际”之间的矛盾，这一点是值得庆贺的。尽管毛泽东比王明及那一届的领导人更有经验，但由于他对马克思主义的理解基本上是错误的，所以他对马克思主义中国化的领会相应也是糊涂的，他沿着这种路线所作的努力则已经不成功了。叶青认为，自从孙中山崛起为理论家之后，世界的“共产主义”或“社会主义”运动（叶青互换地使用这两个词）就被分为两大思想流派。两大派使用各自的语汇系统，一派主张“共产主义”，另一派则支持“民生主义”。叶青说，就内容而言，这两种“主义”没有根本的不同，而它们的独特之处则表现在实现目标的方法上：“此相同的目的是社会主义底一般性，适合于世界；此不同的方法是社会主义底特殊性，适合于一定的国家。”[27]

叶青解释说，人们由此可以马上明白，那种无论时空普遍适用的社会主义只是社会主义笼统或抽象的形式，即财产共有之“一念”。他说，从中国及世界其他地区的古代起，人们就一直谈论这 142
种抽象的社会主义，但它从未在现实中实现过。因为它从未符合特定时间、特定国家的具体情况，所以它是不科学的，因而在性质上是乌托邦。叶青接着说，但世界已走出过去那种乌托邦的社会主义，当代的社会主义或共产主义可以从地域上划分为两种具体的、专门的类型——欧洲的社会主义和中国的社会主义。

叶青解释了这两种不同类型的具体的社会主义是如何产生的。他指出，所有的理论或“主义”都是出自有血有肉的个人之手，所以它们才会以个人的名字命名，而生活在特定时空下的“具体”存在中的个人，其思想也会染上这些时空的特征。因此，这些天才人物头脑中所产生的思想的独特品质必定是由他们生活的特定时代和特定国家决定的。他说，由乌托邦发展而来的两种不同类型的“科学的”社会主义的特点十分明显地体现了这一普遍真理：

> 把一般特殊化的，为马克思和孙中山。前者底特殊化是欧洲化；后者底特殊化是中国化。凡特殊的皆是具体的。所以欧洲的社会主义和中国的社会主义都是特殊的社会主义、具体的社会主义。因为它们与所在地底情形相合，皆可叫做科学的社会主义。它们各以特殊的方法达到一般的目的，实在又是殊途而同归。[28]

这个词组“特殊的方法”与论证的思路有着很大的关系。叶青相信马克思主义是特殊的方法，通过这种方法，社会主义的一般目标能够在资本主义充分发展的国家实现。既然在中国，任凭如何想象，资本主义都还未充分发展，那么马克思主义的方法就不适用。而且资本主义——结果社会分化为两大对立的阶级（资产阶级和无产阶级）——将不会在中国发展，因为孙中山理论的实施将会使中国跳过资本主义的阶段，直接进入社会主义。在孙中山思想的指导
143 下，中国能够避免代价高昂的“两次革命”（也就是政治革命和社会革命），而两次革命是资产阶级体制的特定产物，也是资本主义转化为社会主义的唯一方法。在中国，一阶段革命是可能的，而事情将会完全不同：“以国营实业节制资本平均地权为最适宜［的方法］，由此达到共有财产。中国化的共产主义遂出现了。然而这叫民生主义，是孙中山的社会主义，不是马克思的社会主义。”[29]

在这种论证的基础上，叶青轻蔑地将毛泽东马克思主义中国化的尝试贬斥为无用和误导。他总结说：“这样，毛泽东底马克思主义，中国化其名，‘洋八股’其实，纯粹是一种‘教条主义’。”[30]这种悲观的总结自然也暗指毛泽东所领导的政党，难怪叶青会认为中共既不是中国社会真正的产物，也不是中国人民在解放斗争中所必需的东西。他说，十分明显，中共完全是外部的、非中国势力的产物，尤其是联共（布）和共产国际的产物。中国共产党短暂的历史

已经表明，未来只会有三条道路摆在它的面前。它可以“俄国化”，如果它像过去多次所做的那样，采用苏俄的布尔什维克主义作为其意识形态，采用联共（布）/共产国际作为其组织形式。或者它可以“中国化”，如果它采用李自成（李自成领导了反对明朝的农民起义）那种中国传统农民起义的意识形态和行为方式。虽然国共两党建立了统一战线，但中共现在正是这样做的，不过这种“中国化”是错误的，是一种倒退的形式。它也可以像过去部分做到的那样，采用三民主义作为意识形态并真正融入国民党，实现完全现代意义上的、完全进步意义上的“中国化”。叶青宽慰地补充说，共产党员可以放弃对中共的效忠，但不应放弃对祖国未来的希望。他们应该认识到仅仅一个标签是会骗人的，共产党在欧洲是进步力 144
量，但在中国却是反动的。中共原党员加入了国民党，只不过是拥抱了孙中山的思想，拥抱了与当代中国一次革命的现实完全一致的意识形态。正因为如此，所以这种意识形态是科学的、进步的，它是“时代的产物，负有改造中国的历史任务”[31]。

在结论中，叶青重申了他的信念：毛泽东和他本人（还有卡尔·马克思和孙中山）都享有“世界历史要走到社会主义”的共同信仰。他们之间所存在的关键不同在于他们对“历史法则”的冲突性诠释，而这种“历史法则”掌控着人类社会从一种社会制度到另一种社会制度的转变过程。叶青认为，既然马克思的两次革命适用于“资本主义发达阶级分化明了”的国家，那么我们就“可称为先进国底道路”。而孙中山的一次革命理论则是十分不同的东西。他说，既然它适用于中国和其他“资本主义不发达阶级分化不明了”的国家，那么我们就“可称为后进国底道路”。这是有点大胆的主张，叶青急忙预言，中国及其同类的欠发达国家将不会永远落后于欧洲。欧洲最先形成了导向社会主义运动的正确理论，这一点值得称赞，但中国很快也会循例效仿：“欧洲一指明了走到社会主义之为必然，中国即可借鉴于它而有意识地‘迎头赶上’，自非走捷径不可。这当然是一种特殊情形。”[32]

叶青并没有说孙中山所指的道路高于马克思指明的道路。他评论道：“一切事物都是一般与特殊底统一。”这表明在科学社会主义的时代，通向社会主义的欧洲道路是“一般的”法则，从这个意义上说，它先于通向社会主义的中国道路，而且为作为“特殊的”法则的中国道路的出现提供了基础（应该注意的是，这并不与他此前的主张矛盾，他先前认为，在从乌托邦到科学社会主义的这一决定性的转变中，马克思主义代表了对社会主义和共产主义的抽象概念
145 的特殊化，即“欧洲化”）。他总结说，“世界底历史法则”如同其他事物一样，都是由一般与特殊的统一构成的：

> 它是由欧洲底历史法则与中国底历史法则统一而成的。换成别的话，世界底历史法则是欧洲底两次革命与中国底一次革命之统一。……共产主义是欧洲的社会主义，民生主义是中国的社会主义，各有其范围，各有其适用的国家。[33]

在整个讨论中，叶青倾向于将欧洲（和北美）的全球意义与中国的全球意义等同起来。这种暗示当然十分讨好中国的民族主义者，这些人正努力使自己的国家从文化自卑的扭曲意识中解放出来，他们认为正是这种文化自卑使得中国在更为强大的西方列强手中走向了衰落。在这一点上，叶青与毛泽东及其同事们所表达的观点十分相似。毛泽东等人也总结说，中国革命模式（也就是毛派革命模式）的国际意义正日益增加，尤其对于亚非拉殖民地国家来说。尽管叶青和毛泽东有着许多分歧，但他们都具有明显的民族主义情感，以至于他们在设想中国在世界上的地位及其与其他国家的关系时，思路上十分一致。[34]但叶青却批判毛泽东把欧洲社会主义革命（即马克思主义）的方法运用到中国特殊情境中的尝试。毛泽东当然会衷心赞同叶青所谓的这种尝试毫无成效的观点，也正是因为这个原因，毛泽东才经常区分马克思主义的内在内容及外在形式，他拒绝后者在中国背景下变为“教条”，但他又要保持前者的本质。

叶青真正批判毛泽东的地方是他对孙中山三民主义的解释。叶青认为孙中山的意识形态首先代表了放之四海而皆准的社会主义思潮的中国形式，因此他作出判断：毛泽东“编造”中国社会主义的另一种（必定是假的）形式，诸如此类的任何尝试都至多是误导，而且在现实实践中也是破坏性的。在这里，他呼吁毛泽东放弃“愚

蠢”的尝试，加入国民党来追求孙中山三民主义的实现。叶青总结 146
说，只有这样做，中国共产党及其意识形态教条才能真正中国化，才能有益于中国人民和革命事业。如果不这样做，中国共产党注定会最终毁灭。

叶青攻击毛泽东之时，正是中共面对影响内外稳定的严重威胁之时。既然这些威胁已经危及毛泽东作为中共最高领导人的地位，那么1941年春他转向重新确立自己在党内的权威就不会令人感到惊奇了。1940年6月，干部教育运动偃旗息鼓，这显然是出于不得已，而非心甘情愿的主动抉择。1940年春党内“左”倾情绪的高涨揭开了整整一年的党内纷争，正式的学习运动还未在一般党员中取得很大的成效就不得不被放弃。这次党内冲突爆发几个月之后，毛泽东要求党组织首次出版他1936年所作的系列演讲——《中国革命战争的战略问题》，他似乎想以此为命运多舛的教育运动注入新的生命。正是在这篇讲稿中，毛泽东首次发动了他对留苏学生军事战略的系统批判。到1941年，毛泽东把留苏学生的军事路线定性为“‘左’倾冒险主义”，这在延安已经成为常识，因此这些关于战略问题的讲稿的出版，对于那些坚持与国民党公开撕破脸和坚持返回到土地革命的军事策略的“左”倾分子来说是一个信号。显然，对于那些可能重犯以前错误的留苏学生来说，对于那些不愿与现已名誉扫地之派别的军事路线沾染上关联的个人来说，认真研究毛泽东的讲稿都将会是一种有益的经历。[35]

在《〈农村调查〉的序言和跋》（1941年3、4月）中，毛泽东毫无遮掩地批判留苏学生的军事政策。他评论道，党现阶段的把联合与斗争（国民党）综合起来的“两重性的政策”“是目前中国的最革命的政策，反对和阻碍这个政策的施行，无疑义地是错误的”。
接着，他转向党内生活更为广阔的话题，他说，中国共产党是在 147
“复杂的环境”中工作的，在革命的现阶段，党“不可缺一的任务”之一便是“严肃地坚决地保持”所有党员的“共产主义的纯洁性”[36]。此后不到一个月，毛泽东正式呼吁恢复干部教育运动，到1942年年初，这一运动转变为整风运动，最终成为中共党史上的关键事件之一。

陈伯达与王实味的争论

在转而考虑整风运动的起始之前，有必要说一下1940—1941年的冬天陈伯达与王实味之间有些晦涩不明的争论，当时陈、王两人都在党的马列学院工作。既然这场争论似与整风运动的进程有着极大的联系，那么它就值得仔细考察。根据陈伯达自己的记述，到1939年中期，他开始削减纯粹文化主题的作品，因为他觉得自己并不是一位真正的文学艺术问题的专家。除此之外，他还承认许多文艺专家正在延安工作，并且重申了自己的信念：这一领域的问题只能在实践的过程中得到解决。过多的讨论既无必要，也不受大家欢迎。[37]在毛泽东发表关于新民主主义的论文之后，陈伯达的关注点确实逐渐转移到了更为实际的事务上，比如政治经济学，这个兴趣一直保持到他漫长生涯的结束。他对纯哲学及纯文化关切的逐渐忽略直接反映出他在党内毛派中的平步青云。陈伯达开始在一般的政策问题上发挥其作为毛派主要发言人的日益显眼的作用。尤其是在整风运动期间，他明显凭借自己的力量崛起为一位重要的人物，而不再是只在幕后活动的神秘人物。①

148 尽管陈伯达有了这些新的关切，但他还是经常违背自己的意志（或自己所言），不时卷入与延安某些文艺专家的争论之中，而此前陈伯达还是尊重他们的。陈伯达与向林冰在文艺民族形式的问题上发生了冲突，但他主要还是与王实味进行论战。王实味是一名老党员。他1926年加入中国共产党，刚好比陈伯达早一点，他主要以俄文马列著作翻译者的身份闻名于马克思主义者的圈子里。他也是一位作家，曾写过一些短篇小说，而且他对一般的文艺问题也保持着强烈的兴趣。1929年前后，他与中国的“托派”有过联系，在“托派”的刊物上发表过文章，并翻译过一些托洛茨基的著作。1930年年初，他赴莫斯科学习马克思主义哲学。直到1936年，他一直与陈独秀保持着通信联系。当30年代末到达延安时，王实味已被认为是

① 这并不否认陈伯达在党内或军队内部缺乏个人权力基础，并由此导致他此时及以后对毛泽东支持的依赖。

意识形态和文艺方面的专家，基于这一点，他被安排在马列学院的研究岗位上。[38]

人们对于王实味在学院里的活动知道得极少，并且在很大程度上还不得不依赖陈伯达提供的叙述，而这些叙述很难被认为是不偏不倚的。1940 年秋，王实味好像写了一篇题为《文艺的民族形式短论》的文章，并散发给学院的许多同志，陈伯达对王实味大多数观点表示强烈反对，他放下手头正在忙的其他工作，急速写出一篇逐条反驳王实味主要论点的文章。陈伯达尤其恼怒王实味攻击他以前的一些关于文艺问题的文章，而王实味反过来也被陈伯达的反驳激怒，试图阻止陈文发表。妥协最终达成：王实味同意根据陈伯达的批评意见修改自己的文章，陈伯达则放弃将自己的评论文章与王文一起发表的权利。王实味修改后的文章发表于 1941 年春，但陈伯达的反驳文章直到 1942 年 7 月 3 日至 4 日才付梓，它是作为反对王实味及其他意识形态异议分子运动的“参考”资料发表在《解放日报》上的。[39]

陈伯达和王实味在争论中提出了许多实质性问题，其中包括文艺的民族形式的老问题。陈伯达仍像以前一样为自己的主张辩护，他赞成使用某些传统的文化形式来承载新的政治内容，尽管他也认 *149* 同王实味的观点：总会存在旧形式破坏新内容的危险。他坚持认为，问题的关键在于理智地使用旧形式，以使新内容依旧完好无损。他说，“利用旧形式”不是要“把无产阶级平民代表的朱德和彭德怀画成‘关公脸’，把朱彭的行动举止变成贵族式的行动举止”[40]。那样做将会使整个应用无效；那将无异于向传统投降，而且肯定不是他所提倡的对文艺民族形式的创造性的利用。他总结说，无论如何都不应坚持单一地使用旧形式，或单一地使用新形式，两种形式都试一试可能是最好的道路。当务之急是放弃关于民族形式理论的进一步讨论，并在实践中检验那些已经提出的思想。

在反驳王实味批判文化上利用民族形式的文章时，陈伯达注意到王实味对“无产阶级革命”和“民族抗日战争”的明显混淆。王实味确实太过于强调当前中国革命运动的无产阶级性质，这使他过分看重存在具有较高文化水平的、高度发展的无产阶级的必要性。

陈伯达认为，这些情况在中国并不存在，因为广大的人民群众，不只是无产阶级，已团结起来一致反对外来的敌人，而不是反对中国本身的资产阶级。而且，普通百姓完全能够在实际斗争中提高自己的文化水平，而不必依赖无产阶级首先创造出来的高水平的文化成就。陈伯达最后说，王实味的观点不利于中华民族抗日战争的事业，他的观点只会使日本人感到宽慰。[41]

显而易见的是，王实味对中国当前革命运动的无产阶级性质的重视以及同时发生的他对中国当前革命运动的广泛的民族意义的轻视使得他被确认为是某种“左”倾分子。他是党的队伍中“过左的偏向”的一部分吗？或者更险恶一些，他是党内最高研究机关和教育文化机关中托洛茨基主义的代表吗？王实味显然明白，学院和其他单位的一些同事的思想意识里可能有了这种怀疑，他似乎决定在事情失控之前澄清事实。读过陈伯达批判其观点的文章后，他很迟才向党的部门承认他过去曾与“托派”分子联系紧密，但很久以前就割断了这种联系。[42]这次及时的坦白带来了王实味与陈伯达（和党的权威）之间的暂时妥协。陈伯达后来说，在他写文章反驳王实味关于民族形式的观点时，他“丝毫不知道”王实味以前与“托派”的关系，并对王实味为何在此事上如此激动感到疑惑。事后一想，陈伯达觉得是他无意中揭露了王实味“‘托派’思想的狐狸尾巴”。陈伯达说，王实味在他的原稿中试图打着讨论文艺问题的幌子来宣传“托派”思想。①

我已经相当详细地讨论了陈伯达与王实味之间这场鲜为人知的争论，因为它可能对即将到来的整风运动产生三个重要的影响。首先是它的时间（1940—1941 年冬），这可能使毛主义者确信，自 1940 年年初在党内发展起来的“左”的偏向正开始在党的主要研究机构和宣传部门寻找回应和支持。因此，它与 1941 年春毛泽东下决心在失控之前严厉压制这种不断增长的意识形态偏向有关，毛泽东部分地通过重新启动干部教育运动的方式来实现目标。其次，在一

① 参见陈伯达：《关于王实味》，载《解放日报》，1942-06-15。实际上，王实味的文艺思想与 1935 年至 1937 年国防文学争论中那些“文艺左翼分子”的思想十分相近。陈伯达对于 30 年代的那场争论也十分熟悉。尽管王实味被贴上了“托派”分子的标签，但基本主题还是与此前的那场争论直接相关。

小群有影响但组织上无力的知识分子中间存在意识形态“异端”的情况（正如陈—王争论所展示的）也提示毛泽东可以拿他们来以儆 151
效尤。既然这些知识分子与党的主流政治军事组织相对疏远，既然单个打击或集体打击都不会引起党组织任何重大的动乱，那么反对意识形态偏向的运动就能够在全党范围内高调地开展，而不会伤害那些可能需要思想整改的普通干部的士气，不会破坏普通干部在极其艰难的条件下所做的基本工作。当然，当整风运动以一小群知识分子遭受公众批评的形式开场时，这似乎成了一种模式。

最后，鉴于陈伯达和王实味的争论，默尔·戈德曼已正确地指出，陈伯达对于 1942 年夏挑出王实味作为主要目标的决定产生了一定的影响。[43]作为毛泽东文化事务方面亲密的顾问，陈伯达确实有可能在毛泽东决定把整风运动的矛头不只对准王实味，而是对准一群所谓的异议作家方面发挥了关键的作用。考虑到陈伯达在党的宣传部门、延安的舆论新闻界及多个政府部门和文化团体中身居要职，他的影响力可能很大。可以肯定的是，他在整风运动中发挥了相当显著的个人作用，尤其是在 1942 年夏整风达到顶峰之时。

整风运动的前奏

1942 年的整风运动经常被认为是毛泽东在中共党内逐渐占支配地位的结果和例证。这是一种很有道理的评价，尽管如此，我们还是可以把它与 1940 年和 1941 年年初尚未解决的事件联系起来，以更好地理解党史上这一重要的篇章。毛泽东的个人权威受到了多方面的挑战，从政治到文化，这也有利于毛泽东直接面对问题。他的第一个动作就是恢复已终止的 1939 年至 1940 年的干部教育运动。在 1941 年 5 月 5 日①的重要演讲中，毛泽东把整个中共党史描述为 152
“马克思列宁主义的普遍真理和中国革命的具体实践日益结合的二十年”[44]。毛泽东接着说，尽管如此，党还是有“很大的缺点”，如果这些缺点不能迅速得到纠正，那么党就必定不能完成自己的历史

① 《改造我们的学习》是毛泽东 1941 年 5 月 19 日在延安干部会上所作的报告。——译者注

任务。改造学习上存在缺点的三个主要方面依次是时事、历史（尤其是中国历史）和在革命工作中对马克思列宁主义的实际运用。但毛泽东警告与会同志，这些缺点的危害并不是同等程度的，这最后一项才是最讨厌的。两类人最容易以“主观主义的态度”对待马克思主义理论的学习：（1）学生，尤其是曾在欧洲、美国和日本学习过的那些学生；（2）“中级以上的干部”[45]。把这两类特殊群体列为主要的犯错误者，毛泽东显然是在攻击党内最引人注目的“留苏学生”，即“二十八个布尔什维克”，他们从苏联回国后就控制了党的领导层，并且在“中级以上的干部”中仍有着很大的影响力。

毛泽东建议留苏学生应该重返教室进一步学习他们自认为非常擅长的科目——马克思列宁主义理论，这种建议当然包含大量隐晦的侮辱。谁将是新的教员呢？谁的著作将被要求阅读呢？毛泽东谦逊地建议应以斯大林著名的《联共（布）党史简明教程》为“中心的材料”，这里提到斯大林的书可能只不过是做给莫斯科看的象征性姿态，因为毛泽东又给予那些未详细列举的辅助材料以某种优先权：“对于在职干部的教育和干部学校的教育，应确立以研究中国革命实际问题为中心，以马克思列宁主义基本原则为指导的方针，废除静止地孤立地研究马克思列宁主义的方法。”[46]换句话说，重点应该放在中国革命的“实际问题”上。学员们只有获得对中国情况的充分认识之后，才能着手学习马克思主义理论。这是对过去的直
153 接反转，在过去，只有当有抱负的马克思主义理论家在中国或在国外完成了学习经典马列主义著作的严格课程之后，他们才会转而注意中国的情况。

毛泽东 1941 年 5 月 5 日①的建议是中共思想史上重要的一环。这等于表明，从此以后，中国实际将为学习马克思主义理论提供方法论，而不是相反。这与毛泽东 1938 年的观点十分相似，当时他提出学习中国历史（全部中国实际的一部分）本身就构成了一种方法论，可以用来评价马克思主义理论对于中国革命的适用性。如果真是这样，那么经典马列著作的神圣性将会大打折扣，而莫斯科作为

① 应为 1941 年 5 月 19 日。——译者注

封印看管者和信条护卫者的教育作用也将随之被严重削弱。

从一些党的正统理论家具有严密逻辑性的观点来看，毛泽东的提议似乎有些古怪，因为它并没有遵循通常的实践过程：以马克思列宁主义理论为科学方法论，在此基础之上，系统地研究中国的历史事实。正是出于这种理由，中共早期曾鼓励许多最聪明的年轻党员去莫斯科掌握复杂的马克思列宁主义，为以后回国参加革命运动奠定基础。这种措施的结果（在毛泽东眼里，这是必然的结果）便是整整一代中国革命者都毫无质疑地接受了外国死板的理论对于中国问题的适用性，但由此却带来了毁灭性的恶果。尽管在学习的过程中，最理想的状态是理论与实践辩证作用，通过这种互动而产生的知识体系也能适应形势，但 1941 年春的毛泽东认为，即使这种理想状态能够达到，以前所强调的东西也必须被反转过来。

毛泽东相信为了纠正现存的不平衡，必须要在一段时间内走到另一个相反的极端，甚至有必要冒险去创造新的不平衡，只要这种新的不平衡是暂时的。在这种情况下，中共的理论学习计划必须坚持反转。自此以后，重点将被放在系统掌握中国的历史事实上，以 154
此作为一种获得基本的实证数据库（或方法论）的方法，而运用这个数据库又可以评价马克思列宁主义具体的理论构想。正确理解中国实际将会使革命者有能力确定外国理论的哪些具体构想能够直接运用到中国，哪些需要适应中国的情况，哪些完全不适用而必须抛弃和/或代之以新的构想。正如前面已提到的，这会揭露出一个问题：毛泽东是主张“创造性地发展”马克思列宁主义，还是实际上主张面目全非地“修改”和/或“曲解”马克思列宁主义呢？显然，毛主义者认为自己是支持前者的，而党内毛派的反对者则担心毛主义者正推进着后者，这场争论将成为即将展开的整风（按照字面的意思，整风是纠正风向或纠正工作作风）运动的中心议题。这确实是国际共产主义运动中仍然十分敏感的问题，这时它还远未解决。[47]

如果毛泽东正间接地建议他的关于中国“实际问题”的著作从此以后应该在中共的教育课程中独领风骚，那么有人会问这些著作内在的品质和视野是否足以胜任这项工作。答案是否定的，但大多数忠诚的党员会假装主张，毛泽东的著作在思想深度上或在数量上都可以与正统马列著作中真正令人印象深刻的理论及实践方面的文集相比肩。比如，1941 年 1 月 16 日《解放》上发表的一篇署名实甫（笔名?）的文章就说：“以毛泽东为首”的“中国共产党”已经“正确地把握了创造性的马列主义”，并在艰巨的革命斗争中“向前推进了马列主义”。但这篇文章并未提到毛泽东的独特作用，实甫仍把毛泽东置于党组织之中。除了毛泽东之外，文章还提到了王明和洛甫，并赞扬这三位领导人都创造性地将马克思列宁主义运用到中国的实际环境中。[48]

真正以树立毛泽东在中共党内的极端重要性为目标的是一位从上海奔赴延安的党的青年理论家张如心，他写出了重要的文章《在
155 毛泽东同志的旗帜下前进》。张如心的这篇赞颂文章于 1941 年 4 月 30 日出现在《解放》上，恰好比毛泽东发表关于党内学习问题的重要演讲的时间——5 月 5 日①早几天，这似乎不仅仅是一个巧合。据张如心所言，毛泽东不只是许多重要革命领袖中的一位，也不只是其中的领头羊。相反，

> 说到创造性马克思主义在中国问题上的发展，最主要最典型的代表，应指出的是我们党的领袖毛泽东同志。毛泽东同志是我们党伟大的革命家，天才的理论家，战略家，他是一个中国最好的创造性的马克思、列宁主义者，他精通马克思列宁主义的理论，他具有近二十年极丰富的革命斗争经验，善于把渊博的马克思列宁主义的理论和丰富的具体的中国革命实践像士敏土一样结合在他身上，他善于把马列主义的坚定的原则与灵活的策略有机地联系在一起，他是我们党政治领袖与军事战略家品质兼优的最好的典型人物。

总而言之，张如心认为中国共产党，“特别是毛泽东”为马克思列宁主义的发展做了“许多的贡献”，包括政治和军事战略的“理论与策略”、统一战线、根据地、军事力量、党的建设等。对于张如心来说，毛泽东对马克思列宁主义的发展已经超越了狭隘的地

① 应为 1941 年 5 月 19 日。——译者注

区旨趣，因为它提供了外国理论在一个特定国家成功“民族化”的具体模式。在正确的指导下，这个模式就能被灵活地运用到和中国一样的其他殖民地半殖民地国家。[49]

应该记住的是，毛泽东号召新的学习运动的主题讲话当时并未出现在党刊上，运动以一个有点不确定的开头揭开了序幕。按照常理，1941 年 7 月 1 日，党成立二十周年纪念日将是发动新运动的时机，并且《解放日报》当天的社论也要服务于这一主题。在总结了中共二十年来的发展之后，社论宣称，党的所有成功都是“中国共产党二十年来以马克思列宁主义的科学真理与中国实际相结合的结果”，“毛泽东同志二十年来百折不挠的领导和无数先烈、干部、党 156
员二十年来不断为党牺牲奋斗的结果”[50]。这段话值得注意，因为它在马克思列宁主义的“三位一体”——理论、领袖和政党之间建立了整齐的排比，因为它暗指正确掌握了理论的毛泽东已成功地领导了党二十年，即从党创建之日起。

为了使这些崇高的主张更有说服力，社论接着对此前二十年间产生的“中国革命的理论和政策”作了一些详细的说明。这些理论和政策表现为：（1）中共的“基本政治方向”；（2）“革命的三民主义”和孙中山的“三大政策”；（3）“毛泽东同志的《论持久战》、《新民主主义论》和他所审订的《陕甘宁边区施政纲领》”，这三篇文献是“中国革命二十年来的最高结晶品”。奇怪的是，尽管社论极力提高毛泽东的理论名望，但它在结尾之处却只是号召全体党员投入到马克思列宁主义、理论联系中国实际和三民主义的重新学习之中。尽管社论勉励同志们紧密团结在“以毛泽东同志为领导的党中央的周围”，但还是没有出现学习毛泽东著作的明确要求。①

这一奇怪的省略似乎反映了对于毛泽东理论著作真实价值的矛盾心理。在这篇社论发表后不久，张如心迅速介入，以一篇题为《论创造性学习》的文章弥补了上述不足，文中明显暗示此前 1 月实甫的文章没能强调毛泽东在党内的极端重要性。张如心不仅为党不够重视毛泽东的著作而遗憾，而且为党不够重视马、恩、列、斯的

① 在社论所称赞的文章中，其中有一篇只是经过了毛泽东的审订。这一事实间接地表明，那些对这篇文章有贡献的其他作者可能也为党的“理论和政策”做出了重要的贡献。

157 著作而遗憾。不过，张如心毫不含糊地指出党员在即将到来的学习运动中应该优先研究毛泽东的著作：

> 我们有某些同志还不了解：当一个中国的马列主义者，不研究和熟悉毛泽东同志的著作是不可能的，因为他是我党马列主义中国化最好的典型著作，因而也应该是我们全体同志研究、分析中国社会、解决中国革命问题的最好指南针之一。[51]

由于这种劝令已深入人心，所以党员都会学习毛泽东及四位著名先驱的著作，尤其学习他们分析中国社会特征的方法。由此，在创造性地运用马列主义于中国革命的实际问题方面，全体党员都会成为毛泽东实际的门徒。

在行文中，张如心专门提到了毛泽东迄今为止最为重要的三篇著作（《论持久战》、《论新阶段》和《新民主主义论》），称它们是“天才卓绝的创造性马克思主义的作品”，应被列为中共对于“全世界马列主义的事业，最有历史意义的贡献”。张如心此时还没有对毛泽东的著作及其意义进行系统的研究和分类，但这正是他将近一年之后转入的工作，那时恰逢整风运动进入最高潮。

1941年的这两篇文章使得张如心在毛主义者声势渐强的大合唱中发出了新的声音。尽管有张如心的努力，但党内在对待毛泽东作为理论家的声望上、在对待毛泽东著作（把它们作为即将展开的提高全党理论水平的运动的学习材料）的价值上好像还是出现了奇怪的二元对立的态度。正如此前多次发生的一样，毛泽东想要摆脱其主要作为实践领导人的形象，但他遇到了困难。尽管他毋庸置疑是一位重要的领导人，但他的主要成就还是在组织、战略和策略领域，而不是在理论领域。并不是只有留苏学生和党内其他的对抗者才仍旧怀疑毛泽东的理论资历，党的高级军事领导人朱德在他为
158 《解放日报》写的纪念中共成立二十周年的短文中所作的评论就很好地说明了这种犹豫。朱德坚持认为中共领导下的军队是以孙中山的“建军原则”来指导一切工作的，此外，中共将继续“承继和发扬”孙中山的这些原则。朱德说，“中国共产党创造了自己的战略战术”，“乃是战争史上巨大的发现和创造”[52]。朱德在文中没有一处点名道姓地提及公认的军事理论家毛泽东，而毛泽东正好是在军

事领域声称他极大地增加了党的理论知识的储藏。

刘少奇的态度也很有趣。刘少奇曾在1939年至1940年的干部教育运动中对毛泽东崇拜的最初迹象表示了一些担心，现在他对于毛泽东作为期望之中的党的主要理论家的态度似乎仍然含糊不清。1941年年中至年末，刘少奇在华中局党校作了一系列的演讲，从其中一篇的言论来看，刘少奇显然已明确承认毛泽东是党的最高领袖。刘少奇说："我们是服从党，服从中央，服从真理，而非服从个人。马克思、列宁、毛泽东的事情办得好，他们代表真理，因此我们才服从他们。"[53]这种反对服从"个人"，而应该服从党和中央的警告在某些方面使人回想起刘少奇1939年的态度，当时他提醒人们不要"崇拜任何偶像"。然而，通过把毛泽东与马克思、列宁放在一起，通过宣称毛泽东像两位伟大的先驱一样代表着真理，通过声明毛泽东值得党员服从，刘少奇就足以修正上面的警告。

但大约是在同时，刘少奇在7月13日一封专门讨论理论问题的信中却完全忽略了毛泽东。在这封答复宋亮同志的信中，刘少奇称赞了中共的组织能力和革命力量，但他同样哀叹中共在"思想上的准备、理论上的修养"等重要方面是"比较幼稚的"。他总结说，多种原因造成了这种不足，包括党内此前的意识形态论争、马克思主义传入中国的历史很短、实际革命活动的紧迫和马列著作中文译本的严重短缺——精通外语的党员的稀缺更加剧了这种短缺（尽管刘少奇没有这么明说，但一小部分能够阅读外文的读者包括刘少奇本人及全部的留苏学生，而不包括毛泽东）。由于所有这些原因，刘少奇总结道："要使马克思主义中国化，要用马列主义的原理来解释中国社会历史实践，并指导这种实践，就觉得特别困难些。"① 159

到1941年，马克思主义中国化所谓的困难已经成为中共党内的

① 刘少奇：《答宋亮同志的信》，见方君归编：《刘少奇问题资料专辑》，113～115页，台北，1970。请注意刘少奇在马克思主义理论与中国历史的关系上坚持的正统观点，即他把马克思主义看作解释和指导"历史实践"的方法论。他忽视了毛泽东更为新奇的观点："历史实践"能被用作方法论去解释和修正马克思主义理论。斯图尔特·施拉姆在1970年的一篇文章中最早注意到宋亮的信及其暗含之义。参见"The Party in Chinese Communist Ideology," in John Wilson Lewis, ed., *Party Leadership and Revolutionary Power in China* (Cambridge, Eng., 1970), p. 177, n. 3。

陈词滥调，刘少奇只不过是重新陈述了这一问题。但毛泽东1940年发表的鸿篇巨论《新民民主义论》又怎么样呢？它被认为是系统地结合了马克思主义理论与中国实际的论著，并被海内外奉为中共至那时为止唯一一篇最重要的理论文献和纲领性文献。刘少奇没有提到这些。他完全忽略了毛泽东的理论贡献，作出了如下结论：

> 所谓中国党的理论准备，是包括对于马列主义的原理与方法及对于中国社会历史发展之规律的统一的把握的。这在中国党的大多数同志们不论对哪一方面都还有极大的不够。伟大的著作还没有出来，这还是中国党一个极大的工作。[54]

刘少奇这时也许还没有意识到《新民主主义论》的伟大堪比毛
160 泽东日后所写的任何著作。① 两年之后，刘少奇重新检视了自己的观点，并发现了他此前认为不存在的、毛泽东所写的“伟大的著作”。

到1941年年中，尽管学习运动开始向前推进，毛泽东本人却进展不顺。在7月1日和8月1日，中共中央分别通过决定，同意开展运动并确定了执行的方针。决定要求“用自我批评的武器和加强学习的方法，来改造自己”，并敦促全党“反对将学习马列主义原理原则与了解中国社会情况、解决中国革命问题互相脱节的恶劣现象”[55]。然而，这些决定既没有提及值得大家学习的作为中共杰出理论家的毛泽东，也没有把任何毛泽东的著作推荐为即将开展之运动的官方学习材料。因此，党中央处在奇特的位置上：一方面反对脱离中国实际抽象地学习马克思列宁主义；另一方面又不建议学习毛泽东的著作，而毛泽东正是党内专门研究把马克思主义理论具体运用于中国革命实践之中的领导人。

党已陷入僵局。留苏学生不愿意支持学习毛泽东著作的运动，其充足的理由是他们最有可能在这类运动中充当反面教材。甚至表面上支持毛泽东的领导人，如朱德，都好像不太乐意让自己的个人贡献在抬高毛泽东的群众运动中灰飞烟灭。刘少奇，代表了党内反

---

① 我并不是想暗示毛泽东1940年以后的许多论著既无趣又无关紧要。不过，1940年发表的《新民主主义论》是对毛泽东关于中国革命之思想的精练而系统的综合，并在当时对海内外的读者产生了巨大的影响。甚至直到今天，它仍被广泛认为是毛泽东最为重要的论著之一。

对留苏学生同时又不是坚定的毛主义者的那一派，显然顾虑毛泽东作为党内主要理论家的可靠性。在整风运动中，党内知识分子根据 161
他们对待毛泽东的态度而严重分裂的情况将逐渐明晰，他们两败俱伤的斗争将成为1942年春夏之际运动的焦点。

第七章

毛派的整党（1942）

毛泽东在党内的支配地位

162 1942 年至 1943 年整风运动开始时期是中共党史上的关键时期之一，对此产生了无穷无尽的分析。它基本上是一个中国本土的现象，这一点已不再受到严重的质疑。博伊德·康普顿在 1952 年指出，运动得益于 1935 年共产国际七大新的宽松政策，不过他总结说："总体的改革运动……是一种中国人的观念。"[1] 对于这种莫斯科在整风运动中的作用的早期评价，人们几乎没有分歧，但对于运动背后的动机，人们则有许多猜测。迄今为止，经典的现实政治的解释是由王明于 1969 年在莫斯科简要说明的。王明称，毛泽东"反复说过，他发动运动是为了达到这样三个目的：（1）以毛泽东主义取代列宁主义；（2）以毛泽东个人的历史来书写中国共产党的历史；（3）把毛泽东个人抬高到党中央和全党之上，［以便］在党的领导集团中占得主要的领导地位并将党的所有权力集中于他一人之手"[2]。

当然，毛泽东实际上可能并没有用如此多的词句来陈述自己的目的，但王明无疑准确地概括了所发生的事情。王明的总结并不仅仅是事后对明显发生过的事情所作的条理化的分析，它还准确地反映了 1935 年遵义会议特别是三年后的六届六中全会之后党内明显的趋势。到 1941 年，毛泽东领导中共的趋势已日益明显。整风运动及
163 随后的发展大大增强了这种趋势，尽管其间有一些变动，但毛泽东领导全党的事实一直持续到 1976 年毛泽东逝世。①

① 我并不是想表明毛泽东在整风运动之前就想制造出后来发展起来的那种程度的个人崇拜。不过，当国内外环境在 1943 年汇合，并为那种崇拜提供适宜的政治氛围时，几乎没有证据表明毛泽东采取了任何关键步骤以将迅速发展的崇拜扼杀在萌芽状态。40 年代中期，毛泽东的兴趣显然是推进——至少是没有妨碍——把自己抬升为杰出的思想家和中国共产主义运动之领袖的进程。

最近几年，诸如马克·塞尔登等一些“修正主义”历史学家已超越了整风的权力斗争的视角，开始研究许多伴随着整风出现的从属运动的社会意义。塞尔登认为，正是这一系列密集的、发生在延安生活各层面的运动导致了“群众路线”——“一种领导理念，其中动员群众被奉为党应对战争问题、革命问题、政治问题和生产问题的基本方法”[3]——的产生。这些运动为毛泽东及其副手在行政管理方面，在以多种方式变革延安根据地的社会经济结构方面——这一点同样重要——提供了获得重要的实践经验的机会。下面简要描述一些最重要的运动，以此使人们对它们所包含的范畴有所了解：精兵简政运动；“下乡”运动，让许多知识分子下农村劳动以获得直接的经验；减租减息运动，以此调动农民的积极性；合作化运动，旨在发展农业生产和重建乡村的政治社会关系；大生产运动，目标是使每一个人，包括干部和战士都参加经济活动；最后是普及教育运动，旨在向偏远的乡村传播文化和知识。除此之外，还有许多其他更小的或专门的运动，不过上面所列的这些运动才是对延安地区普通居民的生活产生重大影响的运动。[4]

在后来重述自己的研究成果时，塞尔登以引起人们注意两种驱动作结。他认为这两种驱动是中共革命方式的特色，即走向等级和 164
集权的“精英主义”的驱动和走向唤起农民大众的“大众主义”的驱动。塞尔登说，正是在1942年的整风运动中，“动员的方法第一次成为促进根据地经济发展和社会变革的关键”[5]。塞尔登的尝试大大提高了我们对于整风运动的社会经济层面的理解，但“修正主义者”有时走得有点远。比如，彼得·西博尔特（Peter Seybolt）注意到整风运动的口号与1942年至1944年间出现在《解放日报》上的专门批评教育制度的文章存在密切的关联。西博尔特相信，伴随着整风而开展的教育运动是在为一场真实的变革做着真正的努力，而不是掩盖党内最高层激烈的权

抗战时期大生产运动中，八路军指战员在南泥湾开荒。

1943年，毛泽东等人在大生产运动中开荒种地。

力斗争的装饰。由此，他总结道："这些批判文章为整风运动中所有的陈词滥调带来了活力，并反驳了整风主要是解决党内权力斗争的工具的常见论点。"[6]

但情况并非如此。西博尔特自己的研究（以及塞尔登和其他人的类似的研究）只表明了权力斗争不是整风运动唯一的促进因素，并未把所有可能的因素按重要性从大到小进行合理的排序。的确，尝试做出这种排序可能是无果的；应该直接关注整风中多种不同因素的相互影响，包括最为重要的因素之一——权力。如果我在以下几页中强调了权力的方面，肯定是因为它与目前的讨论最为贴近，而不是因为我想忽视其他影响因素的重要性。

对于毛泽东和毛派而言，即使是整风运动的政治层面，其涉及的内容也比党内权力斗争多得多。抗日战争爆发之后，党的迅速扩张对其内部的凝聚力和外部的控制力施加了重大的压力。据估计，抗日战争爆发后的三年里（即从1937年7月到1940年7月），党员人数增加了20倍，即从约40 000人增加到800 000人左右。[7]即使在最适宜的环境下，如此快速的扩张也必定会造成一些问题，而在
165 抗日民族统一战线的背景下，问题更会成倍地增加。民族主义情绪的飞速高涨使得这几年入党的年轻人很多是受到抗日激情的驱动而参加党组织的，其人数与那些入党动机是为了实现社会主义和共产主义的党员人数相当。对于日本入侵后成群结队奔赴延安的学生和其他知识分子来说，这种情况就尤为真实。因此，党发现自己面对着大量小资产阶级思想和其他非马克思主义思想的涌入，对于这些思想，毛主义的领导集团根本无法很好地清除。这些问题还不仅仅是学生和知识分子的问题，甚至连贫困的工人和农民也不由地带入一些意识形态包袱，如果他们仍留在党内，这些思想必定会流散开来。

除了意识形态的问题之外，如何在中共现有的体系内有效地组织这些新党员也是一个难以应对的问题。随着中共的壮大，需要更为成熟的组织领导和组织控制的方法。同时，如果党组织要在复杂的环境里成功运转，还必须保持高度的分散性与灵活性。由于坚持正确的组织必然来自正确的意识形态，毛泽东果然不出所料地要求在干部教育运动中提高党员的理论水平。如果党能够由一种被普遍理解的意识形态——一种既能激励人又能规训人的意识形态——联结起来，那么一定程度的独立性和灵活性就能被容纳在组织框架之内。[8]然而，到 1941 年年初，事情似乎并不顺利：干部教育运动在 1940 年年中戛然而止，而理论上和宗派上的争论又严重侵蚀了毛泽东对于日益扩展的党组织的控制能力。

毛泽东已表现出对于政治权力的关切，他在前一年就已遭受针对其地位的多方面的攻击。他很明白党的许多高级领导人对于他成为杰出的理论家和政治领导人所表现出的模糊态度，以及这种模糊 168
态度所导致的犹豫不决。此时似乎恰逢一个合适的时机，可以采取一些关键行动推出中共公认的领导人。

早在 1941 年 3 月 18 日，毛泽东就得出结论：蒋介石正在重新努力地塑造自己超越阶级或党派忠诚而只关心中国抗日运动的“民族领袖”的形象。[9]出于基本相同的原因，毛泽东似乎很快就转向解决党内犹豫不决的问题，以此来反击蒋介石和国民党把自己定位为中华民族唯一的真正代表的尝试。既然此时王明在延安已是十分边缘的人物，那么毛泽东就没有必要害怕可能来自那部分人的攻击。截至 1941 年 2 月 15 日，王明在党的官方文件中的地位仍仅次于毛泽东，但他的权力却衰落得很快，甚至从党报党刊供稿者的名单中消失了。正如班国瑞已指出的，新四军是王明统一战线政策的最后一块阵地，当这支军队于 1941 年 1 月在国民党手中损失殆尽时，王明就失去了最后一点政治影响力。[10]

王明权力的衰落可能在 1941 年 9 月初延安召开的中央政治局“扩大会议”上得以确认。这次重要的会议深入检讨了“党的历史上特别是第二次国内革命战争后期的政治路线问题”[11]。不幸的是，正如詹姆斯·哈里森（James Harrison）所指出的，我们对于这次扩大的政治局会议“实际上什么也不知道”[12]。不过，我们还是知道这次会议具有异乎寻常的重要性。毛泽东本人把这次会议和其他一些“党内斗争”（1935 年遵义会议、1938 年六届六中全会、1942 年整风运动、1943 年开始的党史学习运动）一起列为清除我党“历史上存在过并起了不良作用”的宗派的里程碑。[13]据官方记述，这次政治局会议号召“发动全党进行思想革命”来克服组织问题和理论与实践相分离的问题。[14]任弼时在 1943 年的一次演讲中揭示，这
167 次会议通过了一份正式的决议，得出的结论是：“在‘九一八’以后一直到遵义会议这一个时期内，党中央的政治路线是错误的。”[15]党的死结由此被解开，王明和留苏学生进行了最后一搏并以失败告终，其他派系或被说服，或至少保持中立，而胜利的毛派则可以畅通无阻地推进他们的计划。正如哈里森所归纳的，他们已变得雄心勃勃，1941 年 9 月的政治局扩大会议“可能作出了正式的决定，把干部教育运动上升为更为强烈的、政治导向的整风运动”[16]。

我们不了解这次秘密的政治局会议所进行的争论。不过，毛派的主要观点可以从会议即将召开前《解放日报》出现的一篇重要社论的内容中推断出来。社论指出，早在 1938 年的六届六中全会上，“我党领袖毛泽东同志”就号召全党广泛学习马克思主义理论和中国历史。毛泽东尤其劝告全党要以马克思主义中国化作为反对党内“教条主义”的灵丹妙药。编辑们问道：毛泽东同志在这方面的“指示”在过去三年里被完全落实了吗？“很可惜地我们只得回答说：没有，或者说很少。”[17]编辑们有点不耐烦地说，毛泽东提出马克思主义中国化完全是根据马克思列宁主义的传统，他们还警告说，党在处理思想问题上应该到了一个“坚决的转变”的时刻了。毕竟，斯大林本人不是也强调要明确区分“教条式的马克思主义”和“创造性的马克思主义”吗？列宁和斯大林不是也以多种明显的方式违背马克思和恩格斯吗？比如，苏维埃共和国的问题、社会主义在一国成功的问题以及在社会主义制度中国家长久存在的问题。至于马克思列宁主义理论，《联共（布）党史简明教程》不也号召所有的马克思主义革命者“要善于以革命运动的新经验来丰富这个
168 理论，要善于以新原理和新结论来丰富它，要善于发展它和推进

它，要不怕根据这个理论的实质以适合于新的历史环境的新原则和新结论来代替某些已经过时的原理和结论”吗？

在建立起理论创新之原理的正统之后，编辑们直率地总结道：如同列宁、斯大林和苏联共产党一样，“我党领袖毛泽东同志和我党中央也是根据我国革命和抗战的实际经验，来发展和充实马克思列宁主义的理论的”。

这篇社论可能直接反驳了刘少奇在此前 7 月给宋亮的信中所提出的论证思路。编辑们接受这样一种观点：与其他方面的工作比较起来，中共的理论水平是“大大落后”和“非常低的”，马克思主义中国化也不是一项轻松的任务。不过，刘少奇和《解放日报》的重要差异在于，后者声称毛泽东（和党中央，以此作为向集体领导原则的让步）已根据中国实际在马克思主义中国化方面走了很长一段路了。正是因为党长期不愿执行毛泽东关于理论问题的指示，所以中共在这一重要领域的落后才延续了下来。因此，对于毛泽东在思想战线上摈弃“教条式的马克思主义”，接受“创造性的马克思主义”的反复呼吁，党（在很大程度上无疑也是指党中央）需要在态度上作出“坚决的转变”。

这篇重要的社论为随后展开的政治局扩大会议上的争论设定了氛围，它极有可能相当接近于获胜的毛主义者的观点。他们要求党的“坚决的转变”不久便表现出来；它反映在 1942 年 1 月 21 日《解放日报》题为《掌握马列主义的锁钥》的社论中。社论是为纪念 1924 年列宁逝世十八周年而作的，它要求全党明确区分马克思列宁主义的“躯壳”和“灵魂”。躯壳是指马列主义“个别的公式和成语”，灵魂是指马列主义的“立场和方法”。更为重要的是，只有 169
后者才是确保中共最终取胜的“真正的马列主义武器”。社论接着称赞马克思、恩格斯、列宁和斯大林是“纯熟应用辩证法的大师”，并特别赞扬《联共（布）党史简明教程》是学习列宁和斯大林正确应用辩证法的最好的材料。不过，社论继续说道：“毛泽东同志应用辩证法解决现阶段中国革命中的各种实际问题，所以，他的著作对于我们更亲切更急需，是我们首先应当仔细学习的。”

过去党的报刊当然也赞扬过毛泽东的重要著作，不过这次好像是中共官方机构第一次以确定的语气宣布，学习毛泽东的著作应该优先于学习国际共产主义运动四位创建者和指导者的卷帙浩繁的著作。因此，这篇社论是中共思想史上的里程碑，它结束了党内思想多元的时代，而思想多元正是中共自1921年成立以来的发展中一个显著的特征。社论背后的基本前提是清楚的：马克思列宁主义理论被运用到中国的具体环境之中，它最终走上了正确的道路。从此以后，它将辩证地发展为一种与毛泽东的革命领导权和理论法则联系紧密的必定也是更高级的新形式。起初，对于毛泽东理论贡献的这种解释，党内并未普遍认同，但《解放日报》所表达的毛派立场将最终流行。

1月21日的社论声称，党的思想重建的工作才刚刚起步。仅仅两天之后，毛泽东便身先士卒地为这项任务做贡献。他发布命令，指示边区的军队刊印和学习1929年12月的《古田会议决议》。这些决议的主要内容是反对党和军队中组织上、思想上的错误倾向，它
170 们是毛泽东本人所写的，但直到1944年才被披露出来。借用斯图尔特·施拉姆恰当的描述，迟来的揭示可能是有意缓解毛泽东的尴尬，因为他正在命令别人“专心学习自己的著作”[18]。

整风运动正式揭开序幕是在2月初，当时毛泽东发表了两篇关于中共党内意识形态变革之必要性的重要演讲。在这两次演讲中，毛泽东明确表示“党的总路线是正确的”。然而，他不得不承认，相较于中共丰富的革命经验，“理论方面就显得非常之落后”[19]。中共特别面对着三个“相当严重”的问题——思想上的主观主义、组织上的宗派主义、文风上的形式主义。这三大问题又可归结为一个问题，即主观主义，因为一切宗派主义思想都是主观主义的，“主观主义和宗派主义……拿党八股做它们的宣传工具，或表现形式”[20]。在把主观主义认定为党内思想错误的主要根源之后，毛泽东又将问题细化，他说主观主义实际上存在两种主要的形式——“教条主义”和“经验主义”。他警告说，两种倾向都是有害的，但两者之中无疑是“教条主义更为危险”[21]。

由此，毛泽东不点名地将留苏学生指为党内主观主义的主要来源（因此也是宗派主义和形式主义的主要来源）。这种观点更通过

以下的指责得到了加强。毛泽东指出，党内有一群人忽视六届六中全会关于清除形式主义的决议，“好像是故意和它作对似的”[22]。不过当毛泽东对留苏学生作出这番指责的时候，他们的命运已经确定。根据《解放日报》的一条材料，在有800多名党的高级干部参加的大会上，毛泽东向他们阐述了自己对于形式主义的看法，这次会议因此成了对于中共中存在的“党八股”现象的“末日审判”[23]。斥责留苏学生为意识形态领域的主要反例，这是毛泽东所用方法的一面，另一面是推出一个正面的模范以供全党干部仿效。毛泽东当然没有点出名字，不过他在描绘他心目中这类人的确切形象时还是 171
给出了不少细节。

> 我们所要的理论家是什么样的人呢？是要这样的理论家，他们能够依据马克思列宁主义的立场、观点和方法，正确地解释历史中和革命中所发生的实际问题，能够在中国的经济、政治、军事、文化种种问题上给予科学的解释，给予理论的说明。我们要的是这样的理论家。[24]

毛泽东描绘的模范理论家是指他自己吗？事实肯定是这样的，听毛泽东演讲的高级干部可能也正是这样认知的。十天之后，张如心分两次发表了《学习和掌握毛泽东的理论和策略》一文，以此扫除了关于谁将是中共理论典范的残存的疑问。在文中，张如心作出结论：“努力学习和掌握毛泽东同志的理论和策略，是现在全党的战斗和光荣的任务！”[25]

1942年2月18日和19日出现在《解放日报》上的张如心的文章，在综合研究毛泽东1942年之前的重要著作的基础上，第一次正式尝试了把毛泽东思想的内涵和结构系统化的工作。既然张如心在其讲解的过程中详细陈说了那些能够最好地表达毛泽东思想各部分精髓的毛泽东的每一篇著作，那么他的文章就可以称得上是毛泽东著作的第一篇“注解文章”。1942年1月21日《解放日报》的社论已将毛泽东的著作指定为中共最重要的学习材料，张文显然是有意紧跟这篇社论。在准备即将到来的整风运动之际，张文还为党的干部及其他人提供了一份经过核准的关于毛泽东思想的书单；整风期间，非中国的马列主义文献在中共意识形态课程中被放在了次要的位置。

张如心把毛泽东思想分为三个“组成部分”：“思想路线”、“政治路线”和“军事路线”。第一部分（张如心也称之为“思想方
172 法”）是最重要的部分，因为它决定着其他部分，但它不能被认为是其他部分的概括。相反，张如心说：“这三个组成部分内在有机的统一便构成毛泽东的理论和策略底体系。”① 换句话说，截至1942年年初，毛泽东思想是一套正确的政治、军事学说，而这些学说都是基于正确的理论方法创造性地运用于中国革命的具体问题之上的。张如心明确指出，这个“理论和策略”的系统牢固地根植于经典的马克思列宁主义之中：“毛泽东同志的理论和策略正是马列主义理论和策略在殖民地半殖民地半封建社会中的运用和发展，毛泽东同志的理论就是中国的马克思列宁主义。因此谁要成为中国的马克思列宁主义者，谁就必须学习和掌握毛泽东同志的理论和策略，并成为它的忠实信徒。”根据合理的假设，如果张如心的分析反映了延安毛派的观点，那么我们就可以得出结论：中共最终正式进入了毛泽东思想占领导地位的时代。

如果我们准备相信张如心所言，那么我们就应该看到，甚至在这最后一刻，党内外还是有人不满意这种新的一边倒的形势。“托派”、诽谤者叶青指责毛泽东思想只不过是“中国农民主义”或“洪秀全主义”②，张如心自然对此不屑一顾。张如心嘲笑地说，叶青之类的叛徒不能理解毛泽东思想是“廿世纪的中国无产阶级的理论和策略，是中国民族解放社会解放的科学武器”。张如心非常了
173 解叶青的批评及其他类似的批评，但他感到有些奇怪，中共党内“还有少数人们一直到今天还”对毛泽东关于中国革命的理论和策略“抱着不够重视，甚至个别的轻视的态度”。张如心接着说，这

---

① 需要顺带提及的是，张如心对毛泽东的《辩证法唯物论（讲授提纲）》评价甚高。他视之为学习毛泽东方法论的重要材料，对于第2章第11个问题“实践论”，他认为应该给予特别的注意。抛开内容分析不论，张如心的标示成为毛泽东确实是在延安时期写下了这些讲授提纲的主要而确凿的证据。关于张如心对毛泽东《辩证法唯物论（讲授提纲）》的其他评论，可参见他以前所写的关于毛泽东的文章：《在毛泽东同志的旗帜下前进》，载《解放》，第127期，1941年4月30日。

② 洪秀全是太平天国运动的领袖。太平天国运动是中国19世纪中期一场大规模的农民反抗运动，最终被忠于清王朝的力量镇压。

些人主要可分为两类：（1）那些缺乏理论知识和政治经验的人；（2）那些带着“顽固守旧”的头脑，带着“教条主义”和“宗派主义”的人。他说，对于第一类人可以通过适当教育的方法来帮助他们；但对于第二类人，必须坚决地暴露他们，使其抛弃“反科学、反马克思列宁主义的”态度。只有完成这项任务，党才能集中精力用毛泽东的理论和策略来锻造大批“毛泽东式的”干部，并由此保证革命的最终胜利。那些能够“在理论上实际上真正掌握了毛泽东主义”的干部的进步，至少是党内高层一二百名干部的进步，将必然保证最后的胜利。

毛泽东自称是马克思列宁主义传统中一位成体系的理论家，尽管张如心的文章大大强化了这种主张，但它还是在两个重要的方面表现出不足，而毛泽东可能也清楚地看出了张文的两处缺失。首先，张如心没能确定地使用唯一的词语来准确表达与毛泽东相连的理论体系的精髓。在行文中，他至少使用了三种不同的表述方式：“毛泽东的理论和策略”、“中国马克思列宁主义”和“毛泽东主义”。张如心似乎是在党的正式出版物中第一个使用“毛泽东主义”的理论家，由于这个原因，我们会想到在日后书报审查的年代里，他好像也是最后一个使用这一表述的人。[26]他显然更偏爱使用“毛泽东的理论和策略”（即理论与实践），但这种表述无论是中文还是英文都过于繁复，他未能找到一种更加简洁的、在高度重视措辞准确性（即使并不总是重视思想的准确性）的政治运动下不会被轻易抛弃的表述方式。直到一年多之后，党的理论家才决定用“毛泽东 174
思想”作为公认的提法。

更令毛主义者忧虑的问题是，张如心略显狭窄地解释了毛泽东思想的内容。张如心断言毛泽东正确的“思想方法”是其正确的“政治路线”和“军事路线”的基础，这一点几乎没有分歧。但张如心认为这三个组成部分构成了毛泽东思想的总和，也就是说，毛泽东思想的内容只具有思想性、政治性和军事性。是这样的吗？如果真是这样的话，那么毛泽东是否拥有足够的基础声称自己是中共无可争议的理论领袖呢？分歧大概就集中于此。当然，毛泽东已在1942年2月8日向党的领导干部所作的演讲中亲自回答了这个问题。在讲话中，毛泽东把中共所需要的理论家的类型定位于熟悉“中国的经济、政治、军事、文化”的理论家。毛泽东显然不是随意想出这四个方面的，而是精心挑选出这四个方面，以反映自称理论领袖的任何人所应具备的全面性。为了表示忠实于马克思主义的传统，毛泽东把经济摆在了首位。

考虑到马克思主义思想的综合性和系统性，一个人要么是全面的理论家，要么就根本不是理论家。通过斯大林在苏联巩固权力的历程，我们可以很好地理解这个道理。然而直至 1942 年年初，毛泽东在哪一个方面都不算非常突出。由于张如心只强调了毛泽东的政治、军事思想，而没有提及毛泽东在经济、文化领域的贡献，所以这使得毛泽东作为理论家的不足更为明显。张如心必定是受到了事实的制约，尽管毛泽东强调经济对于党的领导人来说是一种重要的兴趣，但他本人多年来对纯经济事务毫无兴趣，他开始关注文化事
175 务也是比较晚的事情。[1] 截至 1942 年初春，他此前没有在经济领域或文化领域写过一篇独立的、全面的文章，此前的许多重要文章都是研究政治问题和军事问题的，这就形成了鲜明的对比。张如心可能会极力掩饰这种缺失，但毛泽东本人则要面对暴露缺点的危险，因为任何仔细聆听毛泽东 2 月 8 日演讲和仔细读过张如心 10 日之后的文章的人都肯定会意识到这个问题。

不过，毛泽东于 1942 年年终之前，在经济、文化领域写出了两篇最全面的文章，从而巩固了自己的地位。第一篇是著名的《在延安文艺座谈会上的讲话》，作于 5 月 2 日和 5 月 23 日，它自发表之日起便被认为是毛泽东在文化方面最基本的文献，我们随后还要回过头来讨论它。第二篇（名气小得多）是《经济问题与财政问题》，是 1942 年 12 月毛泽东在边区高级干部会议上所作的长篇报告。1949 年后的《毛泽东选集》只收录了报告的第一部分，但毫无疑问，这篇文献作为一个整体被毛主义者认为构成了毛泽东在经济领

① 毛泽东在 1942 年前对于经济理论的问题相对缺少兴趣，这是毋庸置疑的。不过，一些学者已经开始怀疑毛泽东在 1942 年之后忽视经济的问题。例如，杰克·格雷（Jack Gray）称：“毛泽东关于社会组织的经济方面的理论与其关于政治领导权的理论同样重要，但西方几乎完全忽视了它们。”参见 Jack Gray，“The Thought of Mao Tse-tung,” in Cavendish ed.，*Chinese Communism in Crisis：Maoism and the Cultural Revolution*（New York，1968），p. 62。近些年来，西方学者对毛泽东的经济思想表现出日益浓厚的兴趣。

域自称胜任的基石。根据《毛泽东选集》对第一部分所加的介绍性注释，毛泽东“着重地批判了那种离开发展经济而单纯在财政收支问题上打主意的错误思想”[27]。既然经济发展是马克思主义历史唯物论的核心内容，那么毛泽东就可以被描述为在国民党和日军联合封锁延安的艰难的、几近致命的形势下，重新引领中共走上正确的经济发展道路的人。

毛泽东等人和参加延安文艺座谈会的人员合影。

在1942年12月毛泽东对集会干部所作的演讲中，他对经济问题的重视并不是针对作为理论概念的经济学，而是针对实际的经济
活动，是基于对人民的物质生活与革命运动的长久胜利密切相关的 176
敏锐洞察。毛泽东提出，在目前普遍经济困难的环境下，党应该“组织人民、领导人民、帮助人民发展生产，增加他们的物质福利，并在这个基础上一步一步地提高他们的政治觉悟与文化程度”[28]。这是毛泽东关于经济和财政问题的长篇报告的主要论点。除了遵循马列主义通常的理论框架外，这篇报告还有实际的政治投射，因为它强调在新民主主义范围内发展由公营和民营部门组成的混合经济的重要性。毛泽东确实想让私营部门——尤其是农业、手工业和商业——承担解决民生问题的主要职责。轻工业也可以推进，但鉴于投资资本稀缺，所以重点不得不放在地方性的自力更生及资本原始积累上。如果缺少资金，边区政府就应该通过其他方式刺激发展，比如改良组织、集约利用劳动力和更好地使用传统技术等。

毛泽东决心不让党、政、军机关成为在私营部门中挣扎的农民的负担。尽管一定程度的公共税收是必要的，但更多的努力应该投向使公营部门尽可能的自给自足。毛泽东花了经济报告中的三章来论述安德鲁·沃森（Andrew Watson）所谓的延安时期经济发展中“最激进的实验”，即“在公营部门中引进自给性生产。……用立即

产生的经济回报，创设一些重要的公营企业，并提供一种分散式的经济发展模式”[29]。由此，毛泽东的计划将发展出兼顾公私重要部门的经济结构。这与党所处的实际情况完全相符。同样，它也与地主、资本家及其他非无产阶级成分在新民主主义社会中发挥积极作用的规定完全相符。《毛泽东选集》的编者为精简后的报告所加的注释指出，1942 年 12 月的报告（与稍后两篇论述经济问题的文章一
177 起）“就是当时中国共产党领导根据地生产运动的基本纲领。……给中国共产党在后来对于经济建设工作的领导积累了丰富的经验”[30]。因此，到 1942 年年末，毛泽东关于文化问题和经济问题的重要讲话成功弥补了他在理论资格方面的两大明显缺陷，他已准备走上中共党内无可争议的理论发言人的位置。

值得一提的是，陈伯达在经济领域的相同努力先于毛泽东迟来的冒险进入。正如前面所提到的，陈伯达在 1939 年年末便不再关注纯文化问题。毛泽东的经济报告集中于延安边区特殊的经济问题，而陈伯达对经济的兴趣则更具历史感和理论感。比如，在 1941 年 3 月 15 日的长文中，他分析了中国工业组织的主要类型，并将它们对待抗日战争的不同态度与它们特定的社会经济利益和关切联系起来。[31]两个月之后，他又讨论了从传统中国的“封建”体系向西方及日本帝国主义影响下的“半封建半殖民地”体系的转型。[32]

我们可以推测，当毛泽东致力于关于边区经济问题的报告时，陈伯达对政治经济宏大议题的先期研究可能对他产生了有益的影响，但这只是推测。他们的文章对此没有给出线索。陈伯达依然坚持他新生发出来的对政治经济学的兴趣，不过，在随后的几年里，他出版了关于各种经济问题的论著，除了马列主义经济理论外，还包括农业、工业和税收。[33]

整风运动的高潮

在 1942 年 2 月初毛泽东的两篇重要讲话发表之后，整风运动开始迅猛发展。按照推进整风运动的正式决议，政治局通过了关于干部教育的专门决定（2 月 28 日），其中明确描述了学习过程

中的双重取向。例如，在思想方面，党的干部应集中于“马克思主义的思想方法论”和“近百年中国的思想发展史”；在政治科学 178 方面，必学的主题是“马列主义论战略策略的著述”和“我党二十年奋斗史”[34]。政治局没有建议学习毛泽东的著作，但这一缺陷在几天后被康生弥补了，而他正是以毛派运动中主要掌控者的面目出现的。3月的第一周，康生在两场党员干部大会上作了发言，为整风提供了学习指导。① 康生说，毛泽东2月1日的演讲是“全党思想建设之指南，一切从事科学工作者的辩证唯物论方法的指南，乃真正与实践联系的马列主义的理论，是党自遵义会议以来正确路线之发挥”[35]。

提到遵义会议以来党的“正确路线”，康生尖锐地提醒干部们：如果他们热切希望铲除党内三种“错误倾向”，那么就不应该忘记在选择对象时要仔细分辨。他还担心其中出现任何疑问，于是他重申观点，仍旧提及毛泽东2月1日的演讲：“研究报告时，应将遵义会议前与会后分别开来。因为会前主观主义宗派主义在党内占统治地位，会后只剩残余了”[36]。换句话说，整风期间攻击的矛头将指向留苏学生，或更准确一些，矛头将指向留苏学生在遵义会议之前所执行的“错误”路线及其在党内残存至今的影响。

康生并未专门使党的现任领导和目前的政策免遭批评，但对于大部分批评应指向何处，他却肯定地给予了回答。显然，当前占统治地位的路线——毛泽东的路线——并不是批评的对象。不过，在

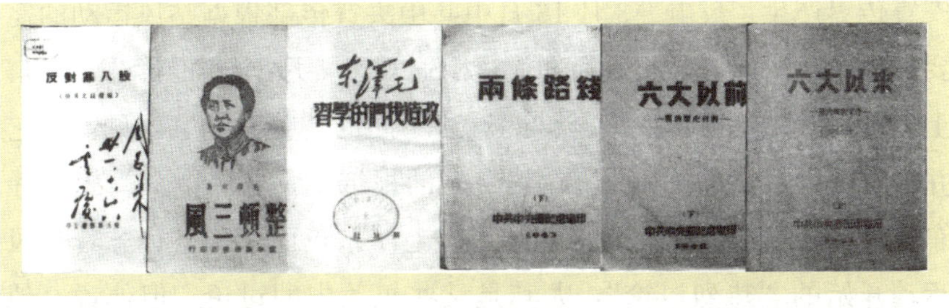

延安整风期间，毛泽东作整顿三风的报告，并主持编辑党的历史文献。这是当时出版的整风文献和编印的历史文献集。

---

① 这两次干部大会分别于1942年2月21日和3月7日在延安召开。——译者注

康生的文章之后，“连珠炮似的批评文章”突然潮水般涌现在延安的报刊上，它们似乎都没有注意到康生的建议和警告。默尔·戈德曼曾详细研究过这些出自诸如丁玲、萧军和艾青等著名左翼作家之
179 手的文章。戈德曼将它们分为两类：(1) 批评中共组织和干部的具体缺点，把他们描绘成为了追求短期目标而背叛真正的共产主义理想的人；(2) 坚决维护作家作为人们精神需求的真正监护人的角色，要求把党的权力限制在只管理人们的物质需求和生理需求的层面。[37]王实味的作品就是这两大类文章的典型代表。王实味是一位相对不太出名的理论家和翻译家，他在 1941 年年初曾与陈伯达发生争辩。在 1942 年 3 月中旬出现在《解放日报》上的题为《野百合花》的文章中，王实味指责党的领导未能建立一个真正的无阶级的社会，并为曾满怀热望奔赴延安，追求美丽和温暖，但只看到了“现实的丑恶和冷淡”的年轻人的命运感到悲哀。在另一篇写于同一时期的文章《政治家，艺术家》中，王实味呼吁他的作家同事和艺术家同事公开揭露延安社会的“肮脏和黑暗”，并在改革社会主义运动的过程中发挥自己应有的作用，因为他们正是“革命底精神力量底激发者”[38]。显而易见，这类批评已远远超出了康生在整风运动中设定的明确界限。因此，正如戈德曼所总结的，截至 1942 年 4 月，毛派并未赢得党内知识分子的“完全认同”；相反，毛主义者“突然碰到了抵抗势力的硬核”[39]。

王实味的文章和具有类似批评基调的其他文章的发表迅速在延安宣传界产生了反响。3 月 16 日中共中央宣传部根据整风运动的需要发出了改造所有党报的通知。这个通知于 4 月 1 日在《解放日报》上公开，其中提到了发表与党的看法不同的“善意的”意见，但它并没有提供具体的细则。[40]在第二天的报纸上，刊登了一篇由毛泽东作演讲的报道，准则变得清晰了。毛泽东正面评价了标志着整风运动开始的“热烈讨论”，尤其是某些机关中的讨论；但他说，他不得不责备最近站在“不正确的立场”说话的“有些人”的做法，
180 比如，主张采用“绝对平均的观念”和“冷嘲暗箭的办法”。他说，这些主张“绝对平均”的人最近所提的要求无论在现在还是在未来都只是幻想，而且他们批评的方法对于党的团结也是有害的。[41]不

过，至少在随后的几周里，毛泽东评论中明确所指的王实味和他的左翼作家的同事们仍在继续他们的批评。据戈德曼所言，这一连串的杂文一直未经审查，直到4月中旬“戛然而止”之时。

文学上的进攻不得不走向结束，毛主义者已开始关注此事，但作家们已经对整风运动造成极大的破坏。正如戈德曼已指明的，作家们有助于推进整风的进程，因为他们的批评使得毛主义者把注意力从更大的党的真正缺陷的问题上转移到小得多的持异议的知识分子问题上。[42]显然，运动正在党内制造广泛的争论，宣传部于4月4日①通过了一份决定，详细阐述了开展运动的明确框架。该决定抱怨“党在思想上的革命”没能适宜地开展，并布置了学习和斗争的严密步骤，提出压倒一切的目标是有利于“团结全党”。十八篇文章（后来增加到二十二篇）被开列出来作为整风学习材料的核心，其中有六篇是毛泽东的文章。尽管在最后确定的由二十二篇文章组成的书单中，约有四分之一选自苏联作家，但它们都只是列宁、斯大林和季米特洛夫著作的简短摘录，而且大多数都是后来加上去的。[43]

党的领导层如此煞费苦心地回应作家中的异议，回应这个不可否认的严重问题，其中一个原因可能是作家的攻击给了毛泽东一个绝佳的机会，使其可以以一种正式的方式来呈现自己逐渐浮现的文化理论，而文化正是他此前一直忽视的主题。作家们自然成为整风运动的合适目标，以他们作为批评的矛头，拿他们当作反例，都不会极大地破坏党组织的构造。同时，留苏学生也会从中受益，因为至少有一部分注意力会从他们身上移开。值得注意的是，尽管作为 181
党内一派的留苏学生的政治权力格局在整风期间被必然地打破了，但没有一个人——甚至是王明——成为公众批评和斗争的主要对象。这种似是而非的区别对待也适用于王实味，他在1941年春与陈伯达的辩论中幸存了下来，但在整风运动中，他就没有那么幸运了。

1942年5月，延安召开了一系列座谈会，讨论了文化领域（“文艺”）的广泛议题。毛泽东所作的开幕词和闭幕词预示着他对异议作家的反攻。毛泽东的基本思想并不新颖，即讨论将文化融于

① 应为4月3日。——译者注

革命的政治需要之中的问题。正如霍华德·布尔曼（Howard Boorman）已清楚表达的那样，毛泽东的谈话在很大程度上“代表了他对中国左翼文化圈中自 30 年代起广泛讨论之理论的总结”[44]。周扬、陈伯达等理论家确实从 30 年代中期起就一直争论中共的文化政策问题，在到达延安之后又都成为文化方面的代言人。尤其是陈伯达，写了许多文章谈论文艺内容与形式的关系，他坚持认为，只要政治内容是正确的，形式上的多样可以被容忍。这种对待形式的相对灵活的态度与诸如陈伯达这样的马克思主义理论家处理另一个问题的方式是一致的，即知识水平的问题。职业生涯中大部分时间都是为城市中相当高雅的读者而写作的陈伯达认为，精英文化和大众文化之间不存在内在冲突，两者只是获得文化的方法的不同。受过教育的人可以通过论文和小说来获得文化；不识字的农民可以通过说书人和民间戏剧来获得文化。为了吸引考虑范围内的特定的受众，正确的政治内容必然要采用合适的文化形式。

总之，文化领域所采用的政治路线必须是正确的。陈伯达、周扬和其他一些理论家都认同这一点，但他们的观点与胡风、冯雪峰
182 等人的观点形成了鲜明的对比。后者认为形式会破坏内容，也就是说，现代的政治思想不可能通过传统的文化形式来传播，因为形式不可避免地会污染内容。因此他们认为有必要通过鼓励群众欣赏西方的、新的文化形式，通过阻止群众继续使用中国的、传统的文化形式来提高他们的文化水平（他们不承认地主和农民在文艺形式上的差别，比如，他们将中国过去的一切文艺视为“封建的”，因此也是反革命的）。[45]胡风和冯雪峰的立场逐渐让位于陈伯达和周扬的思想，后者最终成为毛泽东本人在这一问题上的看法。这种文化理论在延安文艺座谈会上直接从毛泽东的口中道出，就成为中共官方的政策。毛泽东宣称他凭借自己的力量成为最重要的马克思列宁主义理论家，这种文化理论正好填补了这种声明中重要的空白。

应该说明的是，在座谈会讲话中，毛泽东关注的主要问题根本不是文艺，而是他总优先考虑的政治。毛泽东在讲话中明确提到异议作家，他坚持认为，所有的党员，包括从事文艺的党员，“要站在党的立场，站在党性和党的政策的立场”。毛泽东接着说，不幸

的是，“许多同志常常失掉了自己的正确的立场”，这就必然导致在革命文艺的内容与形式问题上存在着严重的缺陷。[46]关于内容与形式孰重孰轻的问题，毛泽东毫不含糊地表明他的优先选择。他向与会听众说道：“现在更成为问题的，我以为还是在政治方面［即内容］。有些同志缺乏基本的政治常识，所以发生了各种糊涂观念。”[47]这些“糊涂观念”之一便是“有些同志”轻视文艺大众化的需要，而过分看重提高的重要性。毛泽东认为，有些人之所以有这种错误观点，是因为他们没有理解“普及工作和提高工作是不能截然分开的。……人民要求普及，跟着也就要求提高”[48]。

毛泽东接着赞扬了“延安文艺界现在已经展开”的思想斗争，并把这场斗争描述为“一个无产阶级对非无产阶级的思想斗争”[49]。这是相当严重的警告，如果某人参与了反对活动，不管是以演讲的形式，还是以刊印文章的形式，抑或是行为上的抵抗，他都不要指望能轻松地通过运动。 183

虽然毛泽东关于文艺的讲话直到他演说之后将近 18 个月，也就是直到 1943 年 10 月 19 日才刊载在《解放日报》上，但这种推迟似乎并不具有重大意义，因为思想斗争的步步升级肯定没有推迟。①文艺座谈会后不久，紧接着又召开了另一个“党的民主与纪律”的座谈会。这次会议于 1942 年 5 月 27 日至 6 月 13 日在中央研究院举行。与前一个著名的座谈会相比，它就不太知名，但显而易见的是，在整风运动的发展进程中，它即使不比第一个座谈会更为重要，至少也是同等重要的。

正是在这一系列的座谈会上，毛主义者贯彻了他们对异议作家的批判，并通过异议作家批判了党内一切反抗的现象。历史学家感到幸运的是，《解放日报》通讯员温济泽在 6 月 28 日和 29 日发表了《斗争日记》，提供了座谈会的概况。根据温济泽的记载，开头几天，座谈会集中在协调党内民主与党内集中的一般性问题上。不过，讨论的主要议题很快就转到王实味的问题上，随着座谈会的进

① 推迟的原因可能是毛泽东身边较高级别的同事们迟迟不愿不加批判地支持毛泽东的理论地位，尤其是在文化领域，这确实是毛泽东不擅长的领域之一。关于这一点，请见本书第 193～194 页（英文原书页码，即本书边码。——译者注）。

行，揭发和斥责王实味成为参会者的主要任务。

几年后，毛泽东坦率地承认王实味到1942年已成为一个大问题："有一个王实味在延安写了一篇文章叫做《野百合花》，很多人愿意看。一九四二年春季中央研究院整风时出了墙报，那墙报受到欢迎，桥儿沟、南门外很多人都到研究院去看墙报，引起我也去看
184 了一次。当时，很多文化人总是和工农兵搞不到一起。"[50]甚至到了1945年，毛泽东仍然对王实味制造的政治困境感到棘手，尤其是王实味指责党的主要领导干部享受大量食物、衣物供给的特权。当党向农民提出新的征缴要求时，这种谴责显然会在农民中间引起愤恨的情绪。正如毛泽东所说的那样："一九四一年边区要老百姓出二十万石公粮……有人就说，唉呀，雷公为什么没有把毛泽东打死呢？……要不要反省一下研究研究政策呢？要！"[51]不久以后，整风运动和大生产运动就被发动起来，正如毛泽东简要总结的，形势就改变了。

戈德曼已指出还有其他原因使得王实味被选为整风运动主要的批判目标。除了他是批评党的作家中"最刻薄的"一位之外，他也是其中不太出名的作家之一，因而是群体中"最易受到攻击的"，而且毋庸置疑的是他曾经与"托派"有过确定的联系。最后，王实味自从1940—1941年的秋冬与陈伯达发生争执之后，就"一直"与陈伯达"作对"。这最后一点很可能决定了王实味的命运。[52]至少我们知道，在运动中，陈伯达崛起为党在"王实味问题"上的主要发言人，他攻击王实味的讲话和文章在延安的报刊上都得到了应有的重视。1942年夏，这位腼腆结巴的学者成为毛派排斥党内思想异己分子的中坚，在60年代后期的"文化大革命"中，他在很大程度上又重新扮演了这种角色。

随着座谈会的进行，王实味被包括陈伯达在内的众多批评家指责。吊诡的是，这其中包括丁玲、艾青和其他一些王实味在左翼文化圈中的同事。不过，王实味与陈伯达之间的斗争最为激烈。这种斗争破坏了座谈会的气氛，争论有时成了带有迫害性质的忌恨。王实味成了自己最好的辩护人。他抱怨自从来到延安之后就"到处受
185 人"歧视，他还抱怨陈伯达在与他争论文艺的民族形式的问题时乱

贴“机会主义”的标签。根据温济泽的记述，此时的王实味十分激动，面对面大骂陈伯达是“宗派主义”，会上，主席团不得不制止他进一步迸发出来的反对陈伯达的情绪。[53]

陈伯达虽然结巴，但也是一个直言不讳的对手。在 6 月 9 日的座谈会上，他作了重要发言，用尽了诙谐而又粗俗的谩骂双关语。陈伯达将王实味的名字轻蔑地喊成“王屎味”。陈伯达说，王实味称自己为“硬骨头”——带有“坚硬骨头”的人。但事实并不是这样，王实味不仅没有硬骨头，而且他比蚂蟥还渺小，当然也就根本没有骨头。蚂蟥虽小而且看似无害，但它们却是非常危险的动物，因为它们吸人的血，并以许多其他的方式伤害人类。陈伯达提醒听众，人们不可太掉以轻心而不去防范这些有害的生物，因为它们经常深深地隐藏在诸如“野百合花”这类看似漂亮的花朵中——暗指王实味的同名杂文。[54]

在发动这次针对敌手的机智而恶毒的攻击之前，陈伯达已开列了一长串专门针对王实味的指控。在《解放日报》6 月 15 日发表的陈伯达发言的长篇纪要中，这些指控得到了及时刊载。陈伯达的指责清单足以令人生畏，人们完全可以理解王实味为什么会把陈伯达看作他在延安的“最大的敌人”之一。在温济泽称之为“精彩”的长篇发言中，陈伯达指责王实味政治上搞阴谋，思想上搞教条主义，文化上搞精英主义，个人野心勃勃，并参加反对毛泽东的破坏活动，更遑论王实味许多其他的缺点了。陈伯达对那些他认为是表现了王实味的公然伪善的事情表示愤慨。陈伯达称，王实味以道德高尚者的身份批评党的缺点，但实际上他是一个野心勃勃的阴谋家。比如，他一面攻击党没能建立一个无阶级的社会，一面却毫不掩饰地要求吃“小厨房”，要求穿“干部服”（这些都是干部在延安的身份地位的标志）。他一面宣称自己是无私的，一面又在中央研
究院为一些编辑翻译工作而“大闹稿费”，甚至极力想使自己升到 186
研究院文艺研究室主任的位置上去。[55]

陈伯达的发言有力地融合了理论争辩、政治操纵和个人报复，不仅为反对王实味的运动定下了基调，而且为 1942 年余下的几个月至 1943 年的前几个月之间震动延安整个党组织架构的绝大多数思想

斗争定下了基调。不幸的王实味由此成为所有负面人物的典型，在马克思主义者看来，他们都是反党的。陈伯达对王实味的最后判决给他以最严厉刻薄的一击："王实味的思想是包含一个反民众的、反民族的、反革命的、反马克思主义的、替统治阶级服务的、替日本帝国主义和国际法西斯服务的托洛茨基主义。"[56]

令人奇怪的是，面对如此沉重的打击，王实味并没有马上投降。陈伯达不厌其烦地控诉，但即使王实味思想立场的"托派"本质完全暴露，他也会拒绝认罪并坚持他的错误观点。这更证明了王实味确实没有投降。据温济泽的记载，王实味抗拒整风，他认为整风只不过是一场"毛主席团结［党内的］正派人，反对不正派人"[57]的运动。但王实味的抵制全是白费工夫。那年夏天，王实味被捕。① 很久以后，毛泽东本人（遗憾地）承认，在 1947 年撤离延安时，公安部门作出一个地方性的决定，处决了王实味。[58] 1943 年至 1947 年王实味是在哪里度过的，这只能猜测，但很可能他是处在某种形式的监禁之下。

在整风运动最初的负面阶段，王实味是最引人注目的受害者。6 月 13 日中央研究院召开最后一次座谈会，标志着这一阶段走向结束。自此以后，运动的焦点就从激烈谴责党内一切"不正确的"思想转移到确立毛主义者所认为的"正确的"思想立场上。在这个更
187 为正面的阶段，陈伯达继续发挥了重要的作用。在 1942 年下半年至 1943 年年初，他努力确定了干部思想改造的基本准则。从 1942 年 6 月 27 日起，陈伯达在《解放日报》上相继发表了六篇文章和发言。在这一系列的论著中，他主要围绕着一个中心主题而努力——从党内某些干部的头脑中清除小资产阶级思想的重要性。经过陈伯达的诊断，这些不幸的人都患上了教条主义的"病"，他们都迫切需要"名医"的治疗。他推荐说，"毛泽东同志和党中央"就是思想疾病这一专业领域的"好的大夫"[59]。

陈伯达要求干部们在追求思想健康的过程中应"继续的拿马克思列宁主义武装我们的头脑"，因为只有这样做，他们才能成功地

① 1943 年 4 月 1 日，中央社会部康生下令逮捕王实味。参见温济泽等：《王实味冤案平反纪实》，2 页，北京，群众出版社，1993。——译者注

完成从感性知识到理性知识的至关重要的转变，由此才能获得对客观世界的正确理解。他意识到这种转变不是轻易能达到的。他指出，多年来中共虽然产生了许多杰出的理论家和领导人，但那些主要在理论领域活跃的人（也就是说，不包括毛泽东）却没能创造出独具特色的中国革命的理论。陈伯达承认他自己在发展理论方面的努力也收效甚微，这是因为他不够勤奋，也不够坚持。[60]陈伯达强调了在干部中展开真诚的自我批评的重要性，这是这一时期陈伯达论著中持续的主题。在一篇讲话中，陈伯达特别强调，为了获得“新的生命”和“新的思想”，每位干部都必须向党彻底坦白个人过去的缺点和错误。[61]

有些人可能会担心这种完全屈服于党的行动将意味着人的个性的泯灭，陈伯达对此作出了回应。他所依赖的论点是人性本质上与阶级性相同，由此可以推知中国共产党的党性是中国无产阶级阶级性的集中体现，而中国无产阶级的阶级性反过来又是中国人性最先进形式的表现。因此，一位同志向中国共产党屈服并不是铲除其个性，而实际上是向他的个性注入新的内容——无产阶级的人性。陈 188
伯达不否认个性的存在，他认为个性是社会制约的产物，他还敦促党充分考虑各类党员的个性，但他试图说服对以下观点持怀疑态度的人：真正的无产阶级政党的根本利益应该是与党员个人的根本利益相同的，党员个人应不断努力以维持这种根本的和谐。陈伯达说，如果某位党员个人认为其个人利益与党的利益之间存在冲突，那么他就有义务使自己的利益服从于党的利益。[62]

在所有这些关于自我批评和思想改造之重要性的讨论中，陈伯达似乎与党的其他高级领导人，如毛泽东、刘少奇和陈云的观点没有重大分歧，当时他们都对相同的问题给予了一定的注意。① 不过，我们对刚刚提到的陈伯达所写的关于人性的文章特别感兴趣，因为它曾被倪德卫（David S. Nivison）仔细地研读过。他的结论是：这

① 比如，刘少奇1941年6月的文章《人的阶级性》。虽然刘少奇对人性的基本理解与陈伯达相同，但陈伯达可能不会支持刘少奇对农民严厉地冠以“狭隘性”、“落后性”的特征，可能也不会支持刘少奇将农民阶级与刘本人高度赞扬的工业无产阶级做不适宜的比较。与刘少奇来自小地主家庭的背景不同，陈伯达出生于贫农家庭，他始终如一地强调农民大众的优势而不是缺点。刘少奇的文章作为附录被收入下书：刘少奇：《论共产党员的修养》，113～120页，北京，新华书店，1951。

篇文章是中共在处理伦理道德问题方面一个“中国化与综合”的优秀范例。[63]倪德卫确实声称，陈伯达的文章所使用的方法与公元纪元早期来到中国的佛教僧侣所用的技巧是“一致”的。也就是说，那些似乎与道教旨趣相关的佛教文本被挑选出来加以强调；佛教的概念，只要有可能，就“用道教中等同的概念来传播”。倪德卫实际上认为，陈伯达“表面上重拾了中国哲学史上中断的［人性］问题”。在所有的古代哲学家中，陈伯达抬出了告子（孟子的反对者），并认为他在理解人性的问题上最接近真理，即人性不是由绝
189 对的模子铸出来的，它的好与坏是根据它所形成的具体环境来判定的。陈伯达说，以告子的观点来看，人性如湍急的流水：“决诸东方则东流，决诸西方则西流。”（《孟子·告子下》）告子人性相对性的观点立即被陈伯达以马克思主义的现代人性理念认知为“进步”或“反动”应根据塑造人发展的具体的阶级环境来决定。

倪德卫认为，陈伯达以同样的方式在过去与现在之间建立了联系，他似乎把党性等同于理学中“理”的概念，把个体人性中不良的部分等同于佛教思想中的（恶）业，把个体人性中合意的部分等同于理学思想中的“个性”（尤其是在王阳明之后），把为党无私奉献等同于儒家的“诚”的观念。因此，陈伯达通过这些方式或其他的方式，就能以理学传统中言之有理的程式来宣传马克思主义关于人性的观点（按照他自己的理解）。倪德卫由此总结说，在关于马克思主义人性观点的中国定义中，陈伯达清楚地知道马克思如何不同于中国传统，但他却声称：“以这种方式来界定只是为了使其作为中华伦理文献中的一篇而更为易读。”作为中共当时中国化的主要支持者和实践者，这当然是陈伯达的优势所在。

到1942年年末，整风运动已在延安顺利、切实地发动，并决定向其他地区推展。由于陈伯达的重要性，他于1942年年底被派往国民党战时的首都重庆，以便在党的干部中和左翼知识分子中发动整风运动。我们对于陈伯达在重庆的具体工作所知甚少，但他好像参加了《新华日报》和生活书店的编委会。[64]这两大组织是中共在国统区主要的宣传机构，它们理应成为整风向延安以外地区扩展的工具。与在延安一样，王实味作为运动中的反面典型，被点出来接受

批判，同样是那些党的理论家——陈伯达、艾思奇和周扬——则仍
旧充当其主要的控诉者。中共著名的文艺评论家冯雪峰和胡风成为 190
重庆当地党组织的主要目标，他们与王实味一起被定为共产主义运动中思想异议分子的主要代表。重庆的运动不可能像延安那样深入，但它也采用了小组学习和自我批评等相同的办法。[65]

除了整风的专项任务外，陈伯达还利用身居重庆的机会熟悉国民党阵营总体的思想氛围。1942年年末至1943年年初这段时间是重庆各方思想活动密集的时段之一，因为国民党正在准备好好利用同盟国最终战胜轴心国的日益明显的大势。这有利于陈伯达追踪国民党内部正在变化的气氛，也有利于陈伯达了解蒋介石发动重大思想进攻的一些信息：蒋介石将于1943年3月出版他的重要著作《中国之命运》，以此发动对中共的思想进攻。中共在思想战线上的反击将成为第二年党主要关注的问题之一，而返回延安的陈伯达也将在这场徐徐揭开序幕的大戏中扮演主角。毛泽东将被塑造为英雄式的领导，陈伯达则崛起为众所周知的剧作家。

毛泽东崇拜的出现？

在整风运动中，毛泽东作为中共最高领导人（和主要理论家）的声望上升到了一个新的高度。毛泽东不仅发表主题演讲提倡整风，而且也是运动中将被大家学习的最重要的、唯一的理论家。1942年5月他在存有争议的文艺领域确定了党的政策，随后，在12月他又发表了关于党的经济工作的权威报告。此外，康生等党内主要官员也宣布遵义会议以来党的总路线是完全正确的。毛泽东日益增长的名望似乎也体现在一些无关紧要的方面。比如，1941年12月14日，《解放日报》披露毛泽东少年时代的朋友萧三已完成以毛
泽东青年时期的故事为主要内容的长篇回忆录。限于篇幅，报纸只 191
从萧三的原稿中摘录了几处，其中一处把毛泽东树立为李大钊思想遗产的继承人，而李大钊死后已逐渐崛起为官方认可的中共建党之父。文章还配发了一张毛泽东学生时期的画像。这些摘录似乎是出现在中共机关报上的第一篇关于毛泽东的传记研究，它们在树立毛

泽东形象的进程中是一个标志。① 另一个标志是诗歌《毛泽东》，由著名诗人艾青发表于 1941 年年末至 1942 年年初，不过艾青后来在整风中又开始同情左翼的异议作家。[66]树立毛泽东的形象还有其他的信号。1941 年 8 月 28 日《解放日报》一条简短的消息透露，以毛泽东命名的青年干部学校仍继续存在，不过它即将被并入新成立的延安大学。此外，第一次正式称毛泽东为党的“主席”好像也是从 1942 年开始的——1942 年 3 月 10 日《解放日报》的一条标题提到“毛主席及中央各同志”。结合语境来看，这条标题表明毛泽东此时已被认为是党的中央委员会的主席，而不仅仅是军事委员会的主席，尽管他直到大约一年之后才被正式选到这个重要的位置上。[67]

对于毛泽东不断增长之至高权威在理论方面的暗示，一个最生动形象的解说便是 1942 年 4 月 6 日出现在《解放日报》第四版上的漫画。弗朗兹·舒尔曼（Franz Schurmann）在 1966 年作了与此相关的评论：“如果毛泽东的照片能与神圣的四大伟人［马克思、恩格斯、列宁、斯大林］排在一起，那么从象征的意义来看，这就意味着毛泽东将成为约束所有马克思列宁主义政党的新理论的创造者。”[68]漫画表明，毛派阵营中的某些人早在 1942 年开始的整风运
192 动的中期便已沿着这种思路构思。漫画（署名张谔）展示了一位趾高气扬的年轻人（留苏学生或异议知识分子?）把自己与国际共产主义运动的“伟人”相提并论，他在挂着马克思、恩格斯、列宁、斯大林和毛泽东画像的墙壁前装腔作势！漫画的标题以嘲讽的方式把观点表露无遗。人们会推定，这是留苏学生声称自己在中共领导层中的思想优势，或是异议知识分子试图批评毛泽东的领导。至少它讽刺了那些自视“老子天下第六”的年轻人的自以为是。意译出来就是，他正在说：“我是世界上第六大伟人！”

但这毕竟只是一幅漫画。朱德为纪念中共二十一周年而作的短文为毛泽东作为优秀理论家的不断增长的威望提供了更为可靠的指

① 萧三：《毛泽东同志的少年时代》，载《解放日报》，1941 - 12 - 14。在 60 年代末的“文化大革命”中，李大钊、瞿秋白及许多其他曾经备受尊重的中共领导人都被中国的报纸贬低，但这只是暂时的现象。和邓小平一样，他们后来都恢复了名誉，并在中共党史中获得了与此前一样的受尊重的地位。

示。朱德的文章发表于1942年7月1日，它显然是《解放日报》在这一特殊的日子里所刊发的唯一一篇正式的纪念文章，况且朱德还是党和军队的高级领导人之一。因此，这篇文章显然会受到格外的重视，不仅因为作者的名字，还因为它是那一年唯一的纪念文章。文章的主题本质上就是宣称毛泽东无可争辩的领导地位。

图载《解放日报》，1942-04-06，张谔作。

虽然没有人想在思想问题上过分纠缠，但朱德在此处还是苦心孤诣地指出，中国共产党在其长期艰苦斗争的岁月中已“正确地掌握了马列主义的理论”，甚至还“创造了指导中国革命的中国化的马列主义的理论”。接着，他作了如下评论：

> 今天，经过长期革命斗争的锻炼，我们党已经有了自己的最英明的领袖，毛泽东同志。他真正精通了马列主义的理论，并且善于把这种理论用来指导中国革命步步走向胜利。他不但在我们全党是最有威望，并且在全国人民中也享有最高的政治信仰。并且在他的教育与培植之下，为党和革命创造了大批的富有斗争经验、与群众有密切联系忠诚勇敢的党的干部。[69]

毛泽东本人也不可能写出比这更好的评语。朱德事实上把他描 193
绘成了党和革命的灵魂，称其兼具领导者、思想家和教导者的才华。他的伟大也绝不只限于中国的共产主义运动：它本身会自动扩散到整个国家之外。

好像是追随朱德的引导，在同一个月里，至少有两位其他的军事领导人在党报上赞扬毛泽东。彭德怀称赞了毛泽东“新民主主义”的理念，他认为毛泽东有效地结合了马克思主义理论与中国实践。陈毅则宣称毛泽东的战略和中国革命都具有伟大的国际意义。[70]正如1938年年底党的六届六中全会后的几个月里所发生的情况一样，军事将领而不是党的高级干部再次充当了先锋，推动了毛泽东在中国共产主义运动中的至高权威地位的确立。直到1943年夏，朱德的纪念文章发表整整一年之后，诸如刘少奇、周恩来和王稼祥（甚至还有博古）等卓越的党的领导人才加入到军事领导人公开颂扬毛泽东的队伍之中。

尽管毛泽东及其著作的名望在整风期间获得了明显的提升，但人们事实上还是可以察觉到党内最主要的领导人并不愿把事情推得太远。虽然颂扬唯一的、最重要的领导人毛泽东的趋势已十分明显，但似乎还存在另一种同样强大的趋势，即维护党中央的名望和权威。例如，朱德并不是没有指明“党中央和毛泽东同志”都曾提醒党注意思想偏向的危险，而且他总结说，整风的成功实施需要“毛泽东同志和我党中央”的联合领导。[71]陈伯达也对集体领导的问题颇为留意，在一次演讲中他特别将中共的成功归因于以“毛泽东同志等”为代表的党的“伟大的领袖”的重要作用。[72]因此，毛泽东本人留心自己不要被别人视为凌驾于的党最高机关之上，这并不令人感到惊奇。比如，1942 年 9 月 1 日的政治局决议（毛泽东本人
194 所写）称，干部的思想教育将依据“中央决定与毛泽东同志报告”来开展。[73]显然，毛泽东在整风中虽然不反对推荐学习他自己的著作，但他还是觉得有必要承认党中央的集体领导。

这种毛泽东与党中央的持续搭配使我们得出了一个重要的结论，即单独一个整风运动并不能直接导致 1943 年夏中国共产主义运动中突然出现的无所限制的毛泽东崇拜，这种崇拜因 1945 年在党章中写入“毛泽东思想”而达到顶峰。此时关于整风运动的阐释无一例外地倾向于把 1943 年以及之后的毛泽东崇拜看作整风运动所预设的必然结果。比如，斯图尔特·施拉姆宣称，1943 年 7 月刘少奇写的充满溢美之词的赞颂毛泽东的文章，“可以当作运动结束的标志”[74]，这实际上就体现了整风运动与毛泽东崇拜之间的紧密关系。这似乎是一个合理的结论，人们也极难否认整风不可避免地滋长了某种形式的毛泽东崇拜。然而，此崇拜与彼崇拜大不一样，我认为，1943 年中期出现的毛泽东崇拜——从内容的广度、宣传的强度和形式的多样性来看——一定程度上是 1942—1943 年之间的冬天发展起来的国内外相互关联的特殊情境的产物。假如当时没有出现这种特殊情境，那么对毛泽东的个人崇拜将不可能达到那样的高度，

毛泽东思想最后的胜利也不可能那样彻底。换句话说，正是由于一种特殊的环境氛围，毛泽东才能在1943年至1945年如此辉煌地取胜；也正是这种特殊情境有助于形成领袖与政党之间独特的关系，而这种关系将极大地影响1949年之后的中国政治。

第八章

“毛泽东思想”的胜利（1943）

国民党的思想进攻

195 从1943年7月开始的公开赞颂中共最高领导人毛泽东的集中行动，无论在强度上还是在范围上都着实令人惊讶，而且这次行动还成为1943年至1945年间党史的主题。这种赞颂或崇拜（如果你喜欢这样指称的话）的原因可被解释为毛泽东及毛派已于1942年年末令人印象深刻地赢得了党的控制权；留苏学生已溃败。而且在整风期间，毛泽东在中国共产主义运动中所表现出来的政治上、军事上的卓越才能也已扩展到思想战线。甚至在经济领域，上天似乎也特别厚待毛泽东，因为到1942年年底，日本和国民党对红色区域的封锁所造成的恶劣影响已被克服，由此证明了毛泽东经济政策和财政政策的有效性。正如毛泽东在1942年12月关于经济的长篇报告中所宣称的，1941年至1942年年末，生产上自给自足的坚实基础业已奠定……我们正在克服困难。[1]

到1943年春，毛泽东在党内的个人地位已极为崇高，公开的英雄崇拜也已显露出明显的迹象。考虑到事物发展的一般进程，这种崇拜必将继续增长。许多研究中国共产主义的学者因此认为，对毛泽东及其思想的崇拜，或多或少是毛泽东在中共党内握有政治上的至高权威的必然产物。比如，德田教之似乎得出了如此的结论：“作为1935年开始的加强毛泽东领导地位的一个结果，毛泽东崇拜
196 的爆发表明……毛泽东为完全控制中共而发起的‘大规模攻势’已经成功。”[2]

我绝不否认毛泽东在中共党内的掌权与随后出现的对他的崇拜

之间存在着根本的因果关系，但正如我在上一章结尾所阐明的，我的结论是，崇拜发展得如此之快、如此之强、如此之深，基本上是因为1942年后期至1943年春国内外所形成的一种偶然的氛围。其中最重要的事件便是斯大林格勒会战、蒋介石的《中国之命运》的发表和共产国际的解散。到1943年5月底，这些事件汇合在一起，为成长中的对毛泽东及其思想的崇拜提供了极为适宜的环境。大多数探讨崇拜出现的文献通常低估了这三大事件的作用，因而过于强调崇拜源自中共内部政治过程的似是而非的必然性。我将表明，中共既然像所有复杂的社会组织一样，在很大程度上是由其所处的特定环境塑造而成的，那么掌控其内部发展的确切的力量组合就不能不受到国内外各种势力的一些影响。

有一种观点必须牢记于心：毛泽东崇拜是在国共两党的对抗日益加剧的背景下发展起来的，在竞争中，双方都试图把自己的领导人和意识形态抬高到中国政治生活中最为重要的地位。统一战线的急剧恶化，例如1941年1月的“皖南事变”及随后发生的不胜枚举的“事件”都极大地推动了这种对抗。但1941年上半年还不是双方摊牌的有利时机。日军在中国站稳了脚跟，并开始向东南亚扩张，几乎没有遇到欧美军队的有效抵抗。实际上，欧洲大部地区都已被入侵的德军占领，而英国则刚刚从纳粹德国空军的猛攻中恢复过来。苏联通过与德、日签订互不侵犯条约，获得了不确定的喘息时间。美国似乎不愿卷入战争，除非是美国本土遭到直接攻击而被迫 197
参战。国际形势如此危险，所以国民党或共产党事实上都不愿让两者之间的矛盾进一步扩大。汪精卫叛国投敌并在南京建立伪政府，这给国民党造成了形象上的损害，蒋介石将大量的精力转移到修补损害的工作上；而毛泽东则正在抑制中共党内威胁其领导地位的分裂倾向。在这种情况下，双方领导人都要首先整顿内务，同时等待更为有利的战局，再同对方进行最后的对抗。

1941年下半年，这种更为有利的环境开始形成。同年6月，德国入侵苏联，使得不愿参战的苏联卷入战争；12月日本偷袭珍珠港，使得同样不愿参战的美国也卷入了战争。从中国的角度来看，战争不可能发生比这更好的转折了，因此国共两党都毫不掩饰地采取“坐山观虎斗”的态度，这毫不令人感到惊奇。在决定进攻珍珠港时，甚至连日本领导人都意识到他们不能与美国长期打消耗战，他们的中国对手也不会完全观察不到这一点。[3]当华盛顿优先考虑西线时，中国人都感到失望，因为这将给日本以更多的喘息机会。不过，中国人高兴地看到日本不计后果地扩充军力的行动已开始逐渐招致恶果，中国人的思想不久就转到适度反攻的问题上。

整个过程由于斯大林格勒战役这一最为强劲的催化剂的加入而大大加快。1942 年 9 月至 1943 年 2 月，被围困的苏联人阻止并击退了德国的入侵，赢得了堪与 1812 年秋冬俄国人击退拿破仑相媲美的英雄般的胜利。苏联在斯大林格勒获得的胜利有效地扭转了战争
198 的趋势，使其向有利于同盟国的方向发展，这对西方世界和远东地区都产生了极大的心理影响。蒋介石和毛泽东当然都充分感知到了斯大林格勒战役的重大意义，他们都从苏联的胜利中看到了自己发动进攻的机会。[4]不过，尽管日本人在与美国展开的太平洋海战中已处境艰难，在斯大林格勒战役之后，其运气更是直线下降，但国共双方至少需要继续保持名义上的战时团结，这可能阻止了真正的内战在最后打败日本人之前爆发。但两边都可以放手进行一场文字大战，一场在全国范围内争夺意识形态最高权力的战斗。争取中国人民拥护的最后斗争于 1943 年春在思想战线上启动，1946 年扩展到军事领域，并以 1949 年中共的全胜而告终。

与毛泽东一样，蒋介石也深知意识形态斗争的价值；但总体看来，他在有效运用意识形态斗争方面远不如对手内行。不过，蒋介石却在共产党之前抢先行动，1943 年 3 月 10 日，他出版了自己的名著《中国之命运》，同时在全国发动大规模的意识形态运动以推销这本书，从而拓展国民党的事业。这本书是在苏联人顽强保卫斯大林格勒时草就的，其中大部分内容可能是由长期担任国民党幕僚的陶希圣代笔的。书中明显折射出因反法西斯战争的转折而激发出来的乐观情绪。[5]蒋介石自信地宣称：“民族复兴之机，国家再生之望，摆在我们全国国民的面前。”[6]——显然，这正是该书想要利用的时机。

这本书在当时虽被称为是“继孙中山《三民主义》以后最重要的一本著作”，但它文风晦涩，表意含混不清，于是又出版了一些问答、概要和注解的小册子，以此作为潜在读者的参考辅助资料。这些书的销量是极其巨大的，因为《中国之命运》已成为全体国民党公务员、国民党军官、国民党青年团团员和国民党中央政治学校学 199
生的必读书目；而且这本书被指定为学校、学院和大学的“最重要的课外读物”，也是各级教育系统正规考试的内容。正如菲利普·贾菲(Philip Jaffe)所言，该书确实成了中国国民党的“政治圣经”和全国意识形态运动的核心文献。[7]

《中国之命运》的中心主题是中国必须要有一种正确的意识形态，以作为一切革命努力和国家建设的基础。蒋介石多次说到这一点。他宣称：“国父……看出国民的心理建设，是革命成功的根本。”[8]这当然是一个甚至毛泽东（尽管他主张马克思主义）也会赞同的命题，但它并未解决心理建设的具体内容的问题。蒋介石迅速排除了不适用于今后任务的“自由主义和共产主义”，因为它们都是外来的意识形态，本来就“违反了中国固有的文化精神”，实际上将会“使中国的文化陷溺于支离破碎的风气”[9]。相反，国民必须走中国自己的道路：

> 国民的心理建设，应以独立自主的思想运动为基础。而其最重要的条目，则为发扬民族固有的精神，讲求科学真实的智识。……而国父的思想更远承百代悠久的源流，会通世界进步的学说，以为中国建国最高原理。[10]

把孙逸仙（即孙中山）的名字换成毛泽东，这段话可以顺利地出现在《解放日报》的社论中。这突出地说明国民党和共产党在创立一种既具有鲜明中国特征又无疑具有现代特征的官方意识形态上，有着多大程度的相似性。两派政治运动的实际问题当然是谁更好地代表了中国人民应走的“正确”道路，谁能拿出最令人信服的同时又有利于自己的证据。《中国之命运》阐明了国民党的论据：
“抗战的最高指挥原则，惟有三民主义。抗战的最高指导组织，惟 200
有中国国民党。”[11]在向孙中山鞠躬致敬的同时，蒋介石进一步欣然接受了“新国父”和民众导师的角色：“中正身当我中华民国独立自由重新发轫之初，抚今思昔，策往励来，特陈述我国家民族百年的经历，指出我国家民族今后的方向。……愿我全国同胞共同体察而力行之。”[12]

一位经验丰富的中国现代史的研究者评论道，蒋介石在出版《中国之命运》作为教科书之际，同时担任重庆国立中央大学的校长，这绝非巧合。按照中国政治领导学的“古制”，蒋介石不可避免地会寻求“从英雄到圣人的进阶”[13]。这种观察提出了一个重要而又困难的问题，即找到“一位卓越的领导人”是否是中国政治文化中不可或缺的一面。从精英的观点来看，毫无疑问，由于中国传统中（至少从公元前221年秦朝建立开始）缺少政治权威与思想权威的明确区分，这就导致了皇帝被认为是“内圣外王”的典范。[14]这种说法确实是真实的，即使我们接受如下的观点：这种制度的极权主义内涵直到明代才被充分地表现出来，并为随后的清代所延续。

到20世纪初，民众对无所不能、无所不知的圣主的顺从已经成为中国政治文化的特征，至少犀利的社会批评家鲁迅持有这样的看法。鲁迅略带刻薄地哀叹道，中国人民几个世纪以来过着如此惨无人道的生活，以至他们真心欢迎一位圣主的出现，尤其是在极度混乱和痛苦深重的时代：“这时候，百姓就希望有一个一定的主子，拿他们去做百姓，——不敢，是拿他们去做牛马，情愿自己寻草
201 吃，只求他决定他们怎样跑。”[15]鲁迅在这里虽有些肆意夸张，但毋庸置疑，到20世纪初，全能圣主的理念在一定程度上已扎根于中国社会各阶层之中（尽管孟子曾说过一句名言：“君有大过则谏，反复之而不听，则易位”）。由此，我们可以确信，这种独具特色的政治遗产使得40年代初对蒋介石和毛泽东的强烈崇拜几乎不可避免。尽管如此，1943年春特殊的国内外环境还是使蒋介石和毛泽东十分顺利地得出了结论：追求从英雄到圣人转变的时机已经成熟。

国民党为配合《中国之命运》的发行而掀起的宣传运动才刚刚开始，就发生了另一件加剧国共两党紧张关系的事件：5月15日共产国际宣布解散。中国共产党当然明了国民党宣传运动的隐含深意，正如我们从后来发生的事情中所获知的那样，陈伯达等中共主

要的论辩家接受任务，开始准备批判蒋介石一书主要观点的官方评论。共产国际在国共两党争夺中国最高权力的斗争愈演愈烈之际解散，几乎完全是意料之外的事情。

由于苏联当时已与西方民主国家结盟并加入反对德国的战争，所以它日益涉入欧洲地区的战斗，而相对忽略了远在东方的战区。斯大林意识到，在与法西斯孤注一掷的决战中，共产国际的原初宗旨却是致力于在现与苏联结盟的国家中推进无产阶级革命，这确实有些自相矛盾。斯大林决定不再继续回避同盟国的要求，而是向它们（尤其是美国）作出一个善意的姿态。于是共产国际执行委员会主席团通过决议，提议解散这个世界性的组织。[16]

从某种意义上说，早在 1935 年共产国际七大强调增强各国共产党的力量，并鼓励它们参加苏联到处倡导的反法西斯统一战线之 202
时，共产国际就已被抛在一边了。不过，各成员还必须对主席团的解散决定作出正式的回应。5 月 26 日，中共中央书记处在延安召开会议，讨论了此事。会上通过的决议完全支持了共产国际的决定。毛泽东更是完全同意。他承认，共产国际在建党初期曾给予中共宝贵的帮助；但他宣称，中共是中国内部历史力量发展的产物，假使没有共产国际的帮助，中共也会应运而生，并能发展壮大。[17]他实际上是想说，共产国际现在即将告别历史舞台，但我们完全有理由相信中国共产党仍将继续发展，甚至比以前发展得更快。正如中央的决议所描述的，新的形势将“更加加强”全体中国共产党人的自信心和创造性，将“更加巩固”党同中国人民的联系，将“更加提高”党完成未来艰巨任务的战斗精神。[18]

中共对共产国际解散的积极反应全然没有矫揉造作，也绝非对苏联同志已造成的既成事实假装坚强。这确实是一个充满快慰与适意之情的宣言。党内毛派成员长期以来就怀疑共产国际的实际价值，对于这个一度强大的组织的命运，他们毫不掩饰内心的喜悦，因为共产国际一贯贬低他们的政策及重要性。他们赞扬 1935 年以后共产国际不再干涉中共的“组织事务”①，并夸口说，在“甚至比俄

① 所引文献原文为：“自一九三五年共产国际第七次代表大会以来，共产国际即没有干涉过中国共产党的内部问题。”——译者注

国革命还更复杂”的斗争过程中，中共已在政治上成熟起来。因此，中共已培育出“自己的身经百炼的优秀干部”，并且在争取民族解放的斗争中“做得很好”，中共已没有参加“这个国际的领导中心的必要了”。目前的任务是加强各国共产党，使其“更加民族化”，以适应民族解放和国家重建的需要。[19]

203 尽管这番话听起来很像马克思主义术语所谓的“小资产阶级民族主义和沙文主义”，但苏联人似乎并不介意。正如查尔斯·B·麦克莱恩所指出的，自1938年以来，莫斯科逐渐接受了毛泽东在中共党内的领导权，并“乐于让毛泽东在明确规定的、延安接受的某种宽泛限度内走自己的路”[20]。此外，在莫斯科的优先序列中，战时需要当然会远远置于意识形态正确性之前。1941年6月德国入侵苏联之后，苏联领导人对中共的特殊兴趣触到了最低点。漠不关心乃至忽略的突出例子便是，共产国际的主要刊物（《共产国际》）自1941年6月至整整两年之后的最后一期，都没有刊登一篇关于中国或中日战争的文章；而1940年以前，这个刊物曾广泛而持续地报道中国的事件。[21]

尽管共产国际已经解散（或许正是因为共产国际的解散?），但是，莫斯科在1943年又开始更加关注中国的事情。苏联在斯大林格勒的胜利、中苏关系在新疆的恶化以及国共关系的重新紧张都倾向于促使苏联在1943年夏对中国重新萌生兴趣。但苏联领导人直到战后才公开评论中共及其在中国的作用，这大概是因为他们害怕破坏与国民党及其日益热心的华盛顿施主之间的关系。麦克莱恩特别指出，对于1945年春中共重要的第七次全国代表大会，“苏联报刊竟只字未提”[22]。考虑到这次大会是1928年中共六大以来召开的第一次全国代表大会，并被中共誉为“胜利的大会”，人们可以推断这种忽略肯定是故意的。

然而在中国国内，蒋介石及其幕僚对中共的每一个行动都仔细追踪。1943年7月6日，国民党中央通讯社发布消息称（据《解放日报》报道），西安的一些文化团体已召开会议，决定发电报给毛
204 泽东，要求他趁着共产国际解散的时机，“解散”中共并“取消边区割据”。毛泽东立即发表声明，宣布这个“会”是国民党特务一

手操办的。[23]显然，国民党正在尽其所能地利用共产国际的解散以及其他能够影响中共的事情来推进以出版《中国之命运》为开端的意识形态运动。

共产党对此事并未轻视，这可以从周恩来 8 月 1 日的讲话中得到验证，他是在久留重庆之后刚刚返回延安的。周恩来相当详细地讲述了由共产国际退出国际舞台而引发的问题，特别谈到了“国内有些反共分子，竟敢无耻高叫取消中国共产党”的问题。他说：“他们早不提迟不提，偏偏在现在公开提出。他们故意说共产国际解散了，共产主义便不适用于中国，中国共产党便失掉靠山，中国共产党内部便要分裂了。”[24]

周恩来喝道：“他们这种鬼话，有人相信么？”他似乎认为有人相信，接着他略为详细地逐条驳斥了这些“鬼话”。关于马克思主义适用于中国的问题，周恩来说，“经过我们党的领袖毛泽东同志的运用和发展”，马克思主义“已经和中国民族的解放运动、中国人民的利益结合起来”，并“在中国土地上生根”。关于民众支持中共的问题，周恩来承认最初的帮助来自共产国际；但他补充说，更重要的是要了解中国共产党是一个“群众的党”，是“从中国劳动人民中生长起来的”。关于党内纷争这种尴尬的指责，周恩来称，中共已团结“在毛泽东同志领导下”，这三年（1940—1943 年）“已达到空前巩固的程度”。为了强调这一点，周恩来在演讲过程中至少七次正面提及毛泽东对党的领导，并作出结论：共产国际解散之 205
后，中共将要“更负责地更独立地解决中国革命问题”[25]。

显然，对于周恩来而言，党内决定支持毛泽东崇拜的一个重要的考虑便是共产国际的解散；但我们已看到其他因素也在起作用，尤其是斯大林格勒战役之后全球军事形势的重大转折以及国民党旨在拥戴蒋介石为中国真正的民族领袖的轰轰烈烈的意识形态运动。这些形势的发展都增强了本已明显的崇拜毛泽东的倾向。对毛泽东的崇拜是随着毛泽东个人在党的最高领导层中占支配地位而出现的，形势的发展则为这种崇拜在 1943 年至 1945 年间的兴盛提供了必要的契机。

“毛泽东思想”的诞生

1943年春，延安的大街小巷必定充满了猜测，不管是党员还是非党员，大家都在等待领导层对上面详述的重大形势发展作出回应。根据后来公开的材料，我们可以得知，领导层最初的反应并未向一般群众公开，可能也未向普通党员宣布。绝大多数学者一致认为，这年春天的某个时候，毛泽东被正式选为党的中央委员会主席和政治局主席。这件事可能发生在5月末，当时中央委员会曾开会讨论如何应对共产国际的解散问题。① 正在此时，或大约同时，以前对毛泽东冷淡的刘少奇在五人组成的中央书记处取代了张闻天，同时接任其党的总书记的重要职务。[26]②尽管没有证据表明毛、刘之间“显而易见的博弈”，但刘少奇被抬升到党内第二位数周后就全心全意地公开赞扬毛泽东，这必然暗示着他们两人之间达成了某种共识。[27]不管怎样，约定确实是达成了。1943年7月1日，中共成立二十二周年的纪念日，毛泽东宣布，1942年开始的整风运动“保证了党在思想上政治上的一致，和党的组织成分的纯洁”[28]。这一

206 宣布为此后两年弥漫延安的毛泽东崇拜的迅速发展亮起了绿灯。

当时延安的气氛十分接近于众多部落聚拢在一个强大的酋长周围。1943年6月28日，距离毛泽东发表重要讲话还有三天，派驻重庆的高级代表团在庆祝中共成立二十二周年之际返回延安。这个代表团由周恩来和林彪率领，他们声称，在重庆待了许久，却连“一个具体问题”也不能同蒋介石讨论。[29]周恩来、林彪及“其他同

① 1943年3月20日，中共中央政治局举行会议，通过《中共中央关于中央机构调整及精简的决定》，推选毛泽东为中央政治局主席和中央书记处主席。参见中共中央文献研究室编，逄先知主编：《毛泽东年谱(1983—1949)》，中卷，430页。——译者注

② 1943年3月20日，中共中央召开政治局会议，决定任用刘少奇为中央书记处书记。首先，会前及会后的中央书记处都不是五人组成的。会前的中央书记处由毛泽东、张闻天、秦邦宪、周恩来、王明、陈云、康生组成，会后由毛泽东、刘少奇、任弼时三人组成。其次，取代张闻天的是毛泽东，而不是刘少奇。刘少奇只是中央书记处书记，并没有接任总书记的职务。3月20日的政治局会议决定，中央书记处设一个主席、两个书记，书记是主席的助手。毛泽东是书记处主席，实际负责中央工作。参见中共中央文献研究室编，刘崇文、陈绍畴主编：《刘少奇年谱（1898—1969）》，上卷，415页，北京，中央文献出版社，1996；中共中央组织部等编：《中国共产党组织史资料》，第3卷（上），30页，北京，中共党史出版社，2000。——译者注

志”从与中共主要对手的无果谈判中及时撤回，无疑在全党制造了一种现在必须依靠自己的普遍情绪。不管怎样，在代表团返回延安后不久，所有的目光都毫不迟疑地转向毛泽东，大家都指望他能够稳健地指引全党战胜国内外的敌人。

有点讽刺意味的是，赞扬毛泽东及其所有著作的新运动的调子却是由一位长期拒绝支持毛泽东的领导权尤其是毛泽东在理论方面的领导权的人定下的。毛泽东发表建党二十二周年纪念讲话五天之后，即7月6日，刘少奇题为《清算党内的孟塞维主义思想》① 的长文就出现在《解放日报》上。这是刘少奇公开支持他现已心悦诚服的领袖，在文中，他更是用尽颂扬的辞藻。刘少奇宣称，中共最终找到了“自己的领袖毛泽东同志”，毛泽东是“久经考验的、完全精通马列主义战略战术的、对中国工人阶级与中国人民解放事业抱无限忠心的”真正伟大的无产阶级领袖。[30]而且，刘少奇还表明，中共党史的发展是“以毛泽东同志为中心”的，毛泽东战胜了“各机会主义者”，比如此前支持“教条主义”和“内战时期的‘左’倾机会主义”的那些人——这当然是指留苏学生，刘少奇间接地称他们为“中国孟塞维主义”的代表。刘少奇说，中共具有比世界上其他各国共产党“更丰富的革命斗争的经验”。

刘少奇还是对中共的理论战线提出了一些批评。他说，中共 207
“科学的马列主义的思想上的准备是很不够的”。他指出：“许多党员和干部的理论水平低下”[31]。1941年刘少奇对党的理论水平有过类似的抱怨，但他提不出任何积极的解决办法，只是说马克思主义中国化“特别困难些”，没有一部出自中共思想家笔下的“伟大的著作”；而现在，他心中的怀疑已经消除。他建议：“一切干部，一切党员……应该用心研究与学习毛泽东同志关于中国革命的及其他方面的学说，应该用毛泽东同志的思想来武装自己，并以毛泽东同志的思想体系去清算党内的孟塞维主义思想。”[32]

刘少奇的文章是党内其他高级领导人集合在中共无可争议的领袖毛泽东周围的信号。随后出自党内最高权力圈代表人物之手的充

---

① 即孟什维主义，也可称孟什维克主义。当时由于发音相似而有不同译名。——译者注

满溢美之词的文章如雪片般涌来。其中，党的政治方面的发言人是周恩来、康生和邓小平；军事方面的发言人是朱德、彭德怀和陈毅；还有代表运动中许多其他方面的各式各样的人物，如徐特立、萧三及日本共产党的冈野进（野坂参三）。[33] 留苏学生也有自己的代表，但他们极不一致的态度清楚地表明这个一度紧密抱团的集团到1943年已陷入混乱状态。刘少奇的文章出现仅两天，王稼祥就于7月8日发表了赞扬毛泽东思想的文章；7月13日，博古也发表了热情洋溢的文章；不过张闻天，更为重要的是王明，都在党报上一言不发。他们在《解放日报》上的缺席虽然显眼，但并不能打击那些想写文章的领导人的热情。博古极好地阐明了基调，他注意到共产国际解散给中共团结带来的不利影响，他以号召全党集结“在毛泽东的旗帜下”，增强前所未有的团结作为回应：“最后，异常重要的：我们有党的领袖，中国革命的舵手——毛泽东同志，他的方向就是我们全党的方向，也是全国人民的方向。”[34]

208

刘少奇7月6日的文章被恰当地视为给随后几个月兴盛起来的毛泽东崇拜定下了基调。除此之外，有人还指出，这篇文章正是第一次出现“毛泽东思想”一词的中共文献。这似乎是正确的，但急于下结论，认为这个在中国现代思想史上占有如此重要之地位的词实际上就是刘少奇创造的，那就错了。这个新口号之所以被官方采用，很可能是因为党的最高领导层作出了正式的集体决定。① 在7月6日的文章中，刘少奇提出“毛泽东同志的思想”；而王稼祥在标明写于7月5日（但直到7月8日才发表）的文章中使用了后来成为固定用语的更为准确的形式：“毛泽东思想”。此外，当时党的其他领导人和理论家（陈伯达是其中之一）也开始在他们的著作中使用这种提法，这表明最高层可能事先已就使用这一术语作出过决定。

不管实际上是谁首先想出这一口号并游说政治局接受的，王稼

① 德田教之1971年8月在新墨西哥州圣菲市召开的当代中国思想与政治的大会上提交的论文中把“毛泽东思想”当作“刘少奇的新词”（参见“Mao Tse-tung's Ideological Cohesion with the Party and the Revolutionary Movement，1935—1945，” pp. 55－56）。不过，需要注意的是，在共产国际代表彼得·弗拉基米洛夫1943年1月26日的日记中，他特别提到“毛泽东的思想”（带有引号）。这似乎暗示我们，在1943年7月官方正式采用之前的某个时候，这种提法至少就以某种形式在延安党的领导层中传布。参见 *The Vladimirov Diaries：Yenan，China，1942—1945*（Garden City，N. Y.，1975），p. 95。

祥都在一篇题为《中国共产党与中国民族解放的道路》的长文中对这一术语的真正含义作出了最引人注目和最重要的解释。这是中共思想史上相当重要的一篇文章。尽管文中的基本思想并非作者首创，但它却反映了至少自1935年以来中共党内一直进行的激烈的理 209
论论战中陈伯达和其他“中国化论者”的观点。王稼祥也不时为这些论战写稿。例如，1939年他的文章《关于三民主义与共产主义》就表现出他对马克思列宁主义必须适应中国革命具体实际的关注。[35]王稼祥1943年的文章之所以重要，是因为它首次把中国化论者的基本观点运用于毛泽东个人理论贡献的详尽阐释。王稼祥的主要论点是，毛泽东思想体现了中共成立二十二年来不懈追求的马克思主义理论与中国实际的必然结合。党现在已认识到适合自己的道路：“中国民族解放整个过程中——过去现在与将来——的正确道路就是毛泽东同志的思想，就是毛泽东同志在其著作中与实践中所指出的道路。”[36]

王稼祥怎样在理论上论证这种观点呢？在深入探讨他的观点之前，我们应该留意弥漫于整个讨论之中的民族自豪感。王稼祥说，中国是一个“大国”，他有些不够严密地推断道，中共因此应成为一个拥有自己“中国共产主义的理论”的“大党”[37]。为从历史上证实这种论断的正确性，王稼祥以欧洲思潮（尤其是马克思主义的思潮）和沙皇俄国的革命实践为背景来论述布尔什维克主义逐渐形成的过程。王稼祥总结道：“这是俄国布尔塞维主义产生的过程，西欧马克思主义的理论与俄国革命经验相结合，便产生布尔塞维主义，列宁主义。”[38]

王稼祥并不认为中国的情况应有任何不同，只是中共发展时所处的思想环境和政治环境可能比革命前俄国的情形更为复杂。除此之外，过程基本是相同的：“中国共产主义，毛泽东思想，便是马克思列宁主义与中国革命运动实际经验相结合的结果。”[39]

依王稼祥的观点来看，这样解释毛泽东思想的起源，就完全驳 210
倒了那些“反共分子”的说法。他们坚持认为：“中国共产党的理论是德国人马克思和俄国人列宁的理论，因此不合国情的。”[40]王稼祥认为恰恰相反，这些批评中共的人没能领会到这样一条根本真理：“毛泽东思想就是中国的马克思列宁主义，中国的布尔塞维主义，中国的共产主义。”[41]唯恐还有含糊之处，王稼祥重申毛泽东思想是“创造的马克思列宁主义，它是马克思列宁主义在中国的发展，它是中国的共产主义，中国的布尔塞维主义”[42]。

这里毫不含混的是，王稼祥正在提倡以“毛泽东思想”作为“马克思列宁主义”的实际替代物。这并不是因为他认为毛泽东的思想从纯理论的角度来看，无论如何都比马克思列宁主义高明，而是因为在中国的背景下，毛泽东的思想就是马克思列宁主义。这种解释来源于中共党内经陈伯达等人详加叙述而为人所熟悉的一个论断：没有抽象的真理或理论，而只有特殊的、具体的真理和理论。也就是说，在一种政治环境中，真理和理论都是具有民族形式的。由此可知，马克思主义是适合西欧的无产阶级理论，列宁主义（和斯大林主义）是适合俄国的无产阶级理论，而毛泽东思想是适合中国的无产阶级理论。王稼祥暗示，如果人们接受这种观点，那么就不需要确定毛泽东的政治学说只是思想，或更宽泛一些，只是主义（即原则、信条）。这两个词完全可以互通：毛泽东思想是马克思列宁主义，反过来也是一样；思想就是主义，相反，主义也就是思想。后来有学者试图把中共的意识形态区分为两个截然不同的组成部分，即“纯粹的意识形态”（pure ideology）（马克思列宁主义）和“实用的意识形态”（practical ideology）（毛泽东思想）。从上面的分析来看，这种划分是错误的，至少用在当时那个时期是值得考虑的。即使这些术语仍可以用于分析，我们也一定要牢记，对于王稼祥及其同事们来说，毛泽东思想是中国无产阶级意识形态在“纯粹”和“实用”两个方面的体现。而且，在绝大多数中共理论家看
211 来，“纯粹”与“实用”的区分可能就是对毛泽东思想内在的、完整的统一性的武断和误解。[43]

但这些论说都没有解释为什么决定首先使用“毛泽东思想”这种提法，尤其是它已如此明确地被等同于马克思列宁主义。还有其他一些词语可用——特别是张如心的“毛泽东主义”，1942 年他曾使用这个完美的逻辑术语来概括毛泽东的理论体系。选择“毛泽东思想”，显然与“纯粹的”意识形态及与之对立的“实用的”意识形态（主义和思想）毫不相干，因为毛泽东的思想代表了全部。也不可能如某些人指出的那样，“主义”一词因与个人主义、命令主

义、尾巴主义、托洛茨基主义等“歪风邪气”相连而带上了不好的含义。毕竟，中国共产党人在翻译马克思主义、列宁主义、斯大林主义，甚至孙文主义（也这样指称，但较少使用）等受到高度尊崇的思潮时，始终都采用“主义”一词。[44]使用“思想”一词，可能是故意避开“主义”的外来本质及与之相伴的抽象意味。正如熊玠（James Chieh Hsiung）已指出的，“主义”一词可能是20世纪初经日文（*shugi*）传入中国的。出于把马克思列宁主义中国化的强烈愿望，毛主义者自然想用明白无误的中文词来取代外国词，因而选用了“思想”。[45]

然而，还可能有其他原因导致了这种改变，这涉及内容与形式的总体性问题，既包括术语本身的内容与形式，也包括术语所指概念的内容与形式。对于中国人来说，马克思列宁主义在形式上总是一种外来的意识形态；现在有了“毛泽东思想”的新提法，就使得马克思列宁主义在内容上也变得抽象了。显然，如果毛主义者能够将马克思主义和列宁主义分别定义为无产阶级意识形态的欧洲形式和俄国形式，而且仅仅定义为欧洲形式和俄国形式，那么他们就能否认马克思主义和列宁主义在中国的具体存在，从而以那种方式论证马列主义一定会被取代。因此，在选取一个新词来表达毛泽东对经典理论的重新阐述的具体性质时，他们要注意避免与旧的用语过于相似。

但为何要用“思想”一词来表明新正统的明显的中国性和具体 212
性呢？“思想”在中文中是一个常用词，符合鲜明中国形式的要求，听起来不刺耳，写起来也不生僻。就其内涵而言，“思想”没有与“主义”相连的那种抽象而僵死的感觉。“思想”是一个拟人化的词语，它充分反映出与一个真实的、活生生的人，与一个特定的有血有肉的、处在思考的持续过程中的个体——在此就是指毛泽东——之间的重要联系。这就转而暗示着某种能动性，使人感觉“思想”正在回应生活，正在创造性地适应其所面对的千变万化的环境。“思想”一词中没有教条的意味，它也不是固化于某时间点的理论体系。相反，它传递出无尽开放的感觉、灵活应对的可能以及与现实永久联系的希望。正是这种人类心智与外部实际的动态融合最佳地刻画出思想的特质，我认为，这也正是毛泽东个人品质的特征。熊玠极富洞察力地表述了这种关系，我在这里摘引如下：“思想把人（主观世界）和环境（客观世界）构想为一个完整的统一体……任何把‘纯粹’形式的意识形态同实践中的意识形态割裂开来的分析都是没有抓住思想的真义。”[46]

1943年7月“毛泽东思想”的正式出现在一定意义上结束了中共党内思想上长期的动荡不安。中国民族主义所要求的马克思列宁主义中国化已实现，毛泽东长期以来努力达致的权力和意识形态的融合也最终形成。虽然苏联人对中共党内这个重大发展保持了其战时的沉默态度，但毛泽东的意识形态主张却得到了国际共产主义运动中其他党派的赞同。例如，美国共产党领袖厄尔·白劳德（Earl Browder）在1944年年底出版的《新民主主义论》的导言中称，毛
213 泽东的名文“既是彻底地中国的，同时又是彻底地马克思主义的，是从中国的和马克思主义的许多假定和概念出发的”[47]。

1943年夏，官方赞颂毛泽东的浪潮席卷了《解放日报》和党的其他出版物。至此，我们还没有谈到陈伯达参与这一运动的情况，充分的理由是他似乎仍在沉默。从表面上看，这对于一个多年来积极宣传毛泽东主张的人来说确实有些奇怪。为什么此时他没有为报刊写一些颂文呢？陈伯达好像是跟随周恩来与林彪在建党周年纪念日前夕从重庆返回延安的那些未特指的“其他同志”中的一员。既然陈伯达自1942年秋天起一直在国民党陪都党的多家新闻机构做编辑工作，那么我们似乎就可以合理地推测他应该回到了此前《解放日报》编辑的岗位上（一条苏联的材料说，陈伯达返回延安后就任《解放日报》总编辑一职，但好像有些可疑）。[48]无论如何，他肯定处在可为迅速成型的毛泽东崇拜做贡献的有利位置上，但他没有那么做。唯一的逻辑解释是出自陈伯达之手的简单的颂文并不能大大增加毛泽东的威望，因为陈伯达早已因支持毛泽东的主张而闻名，而且他的名字也不带有多少权威性。换句话来说，此时毛派的主要兴趣在于来自党内最杰出的政治、军事和派系领袖的支持和欣赏的公开言辞——一场象征性的表演而非实质性的赞同。陈伯达被指望为发展中的毛泽东崇拜和“毛泽东思想”的崭新概念提供思想基

础，但在眼下，来自著名的独立人士的赞扬比来自毛泽东政治秘书的赞扬更有说服力。

返回延安之后，陈伯达确实投身于另一个在一定程度上堪与1938年至1939年媲美的思想创造的紧张时期。为应对国民党的意识形态进攻所造成的新挑战，党的领导层决定抬升对毛泽东及毛泽东思想的崇拜。紧随中央决定而来的便是迫切需要完成的大量工作。在陈伯达擅长的意识形态领域，五大任务必须完成：（1）在党内外宣传对毛泽东及毛泽东思想的崇拜；（2）构思和传播批判国民 214
党意识形态的重要文章；（3）为毛泽东思想的概念提供历史—哲学的内涵；（4）构筑由毛派解释的、官方认可的中共党史；（5）为长期拖延的党的第七次代表大会做准备，这次大会将正式认可毛派的优势地位。陈伯达将在实现第二、三、四项任务时担任无可争议的领导角色，而在第一项和第五项任务中，他可能也会发挥关键作用。这足见陈伯达在毛派阵营中的重要地位。在为毛泽东及毛泽东思想的崇拜添注思想内容方面，陈伯达做得最多。他正是以这种方式，明显加强了他本人与领袖之间的独特关系。

对毛泽东及其思想的崇拜

象征性地集合在党的新核心毛泽东及毛泽东思想的周围，是中共反击国民党反共高潮的信号。这种团结的公开展示不是一个暂时的现象；相反，它预示着中共方面即将发动一场大规模的、具有双重目标的意识形态运动。开展精心策划的树立毛泽东作为中共英明领袖和中华民族英雄保卫者的个人形象的运动只是这个有着宏伟目标的运动的一半。同时，还要发起另一场猛攻，目标明确地摧毁蒋介石在国内外作为中国唯一合法代言人的地位。从实际意义来看，中国的内战已经开始，尽管在思想论战整整三年之后，双方才在军事上剑拔弩张。

“崇拜”一词有些宗教的含义，在共产党的语境中，则带有斯大林主义的味道，也许用它来描述对毛泽东的公开赞颂并不合适，至少延安时期是如此。首先，正如我们将在第十章中看到的，毛泽

东只是中共领导集团中的“群龙之首”，与斯大林在苏共党内占统治地位时的情形并不一样。而且，官方对毛泽东及其思想的抬高直
215 到60年代开始的“文化大革命”才达到顶峰。不过，要找出一个更合适的词取而代之也是很困难的。按照一种定义，“崇拜”在一定程度上就是“深深地忠诚于某个人、某种思想或某件事”（《韦氏词典》）。我们正是这样对待崇拜的：毛泽东是那个人，毛泽东思想是那种思想，毛泽东及其思想所象征的革命是那件事。在这种语境中，忠诚无须（也许不应）暗含宗教的情感或全能领袖的观念，但这个问题仍可再讨论，尤其是涉及“文化大革命”时。在延安时期，毛泽东崇拜的一切外在表征都已显现，尽管它们直到1976年毛泽东逝世之前的十年才被极度放大。最意味深长的是，一旦把崇拜当作党纲而让其流行起来，广大群众也就会成为崇拜的重要推动者。①

党的主要干部抓住每一个可能的时机来热烈赞颂毛泽东，他们为毛泽东崇拜在延安的壮大提供了强大的推力。那些成熟老练、经验丰富的共产党领导人在赞颂毛泽东的热情程度上一个胜过一个，这种场面让局外的旁观者有些迷惑不解。不管这些党内高级领导人的动机中，真正的敬佩和政治的权宜究竟是如何混拼的，他们都定下了狂热的基调——这日益成为1943年至1945年席卷延安的“毛泽东热”的主要特征。西奥多·H·怀特（Theodore H. White）和安纳利·雅各比（Annalee Jacoby）——1944年6月访问共产党首都的两位美国记者，显然因毛泽东与其高级同事们之间存在的特殊关系而大吃一惊。尽管他们认识到那些情感的张扬“一部分是出于一种真实的爱戴”，但似乎也搞得太过分：“在公开的集会上，人们
216 不难看见政治局的其他成员（他们本身也居于很高的职位），近乎夸张地记录着毛泽东自由发挥的演说，好像吮吸着知识的甘泉。人们也可以经常听到极度夸张的颂扬之词，简直就是盲目的花言

① 在1970年与埃德加·斯诺的谈话中，毛泽东坦然承认，他在“文化大革命”期间推动“个人崇拜”是有政治用途的。不过，他也承认，崇拜在运动的高潮期走过了头，在随后几年里必须降调。自毛泽东逝世以来，对他的崇拜热度在新的领导集体的领导下已大大回落，但不可能出现类似反斯大林运动的“去毛泽东化”运动。关于毛泽东的评论，参见 Snow，*The Long Revolution*（New York，1971），pp. 168 – 170。

巧语。"[49]

由于党的主要领导人以如此浮夸的方式领头，所以边区的普通百姓也就有过之而无不及。人们应该会对此留下深刻的印象：赞扬毛泽东及其思想的运动如此迅速地深入到了党和社会的基层。反过来，人民中的群众组织（和个人）又通过向党的领导层传回其信念来响应号召，他们坚信毛泽东是伟大的、毛泽东所走过的革命道路是绝对正确的。怀特和雅各比报道说："毛泽东的人格支配着延安"，他"受着最高的崇敬"。他们在提到毛泽东时还说："他的领导是理论上的"，他的《新民主主义论》（尽管出版于 1940 年）"仍然是整个运动的圣经"[50]。

《解放日报》及延安其他的新闻宣传机构，自然发挥着使信息家喻户晓的强大扩音器的作用。公开赞颂的材料开始越来越多地出现在中共的报刊上：毛泽东早年生活与斗争的故事、赞扬毛泽东人格和思想的文章、木版肖像画、各群众组织表示拥戴的决议、个人的感谢信等。这时还出现了许多歌颂毛泽东的歌曲，最著名的便是《东方红》，据说它是根据一位青年农民（李增正）① 所写的一首诗，用传统民歌的曲调谱写而成的。[51]

1943 年 11 月中旬在延安召开的工人、农民劳动英雄大会②证实了文艺作品中高度表现主义的特征，也证实了运动中精英阶层与大众阶层互相结合的清晰道路。直接负责陕甘宁边区行政工作的高岗以回味无穷的修辞方式使代表们牢牢铭记领袖的崇高地位。高岗自问自答地说："中国共产党是什么人领导?""是毛主席领导的。……毛主席是中国人民的救星，是工农的灯塔，是劳苦大众的旗帜。"[52]这 217
个观点完全被接受：在 11 月 21 日《解放日报》刊登的会议代表③给毛主席的集体敬电中，他们也同样赞扬自己的领袖是"中国人民的救星"[53]。

① 关于谁是《东方红》词作者的问题，现在存有争议，另一种影响颇大的说法认为词作者是李有源。——译者注

② 这里的劳动英雄大会应该是指陕甘宁边区劳动英雄代表大会与生产展览会。大会于 1943 年 11 月 26 日开幕。高岗的讲话作于 1943 年 12 月 5 日西北局招待劳动英雄的大会上。——译者注

③ 这里的会议代表是指参加绥德分区生产展览会的劳动英雄，不是陕甘宁边区劳动英雄代表大会的代表。——译者注

运动的一项重要工作是发行毛泽东的著作，但党在经过一段时间之后才为毛泽东庞大而分散的全部著作制订系统的出版计划。起初，主要是根据著作的切时性和流行程度来选取重印的篇目。例如，据一份资料记载，中共中央晋绥分局在 1944 年 1 月印发了 5 000 份毛泽东极为著名的三篇文章：《论持久战》、《论新阶段》和《新民主主义论》。[54]当然，从 1937 年起，系统编辑的方法就曾尝试过，当时在上海非正式地出版了第一本小部头的毛泽东文选；1939 年年底（如前面所提及的，时间还可能更早一些），陈伯达又编辑了一本卷帙更大的毛泽东文集，它们都在一定程度上为后来正式出版的选集开创了先例。

1944 年 12 月，晋察冀边区刊印了第一版的《毛泽东选集》。值得注意的是，毛泽东权力的中心——陕甘宁边区事实上还未出版过《毛泽东选集》。陈志让（Jerome Ch’en）总结说，这可能表明军队比党更加支持毛泽东。比如，1944 年最早出版《毛泽东选集》的正是聂荣臻所在的晋察冀边区总部，后来林彪也在中国东北的哈尔滨效仿此例。[55]毫无疑问，毛泽东在军队中的地位比在党内高得多；但到 1944 年年底，甚至连以前不太情愿的党的领导人也在你追我赶地赞扬毛泽东。因此，在延安之外的地区出版《毛泽东选集》可能还是应该归因于技术上和行政上的考虑——延安的出版机构毕竟承
218 担着众多组织的大量的出版工作。暂且抛开这个有趣的话题，我们不可否认的是，1943 年 7 月之后的几个月里，毛泽东崇拜异常繁盛，并在 1945 年 4 月党的第七次代表大会上得到了正式确认。毋庸置疑，这种崇拜正是毛派的宣传机器有意为之的产物。中共双管齐下，反击 1943 年春国民党发动的意识形态进攻，而赞扬毛泽东及其思想的运动还只是其中的一部分。

陈伯达批判《中国之命运》

尽管陈伯达好像没有参加公开抬高毛泽东的运动，但他配合了这场运动，在破坏国民党意识形态和蒋介石名望的运动中成为最重要的贡献者。上述两个运动同样重要，而且中共在 1943 年下半年及

随后几年中都以同样的力气来开展这两个运动。毛泽东本人也在1945年中共七大的口头报告中强调了精力分配的两面性:“国民党的影响是低落,而不是没有,势力缩小了,但还有相当大的力量。……[我们]把国民党挤到了那样一个地位,即影响低落,势力缩小,而把我们党放在了这样一种地位,即成为抗日救国的重心,全国广大的人民都拿眼睛望着我们。”“要我们的影响去,他们的影响才会走;我们的影响不去,他们的影响就不走。”[56]

从1943年起,毛主义者越来越直言不讳地批评国民党的各个方面。在1943年7月12日未署名的社论中,毛泽东为陈伯达随后发起的激烈的意识形态论战定下了基调。毛泽东称,国民党的“先生们”与各式各样把国家卖给日本的“日本党”、“汉奸党”有着许多相似之处。他警告国民党的领导人,在这些“共同的地方”,“最基本的共同思想,就是反共反人民”。他接着说:国民党“说出的一些话,做出的一些事,如此和敌人汉奸一模一样,毫无二致,毫无区别”[57]。毛泽东的文章简直就是反对蒋介石和国民党的宣战书, 219
维持现已摇摇欲坠的统一战线几无可能。

9天之后,即7月21日,《解放日报》用整期版面发动了一次大规模的进攻,陈伯达则放出了一枚重炮。题为《评〈中国之命运〉》的长篇评论文章不仅总结了共产党对国民党的立场,而且还将成为共产党在论战中反对国民党的主要武器之一。这篇文章随后被印成多种版本的小册子,并被收入一些官方编辑的关于这一时期的党的文件汇编之中。[58]与这篇文章一道,陈伯达还准备了一本关于蒋介石著作的研究指南,名为《介绍〈中国之命运〉》。这本小册子在文章发表不久后出版(该书“前言”标注的时间是7月19日),该书长篇节录了蒋介石的原文,并点缀陈伯达的注释和评论。[59]它是为补充论文而精心设计的,以至人们惊讶地发现,许多党员读者事实上根本没有越过陈伯达所编的材料去读蒋介石的著作。

两种论著中,文章当然更为重要,它表现出陈伯达极具学术性和论战性。面对蒋介石的挑战,这篇长文便是陈伯达和中共的回应。其主要目的就是要表明,对于中国人民来说,只有唯一的一种选择——支持中共——才是真正可能的。

文章开篇，陈伯达就提醒读者：面对国民党不断的挑衅，中国共产党一直隐忍克制。他说，例如，1940 年 1 月毛泽东的《新民主主义论》出版以来，“无数的国民党刊物”已将其批判得一塌糊涂，中共为了维护抗日民族统一战线的利益，至今（指至 1943 年 7 月）都没有作出任何答复。但现在，他（陈伯达）想以蒋介石的《中国之命运》为契机，表达中共对于蒋介石所提话题的意见。他评论道，回答蒋介石提出的指控是至关重要的，因为它远比一场纯粹的学术论战更加关乎生死存亡，蒋介石的论著确实“是反共反人民的反革命思想准备，而不是别的”。他说，难怪 1943 年 3 月该书刚刚
220 出版，人们就纷纷传说，它是一本“对中国人民的宣战书，是为着发动内战的思想准备与舆论准备”[60]。

在研究指南中，陈伯达要求中国人民留心阅读蒋介石的新书，尤其关注其核心思想——如果要确保中国之命运，就必须呼吁国内统一，而实现这个国内统一的时间不出于这两年之内。陈伯达担心，这个时限就是国民党试图“吞并一切，强固一党专政”的信号，就是国民党意欲迅速实现这一目标的信号。国民党不是等到日本被打败、被赶出中国时再争夺权力，而是力图在所有爱国的中国人联合抗敌之时就夺取政权。[61]陈伯达问道，人们难道会不相信蒋介石的文章“不是为抗战而写，而是为反共，反民主，反民众，反进步而写”[62]？

陈伯达在文中宣称，如果蒋介石想要发动一场关于中国之命运的论战，那么中共很乐意回应。陈伯达以其驾轻就熟的辛辣、讽刺文风展开了对《中国之命运》的攻击，其中充满了对蒋介石个人诚信和政治诚信的影射。他暗示此书根本不是蒋介石所写，而是出自“汉奸”陶希圣的笔下，对于这样一个“臭名昭著的法西斯分子”，蒋介石却十分愿意把他的文章署以己名。陈伯达还认为 1926 年 3 月 20 日的“中山舰事件”是蒋介石故意捏造的，以此作为镇压共产党的借口，就像希特勒后来出于同样的目的编造声名狼藉的 1933 年国会纵火案一样。另一项指责是蒋介石自甘堕落地与卑鄙的汉奸汪精卫合作，而中共早在 1927 年就与其决裂。最后，陈伯达说，尽管蒋

介石声称自己忠于孙中山和三民主义，但恰恰相反，蒋介石已在中国革命的许多重大问题上多次背叛了孙中山及三民主义。①

陈伯达在整篇文章中反复详述各种指责，他提醒读者，中国人 221
民终将在两种根本冲突的中国之命运的愿景间作出选择：一种是毛泽东提出的中共“新民主主义”的思想体系，它综合了中外思想传统中最进步的思想；另一种是“新专制主义”，是蒋介石和国民党的“买办的封建的法西斯主义”，它包含了中外一切反动思想。[63]通过建立和重申他所说的“新专制主义”和著名的“新民主主义”之间的这种并列关系，陈伯达有效地对比了两种相互竞争的意识形态，而且巧妙地使读者确信：他们必须作出最后的、不可改变的决定，要么站在这一边，要么就站在那一边，第三种选择是不可能的。

陈伯达通过提出中国近代思潮演化与综合的问题，合理论证了在两种相互竞争的“主义”之间作出明确选择的必要性。在这里，他又借用对比来强调这种选择：“中国从来显然有两种文化传统思想：一种是民众的、革命的、光明的；一种是反民众的、反革命的、黑暗的。”[64]为了说明这个基本论点，陈伯达从中国近代史中挑出太平天国起义者和孙中山作为中国历史中“革命”传统的典型代表，同时把曾国藩、李鸿章等人当作“反革命”的负面代表。对于陈伯达来说，仅仅为传统中国的历史文化而自豪是不够的，人们必须超越这种自豪，去进一步探究这复杂遗产中的不同源流，仔细从
糠皮中筛选出小麦。不用说，正是中国共产党真正继承了中国传统 222
中进步的源流，而国民党只能沦落为反动的继承人。

陈伯达随后又将相同的基本分析框架运用于外国思想及其对中国的影响问题上：“世界各国不但有进步和革命的思潮，并且也有反动反革命的思潮，因为中国既然有进步与反动，有革命与反革命，那末，世界的反动反革命思潮，也就会被某些中国人所欢迎，

① 关于这些指责，见陈伯达：《评〈中国之命运〉》，1、3、18、20页，香港，1946。“中山舰事件”是指蒋介石听信谣言而对中共和一些苏联顾问所采取的突然镇压。当时谣传中山舰舰长（共产党员）企图于3月18日至19日夜在广州附近的黄埔军校发动反对蒋介石的政变。这一事件并没有得到完满的解释，但蒋介石确实利用了此事，以使其对自身有利，因此有可能是他出于政治目的捏造了这一事件。

所崇拜。”[65]在当时具有“进步”意义的孙中山热情地接受了自由主义的“林肯等人的民主主义”，后来又接受了“俄国革命经验”。中国共产党比孙中山更进一步，吸收了更为先进的“科学共产主义——马克思列宁主义”。至于“反革命”思潮，陈伯达指出，蒋介石在其新著中公开诋毁西方的自由主义和苏联的共产主义，而国民党正在忙碌地“大大宣传希特勒、墨索里尼的法西斯主义并把希特勒、墨索里尼尊为世界‘六大领袖’之二”[66]。陈伯达说，蒋介石此书一出，难道不是让汪精卫、希特勒、墨索里尼、东条英机等人欢欣鼓舞，而使罗斯福、丘吉尔、斯大林以及一切反法西斯的人们觉得失望吗？

陈伯达认为，某种意识形态来源于中国还是外国并不重要；问题的关键是，它是进步的还是反动的，是有利于还是有害于中国人民和中华民族。例如，尽管太平天国的意识形态中含有一些外国的思想（即基督教神学），但是其要求自由、平等、博爱的主张却真正代表了中国人的渴望。此外，尽管曾国藩等人满口旧中国的“仁义道德”，但在实践中只不过是“双重的奴才：满奴才和洋奴才”[67]。

陈伯达脱开这些历史的例证，随后转向我们最关注的主题：拥有一个真正的中国人自己的共产党的重要性。

> 中国共产党的思想，是毛泽东的思想，是中国化的马克思列宁主义。它在马克思列宁主义这一个思想上，不但和苏联共
> 223 产党的思想相同，而且也和全世界各国共产党思想相同，但是，科学的马克思列宁主义正是要求每个国家的共产党人根据自己的国情提出政纲，决定政策，而依靠人民自己救自己，中国共产党在中国的工作正是这样做的。……这真是一个十全十足的“为中国而学亦为中国而用”的中国人自己的革命政党，在中国，再没有可以和它相比拟的了。[68]

陈伯达轻蔑地说，蒋介石和国民党“入主出奴”——在国人面前骄横跋扈，在外国人面前卑躬屈膝。他们在国内自负独裁，却首先依赖苏俄，随后依赖日本和德国，最后依赖美国。[69]在研究指南的前言中，陈伯达对这一观点作了补充，他评论道：《中国之命运》

极力掩盖这种丑陋的事实，并为此使用“捏造事实，颠倒是非”的老伎俩；但这种努力终将失败，因为蒋介石的书“字里行间，表现其仇恨革命的人民”，中国的革命群众是不会上当受骗的。

在中共意识形态发展史和国共关系史上，陈伯达对《中国之命运》的批判都占有相当重要的地位。它呈现出毛泽东和蒋介石关于中国近期及长远未来之愿景的尖锐冲突。通过把毛泽东的“新民主主义”和蒋介石的“新专制主义”（陈伯达称之为“新专制主义”）当作两种完全不可调和的选择，陈伯达为中国人民指出了战时统一战线破裂的强大的思想基础。在这场有关中国未来的激烈争论过去几年之后，受陈伯达观点教育的民众越来越急切地希望用非此即彼的方式来解决问题，即使这意味着在国民党和共产党之间作出选择。从这个意义上看，陈伯达的论辩文章在适宜的时刻抓住了人心。[70]作为一位有力的宣传家，陈伯达极其擅长把复杂的问题以某种方式呈现给公众以诱导他们作出其需要的反应。他对《中国之命运》的处理就是极好的证明。

在陈伯达攻击蒋介石的文章发表之后，陷入论战的两大政党之 224
间事实上的合作已不可能维持。美国大使 C. E. 高斯（C. E. Gauss）在 1943 年 10 月 6 日给华盛顿的电报中评论了此事，他在电报中详述了国共两党围绕《中国之命运》而展开论战的细节：“由于这场宣传战所造成的日益敌对的气氛，预计两党之间达成协定的可能性将会减少。”[71]在一同呈送的备忘录中，大使附上了陈伯达对蒋介石一书的评论，并称之为对国民党的“尖锐批评”和中共反击国民党近期宣传攻势的代表作。

不久，陈伯达《评〈中国之命运〉》与中共其他批判文章中所表达的严厉对待国民党的新观点开始下渗到基层。早在 1943 年 9 月 10 日，两位在延安居住过一段时间的英国教师克莱尔（Clare）和威廉·鲍德（William Band）就注意到中共边区民众态度的变化。那天，他们在参加保德县的一次群众大会时，惊奇地看到蒋介石的画像从通常的“荣誉序列”中消失了。不仅如此，地方游击队的领导还开会强烈谴责蒋介石和国民党，被鼓动起来的群众大喊：“打倒蒋介石，毛泽东万岁!”对于这群人来说，中共显然已最终摆脱了统一战线的限制，他们“完全为这一变化而感到高兴”[72]。

甚至在陈伯达的《评〈中国之命运〉》出现之前，美国驻重庆的大使馆官员就已向华盛顿的国务院提醒，反蒋潮流正不断增长。在 1943 年 5 月 31 日的秘密电报中，代办乔治·艾奇逊（George Atcheson）注意到了“保守分子陶希圣”在《中国之命运》写作中的角色及书中所表达的“狭隘观点”；同时他还注意到了“中国知识分子反对此书的普遍而强烈的愤恨情绪”，甚至连国民党自身也准备应对“外国的不利反应”。这份电报还指出，中国共产党把该
225 书视为“宣传自身事业的最佳素材”[73]。当陈伯达发表《评〈中国之命运〉》，并借助中共的宣传在中国赢得一些声誉之后，外国的机构也搜集到了这份材料。合众国际社（United Press International）播发了英文版，其节录稿被美国新闻界广泛使用；美国国务院也在一套文献丛书中出版了英文版。丝毫不足为奇，它至少也会出现在美国共产党的刊物上。[74]

长期以来被认为是中国共产主义运动中相当重要的理论家的陈伯达，作为中共具有全国声望的发言人，现在又获得了一些国际名望。不过，这种情况刚刚发生陈伯达就再次退回到中共的范围之内。1943—1944 年，他的工作与毛派的事业紧密相连，并且最具重要性；但这些任务本质上是学术性的，而且无法公开。他将准备作出对“毛泽东思想”正式的历史—哲学解释，同时起草由毛派重构的、官方认可的自 1921 年党成立以来的中共党史。在这重要的两年中，中共报刊上引人注目的内容是确立毛派狂热和谴责蒋氏哲学，但在这较长的时段里，陈伯达却在秘密而耐心地劳动。彼时，陈伯达新的研究作品被严格地限定为“党内”文件；直到 50 年代初，在他的结论大部分被 1945 年的六届七中全会正式认可很久之后，它们才为中外人士所公开获得。

第九章

中共党史的重构（1943—1944）

学习党史运动

到1943年秋，毛派已牢牢控制了中国共产党，两个相互配合的 226
运动——赞扬毛泽东与贬低蒋介石都取得了良好的进展。然而，毛泽东在党内的支配地位要得以巩固，他的领导权要平安度过打败日本之后随之而来的许多风暴，仅仅通过口号和歌曲来颂扬毛泽东及其思想是远远不够的；还需要一种思想基础来论证党所提倡的双重崇拜的正当性，即崇拜中国共产主义运动正确的领导人——毛泽东，崇拜这种正确领导在意识形态上的表现——毛泽东思想。

为此，毛派自然要转向历史，尤其是中共党史。的确，中国传统与马克思主义的结合使得历史对于中国共产主义者尤为重要。大多数中国人总是认为，历史比单纯的编年纪事要丰富得多，在每个事件背后都潜藏着一个超越事件本身、给事件本身以意义的真理。以这种观点来看，研究历史不逊于研究掌控文明兴衰的普遍规律和人类自身的命运。对于马克思主义者来说，历史是社会科学研究者的实验室，是研究个人行为和社会行为基本原理的基础材料。[①] 当
然，并不需要提醒中国的马克思主义者，“抽象”真理所谓的空洞 227
脱离了中国的历史背景。正如他们现在所声称的，如果毛泽东思想代表了中国革命的真理，那么它的正确性最终将为培育和检验中国共产党的“具体的”历史进程所证明。因此，全面回顾中共二十二

① 为了获得想要的结果，自然科学家可以“篡改”实验室的实验；社会科学的研究者出于隐秘的目的，为了达到预定的结论，当然也可以同样的方式故意“误解”历史。但即使如此，历史对于社会科学的研究者来说也是处于中心地位的，无论研究者的思想倾向如何。

年的历史应该可以揭示毛泽东对实践运动的正确领导与指导实践运动的而又由这种领导成就的正确思想之间错综复杂的关系。对于卡尔·马克思及其中国信徒来说，历史是人类命运最伟大的仲裁者：反动派之流注定会被遗忘，而真正的无产阶级革命家则会赢得后人的敬仰。

如果对约瑟夫·斯大林在苏联的经验亦步亦趋，毛派的愿望很可能会实现。在与托洛茨基和几乎所有策划1917年革命的“老布尔什维克”进行了可怕的斗争之后，斯大林崛起为苏共的最高领导人。其官修的《联共（布）党史简明教程》于1938年出版，随后成为对苏共动荡之历史唯一的、正统的解释，并被指定为苏联社会各阶层的学习读物。不用说，这种历史解说表明斯大林是马克思列宁革命遗产的唯一的、真正的继承者；在1953年斯大林去世之前，没有人敢于挑战这种说法。[1]

在延安时期，毛泽东和他的同事们从1938年年底就已意识到斯大林的这些努力，当时《联共（布）党史简明教程》的长篇摘录附带着注解定期出现在延安的《解放》周刊上。1939年至1940年干部教育运动期间，整本书最终被翻译为中文，并被指定为必读书。[2]到1942年整风运动时，中共党内绝大多数有文化的干部可能都已熟悉斯大林对苏共党史的解释，至少熟悉其基本大纲。因此，毛派在重构党史方面很可能深受苏联模式的影响。例如，我们已经知道，在1938年——《联共（布）党史简明教程》在苏联出版的同一年，陈伯达发表了一篇最初的毛派版本的关于中共党史的论文。当时，
228 中共还发起了对原始资料（文件、论战资料、回忆录等）的集中收集工作，由此编订出关于1921年以来党的斗争的更加权威的说法。在这种背景下，陈伯达于1944年春完成他1938年最先从事的研究，并以党内最重要的历史学家的身份重新出现，这并不令人感到惊奇。

中国传统、马克思主义理论和苏联的范例都向毛派强调了重写中共党史的迫切性，这种迫切性是紧随毛派最终战胜党内所有的反对派而来的。回顾党史的倡议源于1942年秋天，即整风运动刚刚达到高潮后不久。当时，党内的反毛派已被击溃，他们将不得不承受在毛派书写的编年史中把他们的名字和他们的错误当作反面教材来

记录的耻辱。令人惊奇的是，这次总结历史的动力不是来自政治局，而是来自解决有关陕甘宁边区地方问题的冗长的“高干会”。在三个月的会期中（从 1942 年 10 月 19 日持续到 1943 年 1 月 14 日），这个会议应对和解决了地方党组织面临的三个重大问题：统一领导的追求、边区党目前任务的确定和边区党史的修订。[3]分别代表政治局和中共中央西北分局的毛泽东和高岗，成为会上两个占优势地位的人物。特别是毛泽东，通过发表关于边区经济财政问题的长篇报告——这份报告，我们在第八章中已见到——赢得了一种新的声望，这对于毛泽东掌握大权来说具有某种重大的意义。关于毛泽东的报告无须多言，但高岗在会上的作用仍需详述。

高岗，一位陕北土生土长的、延安地区经验丰富的游击队员，从总结陕甘宁边区党史中获益良多。与毛泽东相似，高岗在留苏学生领导时期被当作“右派分子”而遭受迫害，在毛泽东和朱德结束长征到达延安后，他才恢复了名誉。高岗认为，应对边区“左”倾路线负责的个人尚未受到足够的揭露与指责；他还认为，地方党组织的正史需要修正，以此来为包括自己在内的同志平反，并对那些曾犯下错误的人正式定罪。“高干会”成为他提出这些问题的最佳时机。在向与会干部所作的长篇演讲中（这篇演讲被说成反映了与会干部的集体共识），高岗证明了边区“忠诚分子”的无辜，这些人曾在 1935 年以前的游击斗争中围绕在刘志丹（和高岗本人）的身边。高岗欣慰地看到会议正式批评了中央代表，尤其是郭洪涛和朱理治，因为他们曾压制地方游击队中的“忠诚分子”。[4]现在，所剩的一切工作就是在即将出现的新党史中作合适的记载。

在陕北地区，高岗并不是唯一谴责“左”倾领导的人。任弼时对高岗的严厉批评作了详细的说明，他说，从“九一八事变”（1931 年）至 1935 年遵义会议期间，错误路线一直在党的最高层中盛行，由此造成了这些地方性的错误。[5]有趣的是，任弼时的评论精准地定位了作为全国领导人的毛泽东和作为地方领导人而又在地方党史争论中引人注目的高岗之间的平行关系。新出现的正统说法声称，郭洪涛、朱理治对陕北地区的领导，在 1935 年之前是“‘左’倾机会主义”，在统一战线的政策确定之后又是“右倾机会主义”。

直到1938年5月，当高岗代替郭洪涛成为延安地区党的书记之后，地方党组织才开始执行“完全正确的政治路线和组织路线”[6]。对事件的这种解释，当然与毛泽东及其同事们对留苏学生领导权的批判完全相同，而这种批评是从遵义会议毛泽东取得胜利之后逐渐搭建起来的。

遵义会议会址。1935年1月，中共中央政治局在这里召开扩大会议，确立以毛泽东为代表的新的中央领导集体。

据说在30年代初的争论中，毛泽东和高岗都追求过正确的政策，但都遭到了留苏学生或其代表的非难，都曾被剥夺职位，都曾受到过某种形式的处分。最后，他们都完全证明了自己的清白，党
230 终于从留苏学生的错误路线中醒悟过来，解除他们的职务，并将党的命运交到这两位此前的受害者手中（在各自的层级上）。毛泽东和高岗之间这种明确的平行关系必然会大大增强高岗作为边区党组织无可争议的领导人的地位，但它还有另一层重大意义。在“高干会”结束后不久，党的最高层就密集地举办学习党史的运动。这似

乎表明，由高岗发起的地方党史的修订为正在酝酿的新运动提供了公认的范例。

在发动全国层次的学习党史运动之前，毛泽东很可能用高岗对地方党史的检视来探测党内精英的情绪。当然，事实是，为了在向六届七中全会提交的党史问题上达成某种程度的共识，毛泽东花了两年半的时间（1942 年秋至 1945 年春），这说明要使每个人都信服新的观点，还需要时间。不管毛泽东在党史运动的初始阶段遇到过多么强烈的反对意见，在中央于 1943 年春决定发起公开赞颂毛泽东及毛泽东思想的运动之后，所有的怀疑都不复存在。面对这个决定，毛泽东先前在党内的敌手不得不放弃他们的反对意见，尽管他们个人的反应不一。比如，博古就呼吁全党团结“在毛泽东的旗帜之下”，而王明只是退出了中共高层活跃的政治生活。① 如果王明后来的回忆录还可信的话，那么他和毛泽东都完全明白控制党史的重要性。王明称，毛泽东想通过修订党的历史来确保“毛泽东在中共党内至高无上、无可撼动的地位”。对于毛泽东的意识形态诉求与 231
修订党史的关系，王明说得同样露骨。他将毛泽东的想法大体解释为：“在中共党史和中国革命史中，如果其他人的贡献获得了认可，那么‘这里就没有毛主义’。”[7]具有讽刺意味的是，在毛派的新党史中，王明和留苏学生等人的益处并不是不可辨认的；他们的主要作用就是充当反面教材，他们的教训将被仔细研究以免重演。

官方的材料已经揭示，政治局于 1942 年的某个时候启动了党内高层对党史的讨论。[8]虽然没有给出具体的日期，但这次讨论可能紧随这年秋天高岗在“高干会”上的报告。1943 年 6 月，党的西北局（西北局是由高岗领导的）正式通过了高岗的报告，并将其指定为西北局整风运动中正式的学习材料。[9]7 月，当对毛泽东及其思想的崇拜爆发时，刘少奇进一步推动了学习党史的运动，其赞扬毛泽东的文章造成了这样的影响。在 7 月 6 日的文章中，刘少奇提到了党在历史战线上紧迫的任务，他要求“一切干部，一切党员，应该用

---

① 王明好像在 1942 年至 1944 年的大部分时间里身患重病，但不管怎样，他确实故意疏离于与其他党的领导人的正常交往，并经常对延安发生的事不闻不问。关于这一点，参见 *The Vladimirov Diaries: Yenan, China, 1942—1945* (Garden City, N. Y., 1975), pp. 110 - 113，以及其他的许多材料。

心研究二十二年来中国党的历史经验”。他宣称集中学习党丰富的历史经验是摆在党组织面前的“最重要的任务之一”，因为“这些经验的马列主义的总结，是团结全党、教育全党、提高全党以至争取中国革命胜利的最重要的一环”[10]。

这种表述并无新意，当然，刘少奇为帮助同志们仔细钻研党艰苦的斗争岁月而提出的指导方针则是新的。刘少奇提醒，在学习党史的过程中，“有几件事同志们总是应该牢记在心”。

> 中国共产党的历史，是马列主义在中国发展的历史；也是中国的马列主义者和各派机会主义者斗争的历史。这种历史，在客观上是以毛泽东同志为中心构成的。党内各派机会主义的
> 232 历史，决不能成为党的历史。党内孟什维主义的体系及其传统，决不能成为党在思想上的体系及其传统。[11]

在整风和高岗修订地方党史之后，如果说留苏学生仍抱有微弱的希望，即希望他们能在正在编订的新党史中取得受尊敬的——即便是次等的——地位，那么1943年秋中共中央出版的文选则终结了那种希望。这本名为《两条路线》（明显与王明1931年的历史论著暗暗相关）的文选是一部从建党到1943年的中国共产党历史文献的选编，供中高级干部学习使用。它的两大主题是毛泽东阐释马克思列宁主义的演变（“毛泽东思想”），以及毛泽东与诸如留苏学生等错误宗派的不懈斗争。根据好像获得了《两条路线》复本的彼得·弗拉基米洛夫所言，该书的主要目的在于“赞扬毛泽东的政策并猛烈谴责王明的‘煽动’”。从我们所知的学习党史运动的其他文献来看，我们没有理由怀疑弗拉基米洛夫对此书的定性。[12]

根据刘少奇的指示——毫无疑问它反映了政治局的集体意见，下一阶段的党史学习运动付诸实施。在多次召开关于党史问题的专门会议，并在会上对刘文中所表达的总体结论达成一致之后，政治局委员们随后于1943年秋至1944年春领导全党的高级干部展开了同样的讨论。对于毛派来说，这些会议好像进行得十分顺利，因为官方的材料后来称，它们“为一九四五年召集的中国共产党第七次全国代表大会作了重要的准备，使那次大会达到了中国共产党前所未有的思想上政治上的一致”[13]。不过，刘少奇所提指示的苛刻仍

产生了一些问题。在4月12日召开的最后一次春季会议上，毛泽东在重要讲话中总结了这次讨论，他承认应缓和干部们向留苏学生及失势宗派其他成员所发泄的敌对情绪。在称赞了之前的讨论所取得的成功之后，毛泽东提醒在场的高级干部，在评价过去的错误时不 233
要过于敌对。不应过分看重犯错误干部个人的责任，应采取“治病救人”的真诚态度，而不是报复排挤的态度。[14]

最后，毛泽东试图削弱造成同志间紧张关系的极端宗派主义，他以一个简单的宣告令人震惊地结束了党史上整整一个时代，他说：“应该指出，我党历史上存在过并且起了不良作用的宗派，经过遵义会议以来的几次变化，现在已经不存在了。……过去的宗派现在已经没有了。”[15]

这至少使李立三、王明和博古等“过去的宗派”的领导人象征性地满意，因为他们将不会在每日的党务中被贴上反面教材的标签，遭受批评（和自我批评），尽管他们仍将在即将修订的党史中背上耻辱的恶名。最后，毛泽东试图平息过去，把党的注意力转到前方新的任务上。他透露，期待已久的“第七次全国代表大会不久就可能开会”，在提上日程的主要议题中，肯定会包括“加强城市工作和争取全国胜利的问题”[16]。

陈伯达和“毛泽东神话”

出于某种奇特的原因，毛泽东在“高干会”最后一次专题会议上的这篇讲话并没有对一年多来党史讨论中形成的结论作出全面的总结。甚至在评价颇有争议的1931年至1934年这段留苏学生掌握大权的时期时，毛泽东仍满足于简要提及政治局先前的结论：“一九三一年上海临时中央及在其后由此临时中央召开的五中全会……是合法的”，但是应指出其“选举手续不完备，并以此作为历史教 234
训”[17]。这似乎是以一种十分温和的方式来处理修订党史运动中本应最具争议且最为主要的问题的时期。当然，刘少奇1943年7月6日的文章对于党内犯错误的领导人作出了更加严厉的裁定，而非仅仅“手续不完备”的告诫。

但毛泽东知道他要干什么。尽管干部会议即将结束，但关于党史的争论还远未结束。在政治局和中央委员会内部，更多的讨论仍摆在面前——事实上，讨论从1944年春末一直持续到1945年4月七大的召开。七大将负责就党史的解释作出最终裁决。但毛泽东针对留苏学生在1931年至1934年担任最高领导职务的“合法性”问题所作的评论极其有助于消除延安的疑虑。虽然留苏学生在政治政策和军事政策上犯过错误，但他们的领导权是合法确立的，并非与党所规定的手续完全不合；当然这就没有刑事审判和肉体处罚的问题，而大多数苏联的“老布尔什维克”却没能这么幸运地逃脱斯大林的手掌。

在4月12日的讲话中，毛泽东表示，政治局主要关心的是就遵义会议以前的党史得出结论。根据毛派形成的共识，中共自1935年1月以来的发展不存在需要解释的根本问题。毛主义者声称，在遵义会议之后，党走上了“正确的”道路。在1935年至1937年间，党的领导机关的“左”倾政策被毛泽东及其支持者的政策取代。至于1937年7月日本侵华以来的几年，毛泽东相信他所作的合适的分期及各期的特征都是没有实质性问题的：1937年至1940年，克服“右倾偏向”；1941年至1942年，控制“过左的偏向”；1943年至今（1944年4月），是“没有基本倾向”的时期。[18]一年后中共中央正
235 式通过的党史决议并没有试图确认、拒绝或修改这种尝试性的分期；关于遵义会议以后的党史，决议只是说“留待将来做结论是适当的”。中共中央的主要精力都集中于1935年之前的时期，尤其是留苏学生在任期间。[19]

党中央决定将检讨聚焦于1935年以前，除了关于1935年以后党史的这种明显共识之外，似乎还有另外一个重要原因——中共党内对毛泽东作为马列主义理论家的个人名望仍有迟疑。紧接着1944年4月毛泽东的讲话，三篇完整的关于党史的系列论著相继付梓。在这些文章中，陈伯达直接面对了这件敏感的事情。这些重要的出版物奠定了陈伯达作为党史新解释的主要裁决人和“毛泽东神话”的首要创造者的地位。在一处透露内情的段落——在后来的修订版中被删去——中，陈伯达表明了他献身“毛泽东神话”的程度。

> 毫无可疑的，只承认毛泽东同志是革命的实际行动家，或者认为毛泽东同志在抗战时期才成为理论家，而以前还不是理论家，这样，是把毛泽东同志的实际和理论分开出来，是完全不合历史的事实的。[20]

许多党内精英都严重质疑毛泽东所声称的理论领导。留苏学生当然不会隐瞒他们对毛泽东理论才能的鄙视，甚至如朱德等相对热忱地支持毛泽东的人也只是在整风运动的压力下才承认毛泽东在意识形态方面的重要性。但到 1944 年春，当陈伯达写下这段话时，党的领导人已改变态度，转而接受（尽管有些勉强）毛泽东的地位，而且其中大多数人都已投身于赞扬毛泽东及其思想的运动。换句话说，对于把毛泽东树立为中共最重要的思想家，到这时已没有任何重大的怀疑了。但对于作为革命领导人的毛泽东在思想上和理论上的发展，仍有一些怎样分期的问题。陈伯达的评论似乎暗示：一些党的领导人虽然接受了毛泽东在思想上的主张，但他们只是提及遵 236
义会议以后的时期——当时抗日的问题占据了日程的第一位。

正如我们已看到的，毛泽东作为理论家的名声主要基于 1936 年（当时他的著名的军事论文《中国革命战争的战略问题》，已印行）以后问世的大量著作。1937 年年末上海出版的《毛泽东论文集》是已知的第一部毛泽东文集，但是这本书和 1939 年出版的、陈伯达编辑的《毛泽东论》均未收录遵义会议之前的文章。甚至在整风运动中及整风运动之后，在毛泽东的理论地位逐渐被全党认可时，也几乎总是提及诸如《论持久战》（1938 年）、《论新阶段》（1938 年）和最具影响力的 1940 年出版的《新民主主义论》等遵义会议之后的作品。张如心曾于 1942 年初发表了第一篇系统研究毛泽东“理论和策略”的文章，他也没有提及一部毛泽东 1935 年以前的著作。当一篇早期著作（《古田会议决议》）的节选在整风运动中被指定为学习材料时，中共也没有给出任何暗示——它出自毛泽东的笔下。这似乎是陈伯达为毛泽东 1935 年之前的理论贡献大部分为党所忽视而遗憾的一个基础。

但为何会有这种关切？当毛泽东在党的领导集团中获得了指导地位之后，毛派是不是应该满足于在 1935 年之后的时段确立毛泽东在理论上的正确性？当遵义会议前党的命运还在成功与失败之间摇摆不定时，是否还有必要坚持声称毛泽东的正确性？陈伯达（和毛泽东）显然认为有必要。

我认为，原因之一是，对于毛泽东早期革命活动的持续沉默如果不是同时带来两种不受欢迎的解释，那么也会促发其中的一种。首先，对早期的持续沉默将暗示着毛泽东在前15年的革命生涯中没有对马克思列宁主义理论在中国实际背景下的发展做出任何重大的
237 贡献。换句话说，他未能有效地结合外国理论与中国革命的具体实践，从而未能在理解革命运动的内在力量方面发展出正确的理论。这种观点对于任何基本掌握马克思列宁主义的人来说都潜藏着危险的暗示，尤其是马克思主义坚持认为，正确的革命实践必然产生正确的革命理论；反过来，正确的理论又去指导新的实践，从而发展出新的理论，如此一来形成一种辩证的、相互作用的、永无止境的链条。因此，毛泽东1935年以前的理论才能尚可怀疑的微小暗示将直接表明毛泽东同一时期对实践运动的领导同样是不确定的。对于马克思主义者而言，理论和实践必须保持一致。毛泽东在1935年以前的理论与实践方面或者都是正确的，或者都是错误的。在任何情况下，他都不可能在一方面是对的，在另一方面又是错的，毛泽东和他的同事们不可能对这样的结论不加考虑。

尽管毛主义者发动了一场大规模的运动以期把毛泽东抬高到领导人和思想家的地位，但这种对于遵义会议之前毛泽东历史作用的模棱两可却依然存在，这将成为困扰毛派的重负。关于毛泽东只是“半对半错”的领导人的任何暗示都必将玷污他作为全党、全国无可争议的领袖的新形象，而且最终还会引出许多有关中共前15年艰苦斗争的尚未解决的问题。毋庸置疑，王明和博古（没提到李立三）等人对如此解释党史会表示满意：证明他们错了，但并不证明毛泽东是正确的。这种解释在留苏学生所犯错误的问题上采取了一种毛派之外的立场，这无疑会拖延全党进入另一轮关于历史问题的激烈争论的进程。

树立毛泽东主张的第二个原因是，担心留苏学生及毛泽东本人既不完全正确也不完全错误的任何暗示都将必然导致一种不受欢迎

的猜测：早期党史中正确理论和正确实践的“真正”聚点到底在哪里？尽管自1921年建党以来遇到过很多挫折，但中共的历史记载最终仍会是发展与成功的真实记载，既然大家普遍认同这种说法，那么在某处就必须存在一个“真正”的聚点。因此，如果正确领导的 238
重任在1921年至1935年既不落在毛泽东的头上，也不落在他的对手的头上，那么人们就会被迫从党外来寻找这种正确的领导。而寻找必然会转向共产国际，再从那里转向莫斯科的克里姆林宫——在我们讨论的这段时期内，它是公认的世界革命的中心。出于许多我们熟知的原因，毛泽东及其支持者完全不能接受这种观点，他们从遵义会议之后就一直在理论上和实践上树立中共相对于苏共的实质上的独立。此时，承认中共在1935年之前没有能力培养自己本土的领导人，而不得不依赖外国在理论上与实践上的指导，简直是不可想象的。从马克思主义或民族主义的视角来看，这种建议无疑会招致毛派的反感。因此，重写中共早期历史的决定并不是简单地赞扬毛泽东（尽管这种强烈的色彩也肯定存在），其相当重要的最终目标在于马克思主义中国化。修订的党史将会证明马克思主义的“中国形式”，即毛泽东思想鲜明的民族起源。

从许多方面来看，陈伯达都明显承担了重构早期党史的任务。作为一个从莫斯科回国的俄语流利且才华横溢的学生，陈伯达通晓俄国革命的历史，尤其是苏联共产党的党史。除此之外，他与留苏学生在中山大学的密切接触，使他熟悉毛泽东的主要对手的一些个人情况，同时也产生了对他们的敌意。这在党内可能无人能及。早在1937年，当陈伯达初到延安时，他就参与了党史的研究和讲授，1938年他发表了毛版中共党史最初的草稿。在整风运动期间，陈伯达崛起为毛派阵营中主要的论辩家之一，通过批判蒋介石《中国之 239
命运》的名文，陈伯达在国内外获得了中共最重要的理论家的盛誉。更重要的是，自1937年以来，陈伯达与毛泽东建立了紧密的思想联系，并在某些方面影响了毛泽东的思想，他可能比党内其他人更加细微地了解毛泽东的思想和人格。

陈伯达书写历史的工作是从两方面展开的。首先，他将证明从1921年建党到1935年遵义会议这十五年中，正是毛泽东创造了中国无产阶级革命正确的理论、战略及策略。其次，根据上述观点，陈伯达实质上把1935年之前的党史呈现为毛泽东正确路线逐渐发展的历史和毛泽东正确路线为获得最高权威而与起来挑战它的一切错误路线斗争的历史。陈伯达首先将中共党史视为思想史；它在很大程度上是某人思想的编年史，其激动人心的地方不是从军事斗争的细节中寻找，而应从包含全部革命过程的更加伟大的（黑格尔式的?）思想展开中寻找。我们还能有其他的方法来解读陈伯达对于毛泽东《湖南农民运动考察报告》（1927年）的理论意义所作的引人注目的评价吗？陈伯达说："这篇历史文献，无疑地，正和我党全体同志所创造的轰轰烈烈的大革命，一样地彪炳显赫。"[21]暗含在这种宏大比较中的观点是：1924年至1927年大革命的价值和意义是，它为毛泽东个人的政治理论的诞生提供了历史背景。这种观点可以从陈伯达的理念中推导出来。陈伯达认为，历史首先是思想的孵化器，历史学家的任务就是从原始的、经验的事件中把深嵌其中的思想提炼出来。

在详细考察陈伯达对党史的重构之前，有一些文献学上的问题应该廓清。正如前面所提到的，陈伯达为党的高级干部写了三篇体
240 系完整的文章。它们被归为"党内干部读物"一类，并延迟出版，这些都表现出文章的机密性。直到50年代初，这些文章才公开出版（仅仅以修订版的形式）。其中两篇写于1944年春，并署名陈伯达；另一篇写于1945年春，并以中共中央的名义发表。第一篇是《读〈湖南农民运动考察报告〉》，随后在1951年以同样的书名出版发行。第二篇题为《内战时期的反革命与革命》，迟至1953年才出版，并更名为《关于十年内战》。1953年同时公布了著名的《关于若干历史问题的决议》，这份决议恰在党的第七次全国代表大会前夕，于1945年4月20日经中共中央六届七中全会通过。[22]将这份重要决议的著作权授予陈伯达是有一些争议的，但出于各种原因，这种观点似乎是合理的。不过，我将推后讨论陈伯达是决议作者的证据，直到我们讨论决议的实质内容之时。

50年代的修订本到底做了多大程度的修改，这当然是一个有趣的问题。但其中的两篇文章，《读〈湖南农民运动考察报告〉》和中

共中央的决议，在西方都只能获得1951年和1953年分别出版的修订本，原始版本似乎仍锁在中共的官方文档之中。但幸运的是，我们已获得《内战时期的反革命与革命》的原稿，通过对比，我们可以得出一些关于这三篇文章的一般结论。[23]如果不过多地考虑细节，那么原稿和修订本在事实材料上或解释上几乎没有显著的差别。修订本更新了一些论据，删去了一些不重要的材料，并在总体上调整了表述方式。两个版本最重要的区别是显而易见的：修订本中明显的趋势是一定程度上修改了声称毛泽东理论原创性的语句，增加了一些强调马克思、恩格斯、列宁，尤其是斯大林的无所不在的思想影响的语句。但这只不过是在1949年后中苏友好的利益驱动下，众 241
所周知地润色中共早期文献——尤其是涉及毛泽东早期著作的文献——的又一个实例。[24]我们可以合理地假设，在修订研究《湖南农民运动考察报告》的论著和关于党史的决议时，陈伯达会以同样的方式修改有关毛泽东理论才华和理论原创性的论述，而增加一些对国外马克思主义经典作家，尤其是斯大林的尊敬。

从《内战时期的反革命与革命》结束语中得到的一个例子将表明修订本做了何种修改。在1944年的原始文本中，陈伯达大胆而又绝对地称赞毛泽东在1928年中共六大以后的成就："毛泽东同志则更完备地在理论与实际上解决了全部的革命根本问题。"在1953年的修订本《关于十年内战》中，这个句子被改为："毛泽东同志应用马克思列宁主义的方法和理论，遵循和发展斯大林关于中国革命的学说，则更完备地解决了当时提出的革命根本问题。"

陈伯达不仅加上了有关马克思列宁主义和"斯大林学说"的两个分词性短语，使毛泽东亏欠于作为理论家的苏联领导人，而且还用"当时"取代了"全部"，降低了毛泽东解决革命根本问题的作用。应该注意的是，尽管这些修改很重要，但它们直到1953年，陈伯达写完原文九年之后才产生；同时，党内同志在学习党史运动中如饥似渴地研究与吸收的正是更加直率的原始文本。在1944年，毛泽东独一无二的重要性是中共党员关注的中心，斯大林和马列主义遗产大多隐身幕后。

毛泽东早年的“布尔塞维克主义”

242 正如德田教之已指出的，陈伯达正是在1944年春的重要文章中试图“在党内首次系统地重构毛泽东思想”[25]。同时，陈伯达必须使党内同志熟悉长期被忽略的毛泽东1935年前的著作。因此，陈伯达的文章中掺杂了丰富的引语，这些引语均来自陈伯达所认为的最重要的毛泽东早期著作，尤其是1927年至1930年的著作。在长篇引用的重压下，陈伯达惯有的那种铿锵有力的散文文风受到了一些损伤，但其目的显然是在毛泽东的早期著作等待出版之际，使毛泽东本人的文字以某种形式刊印出来。

陈伯达也想以严肃的学术形式来表现毛泽东，并将其置于中国革命史的背景之下。在《读〈湖南农民运动考察报告〉》中，他开篇①就特别指出，湖南省是近代中国“革命与反革命、维新与守旧的斗争焦点之一”。的确，湖南在20世纪见证了这些相互竞争的力量之间“典型的”“斗争”，而且湖南“出现了各种革命的典型人物与反革命的典型人物”。陈伯达虽未专门指名道姓地将毛泽东称为“革命”一方的“典型”人物，但当陈伯达指出毛泽东的《湖南农民运动考察报告》是“历来最好的中国人之最好的思想的结晶之一”时，上述观点就清晰地表达出来了。不管怎样，毛泽东出生于湖南是众所周知的；湖南在中国近代史上是一个引人注目的地方，这一事实也经常为中国和西方的学者所提起。[26]仅靠暗示湖南在中国历史上的重要地位，陈伯达就在毛泽东和中国浪漫、荣耀的过去之间建立了一种几近神秘的联系。

从这种有趣的暗示中，读者会误以为陈伯达可能是想表明毛泽东和19世纪太平天国运动的中国传统反叛者之间存在某些模糊的关联。陈伯达唯恐读者陷入误区，所以他迅速转向毛泽东和中国共产党之间齐整的并行关系。陈伯达说，从1921年建党起，中国共产党的发展经过了三个明显的阶段：（1）城市工人运动阶段；（2）国共

① 这一观点是陈伯达在结束语中指出的。——译者注

统一战线阶段；（3）农民运动阶段。这种党史分期完全是传统的，243
但陈伯达接着添上了自己新奇的见解：“毛泽东同志从党创立起到大革命，他的革命工作，也正是经历了这三大阶段：先是从事工人运动，其次即从事统一战线的工作，复次，即从事农民运动。”[27]

既然毛泽东的早期经历确实遵循这种一般的模式，那么陈伯达试图建立的并列关系就是具有一定根据的。通过这种并列关系，陈伯达似乎表明毛泽东与党、个人和集体之间有某种更高的联系——甚至是一种几近有机的关系。他似乎进一步表明，在毛泽东的成长和党的发展中存在一种必要的互利关系。也就是说，毛泽东依靠党的存在，并视党的存在为他个人存在的必要条件；同样，党也依靠毛泽东的存在。陈伯达虽未完全否定党的集体性和整体性，但他却把党员的作用放在次要地位，通过指出个人的决定作用，他接近于说党必须要有毛泽东，从开端到发展，直到此时的状态。他说，在 1921 年至 1927 年中共历史上的每个阶段，毛泽东始终“站在最重要最前面的岗位……接触实际最多……对革命操心最切，思虑最深”[28]。

有趣的是，在搜集中国革命早期毛泽东对马克思主义理论之贡献的证据时，陈伯达完全忽视了 1927 年 3 月以前的毛泽东著作。我们只能猜测，他和毛泽东都认为那些著作在一定程度上太不成熟，或太平凡，或错误太多。[29]但这个缺省无关紧要，因为这一不足被唯一一篇毛泽东著作弥补了，即写于 1927 年 3 月的《湖南农民运动考察报告》。陈伯达显然认为这篇著作比其标题所展示的重要性更
为重要一些。陈伯达说，这篇文章“总结了”“大革命时代全国群 244
众斗争”的经验，“代表了整个时代与整个历史的精华”[30]。

当然，抱怀疑态度的读者也许会问，一篇关于农民运动（与城市工人运动相对）的报告在老练的马克思主义者眼里怎么可能被视为代表了中国早期无产阶级革命的“精华”呢？而且，确实是农民出身的小资产阶级知识分子毛泽东事实上怎么可能写出如此重要的著作呢？陈伯达早已对这些棘手的问题有所准备，在文章开篇，他就解释说：“毛泽东同志的报告就是以无产阶级代表者的资格彻底地答复了这个革命中心问题（在当时又是最迫切的问题）［即农民问题］”[31]。因此，既然毛泽东是中国无产阶级的“代表”，既然农民问题是中国

无产阶级革命的“中心问题”，那么逻辑上就可推导出，毛泽东对这个特定问题的彻底的答复实际上就等于彻底答复了整个无产阶级革命。正是出于这个原因，陈伯达说，毛泽东的《湖南农民运动考察报告》可被准确地描述为“我党布尔塞维克战略与策略的概括”和1924年至1927年大革命时期“我党布尔塞维克主义的总结”[32]。

这些只是崇高的赞颂，但陈伯达还有证据。他认为，在毛泽东1924年至1927年的思想中可以找到三个明显的构成部分：（1）他所拥有的革命方法论；（2）他对农民的极端重要性的认识；（3）他的革命民众专政的主张。让我们依次考察这三个组成部分。据陈伯达所说，毛泽东的“革命方法论”不是别的，就是群众路线：“当群众的学生，集中群众斗争的经验及其意见，反转过来，又当群众的先生。”陈伯达说，这种方法论是革命成功所必不可少的，因为它能防止真正的革命者滑落为“书呆子”，如同热切实践其鲜明的“孟塞维克的方法论”的陈独秀那样。[33]至于毛泽东对农民的重视，
245 这是因为他认识到在像中国这样庞大的农业国家里，“若是中国无产阶级不能领导农民革命，则决不能成就民族的和无产阶级［自身］的事业”。陈伯达把这种观点建立在毛泽东的观察上，毛泽东认为，在中国需要依靠“兴起的农民”来摧毁封建主义和帝国主义。这与陈独秀所坚持的低估农民在中国革命中的重要作用的看法完全不同。[34]最后，陈伯达指出，毛泽东长期拥护列宁“革命民众的专政”的理论，在中国农民运动的背景下，当然就是“革命农民的专政”。为了扫除对这种等同的任何怀疑，陈伯达提醒读者：“列宁所论述的革命民众的专政，恰就是毛泽东同志所歌颂的革命民众的专政。”① 这种理论当然也与陈独秀的理论有着天壤之别，陈独秀强烈反对农民在建立革命政权的过程中干涉行政事务。

在整个讨论中，陈伯达并没有宣称毛泽东事实上早在1927年就

① 陈伯达：《读〈湖南农民运动考察报告〉》，21～24、29～30页，北京，1951。正如斯图尔特·施拉姆在私下交流中所指出的，列宁从未谈过“革命民众的专政”，毛泽东也未曾提及“革命农民的专政”。陈伯达所述的这些“异端思想”只是为了强调他在总体上对待农民和“民众”的鲜明的民粹主义态度。后来，陈伯达在60年代后期“文化大革命”中又支持巴黎公社模式，表现出同样的民粹主义情绪。关于这一点，参见John Bryan Starr，“Revolution in Retrospect：The Pairs Commune Through Chinese Eyes，” *China Quarterly* 49 (January - March 1972)：116 - 117，文中提及陈伯达的部分。

已创造出一种新的革命理论，他也没有提到“马克思主义中国化”。到 1944 年，这个特定的术语很大程度上从中共的词典中消失了，可能是认识到它过分狭隘的内涵（请见以下第 276 页①对这一问题的讨论）。然而，陈伯达还是在每一点上仔细论证毛泽东的意识形态重构与马克思列宁主义经典理论之间、与斯大林和共产国际在这一时期的政策之间的兼容性。虽然共产国际与毛泽东的“布尔塞维克”路线在理论和战略上是根本一致的，但这并不排除它们的特定 246
政策鉴于时空的具体要求而产生的一定程度上的多样性。比如，陈伯达说，中国无产阶级对待资产阶级的策略必然与俄国无产阶级对待他们的资产阶级的策略“有很大的不同”[35]。读者会问，既然国际共产主义运动的策略有时会与中共的策略“有很大的不同”，那么理论上和战略上内在的基本一致怎么还能保持呢?

为了回答这个重要的问题，陈伯达让读者去洞察他所定义的毛泽东思想的本质。在谈到“政权问题”（一切政治理论和政治实践的中心问题，但这里特指中国革命中的政权问题）时，陈伯达说：“毛泽东同志思想的特色——正如马克思、恩格斯、列宁、斯大林以及一切最优秀的共产主义者思想的特色——是在于能根据直接的生动的具体生活加以概括，得出结论，因此，又是把当时共产国际关于政权问题所指导的一般方针更加具体发展了。”[36]

尽管陈伯达没有声称毛泽东在 1927 年就已创造出任何新理论，但文章似乎暗示了这种可能性的存在。也就是说，陈伯达想让读者知道，在 1927 年，当毛泽东崛起为中国无产阶级革命杰出的理论家时，他的精神状态是与马克思和其他精通无产阶级理论的经典作家相同的，他具有“概括”实际的能力（也就是创造理论的能力）。毛泽东出众的概括能力实际上使其具有“发展”现存无产阶级理论体系的能力，比如，关于政权这一决定性问题的无产阶级理论。陈伯达接着说道，人们因此将必然得出如下结论：“从创造党起，[毛泽东] 即成为我党最卓绝的布尔塞维克的代表，而在大革命时代，即已成为我党布尔塞维克主义的思想集大成者。”[37]

---

① 英文原书页码，即本书边码。——译者注

247 陈伯达用“集大成者”一词来描述毛泽东，这一点值得做一些评论。“集大成者”可以被意译为“集合许多主张，并由此建构理论的人”[38]。这直接揭示了中国传统哲学的特征之一，即重视把个别的、高度折中的思想综合为一种唯一的、综合的、整体的世界观，不管是汉代的董仲舒还是晚清的康有为。在使用这个独具特色的词语时，陈伯达是否不经意地表明，毛泽东作为理论家的品质与中国古代思想家有着许多相通之处？毛泽东的智识的基本类型是不是与董仲舒和康有为存在本质上的不同，或虽有马克思主义的新内容，但大体上还是处于同样的传统之中？

陈伯达在 1939 年 4 月《孔子的哲学思想》一处启示性的段落中，充分表明了他所观察到的毛泽东与古代哲学家的基本的相似之处。在这篇文章中，陈伯达坚持认为，在中国古代史上的春秋时代，“封建思想也恰在这时候达到了‘集大成’的发展”。那时，周——熏陶孔子的封建邦国——在东亚大陆盛行的体系中可被认为是“典型的”封建邦国。因此，在思想发展时期，生活在“典型的”封建邦国中的孔子，就有可能成为封建意识形态恰好发展到理论阶段时的“代表人”。如此一来，陈伯达就证明，孔子通过综合商代的各种思想因素（商代首次诞生“封建文化制度”，从周代起，这种文化制度得到充分的发展），成为“封建统治思想的集大成者”[39]。

陈伯达先前已把孔子描绘成周代封建体制的“集大成者”，现在他又指出毛泽东是当代中国无产阶级革命的“集大成者”。陈伯达没有在任何地方（甚至不直接地）暗示毛泽东思想的内容与儒家思想有任何相同之处。毛泽东不是儒家，孔子也不是马克思主义
248 者。陈伯达指出，两人唯一的可比之处是他们的角色相似，在各自特定的历史背景下，成为自己时代的杰出的意识形态代言人。以此而论，陈伯达才能声称以《湖南农民运动考察报告》为代表的毛泽东的政治思想可被视为包含了诞生中国共产党并见证党早年的探索及逐渐成熟的“整个历史的精华”。

由此，陈伯达在中共党内树立起毛泽东从 1921 年建党到 1927 年党几乎被国民党消灭期间在意识形态方面的至高权威。但陈伯达

提醒，大革命失败的灾难绝不能归因于毛泽东，因为中共“还是幼年”，“历史并没有来得及使毛泽东同志这种自觉的中国布尔塞维克主义在全党中形成有组织的集中的统治”[40]。相反，正是当时统治党的领导层的陈独秀的“孟塞维克路线”（同时也是“托洛茨基路线”）应对 1927 年党的灾难负全责。不过，这不断摸索的岁月并非没有带来一些正面的结果，它使得党内真正的布尔什维克主义者警惕陈独秀及其他孟什维克主义者的错误政策，并为沿着正确路线重新建党开辟了道路。陈伯达的结论是，毛泽东所作的历史性文章《湖南农民运动考察报告》之所以至关重要，是因为它体现了党内两种斗争势力之“公开的分裂”，为“毛泽东同志所代表的中国布尔塞维克主义的真理”的最终胜利奠定了基础。[41]因此，《湖南农民运动考察报告》将被视为中共党史上一篇极为重要的文章；更为重要的是，这篇文章也将被视为毛泽东思想发展历程中一篇极为重要的文章，而毛泽东正是中国革命卓越的理论家。

毛泽东的革命智慧

1927 年 3 月的《湖南农民运动考察报告》标志着毛泽东崛起为党内主要的理论家，并使得党坚定地走在革命胜利的道路上。在所 249
有这些主张中，陈伯达完全没有暗示毛泽东的思想至 1927 年已充分发展。直到下一个时期，即从 1927 年至 1930 年，毛泽东的思想才发展到相对成熟的阶段；而陈伯达关于毛泽东的第二篇文章——《内战时期的反革命与革命》正是致力于证明毛泽东的思想是如何在 1927 年至 1930 年期间“随着实际斗争的发展”“进了一大步”[42]的。陈伯达说，正是在这几年中，毛泽东才“更完备地在理论与实际上解决了全部的革命根本问题”[43]。因此，他解释说，尽管毛泽东思想发展的这段关键时期已过了约 15 年，但他写于 1927 年至 1930 年的文章却包含着中国革命的“许多基本原则”。尽管革命在这些年经过了“许多大变迁”，但毛泽东这一时期的文章却无论如何不会降低到仅仅是历史文献的地位。相反，它们固有的重大意义超越了时间的限制，直到 1944 年，它们仍然如第一次写出来时那样重要。

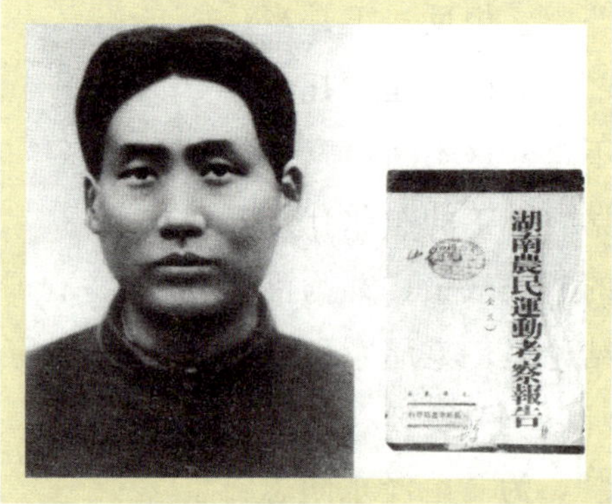

1927 年，毛泽东在武汉。右图是他从湖南回武汉后写的考察报告。

鉴于党内有些同志轻视毛泽东的这些早期著作，而喜欢他 30 年代末 40 年代初的名文的倾向，陈伯达直言道：

> ［毛泽东］在苏维埃运动初期所从事的理论工作，实是十年国内革命战争全部理论与策略的基础……不明了毛泽东同志在苏维埃运动、红军战争初期的理论与策略，就不能明了中国革命力量的创造，就不能明了今天中国革命［庞大］规模的由来，就不能明了中国的全部布尔塞维主义，以及今天我们全党在毛泽东同志指挥之下所进行的布尔塞维克化的事业。[44]

陈伯达认为，毛泽东在 1927 年至 1930 年所写的文章在中共思想史上具有极为重大的意义，不仅因为它们解决了中国革命的“根
250 本问题”，而且因为它们浓缩了前两个伟大的革命时代（1921 年至 1927 年和 1927 年至 1937 年）的中共党史的精华。因此，它们使全体党员“明了”党在现阶段（1937 年以后）发展的任务，“明了”党代表中国人民努力实现的长远目标。

除了《湖南农民运动考察报告》之外，陈伯达指出，还有另外五篇 1927 年至 1930 年写的著作，奠定了毛泽东革命思想的基础：（1）《湘赣边界各县党第二次代表大会决议案》（1928 年 10 月 5 日）；（2）《井冈山前委对中央的报告》（1928 年 11 月 25 日）；（3）《红军第四军司令部布告》（1929 年 1 月）；（4）《中国共产党红军第四军第九次代表大会决议案》（1929 年 12 月）；（5）毛泽东给林彪（当时林彪是一名年轻的红军军官）的一封信（1930 年 1 月 5 日）。除了第三份文献——红军布告——外，其他著作全部收入官方编辑的《毛泽东选集》中，并且它们实际上就是《毛泽东选集》在 1927 年至 1930 年间收录的仅有的几篇文章。这枚毛泽东及党内精英批准认可的公章与陈伯达随后获得中共党内毛泽东思想重要阐

释者的美誉关系极大。①

为何陈伯达（大概也包括毛泽东）如此重视这些早期著作呢?答案就在陈伯达的《内战时期的反革命与革命》一文中，陈伯达揭示了他的看法：正是在这些著作中，毛泽东在1927年中共几近毁灭的困难时期里，提出了关于中国革命的特征及中共合适的角色等一系列关键主张。简而言之，陈伯达认为，毛泽东正确估计了国民党新“专政”的特征，这使他相应地对此后整个革命形势作出了准确的评估。由于有了这种正确的认识，所以他才能制定出一种适宜的长期战略，并设计出一套合适的策略原则来指导短期政策。最后，十分重要的是，毛泽东成功地构想出正确的“方法论钥匙”，打开了中国真正的革命力量通往最终胜利的大门。掌握了这把钥匙，无产阶级革命者将建立起充满活力的共产党，巩固和扩大强大的人民军队，并通过在农村地区开展群众工作，达到史无前例的成功。换句话说，这些早期著作包含了后来整个中国革命史，尤其是中共党史的概要。因此它们是不朽的著作，其光泽绝不会因时间的流逝而暗淡。对于革命事业来说，它们仍具有“极现实的意义”[45]。 251

这些论证的细节值得仔细考察。陈伯达说，在1924年至1927年大革命失败后，党亟须回答关于胜利后的国民党政权的准确性质等一系列关键问题。陈伯达解释说：“我们党需要答复这些问题，因为这是决定我们党全部政策的基础。”正是毛泽东正确地回答了这些根本问题，他的结论是，国民党政权是一种“新军阀的统治”，是“大买办大地主新的反革命的军事专政”[46]。陈伯达给出大量的数据来证明这些“新军阀”在1927年夺权之后一步一步加重了他们对中国人民的压迫和剥削。接着，他重申了毛泽东结论的正确性：

① 在毛泽东所写的《湖南农民运动考察报告》之前的文章中，只有1926年2月（应为1925年12月。——译者注）首次发表的《中国社会各阶级的分析》收入官方的《毛泽东选集》中。但这篇早期著作的官方版本已经过彻底修改，“与原作面目全非”。关于这一点，参见Stuart Schram, *The Political Thought of Mao Tse-tung*, 2nd ed. (Harmondsworth, Eng., 1969), pp. 210 - 214。红军布告由一系列简短的口号组成，它被排除在《毛泽东选集》之外的原因可能是因为其内容相对单薄。布告的原文收入《毛泽东集》（10卷本）（东京，1970—1974），第2卷，71～72页。其他四种文献的修改版可查阅《毛泽东选集》（4卷本）（北京，1967），第1卷，47～104页及*Selected Works of Mao Tse-tung*, 4 vols. (Peking, 1961 - 1965), 1: 63 - 128。

中国仍需要一场由无产阶级领导的真正的“资产阶级民主革命”。尽管毛泽东确实承认1927年后革命“转入了低潮”，但他证明了新国民党政权的基础本质上是“脆弱的”，“并不是巩固的”，中共能够用正确的革命战略来削弱它。因此，毛泽东可以果断地驳斥托洛
252 茨基派的断言：1927年国民党的胜利标志着“资产阶级的胜利”，“［无产阶级］革命业已完全死亡”[47]。

陈伯达接着说，毛泽东在准确分析中国革命的性质之后，不会半途而废；现在他又承担了构想合适的战略以指导中共走出革命迷宫到达最后胜利的任务。陈伯达认为，从战略的观点看，任何革命“最基本的问题”都是政权问题。在20年代后期中国的背景下，核心问题就是“在四围白色政权中”是否“可能有红色政权长期存在”[48]。从他更早的主张（在《湖南农民运动考察报告》中）——中国革命必定是无产阶级领导的土地革命——开始，毛泽东就“把农民土地革命、革命武装和［建立］革命根据地作为建立民众政权的三位一体的东西”[49]提出来了。陈伯达接着说，毛泽东由此在战略上创立了“工农武装割据”的核心概念，并带领中共坚定地走在实现这一战略目标的道路之上。[50]毛泽东虽提出这一正确的战略，但他还要面对众多错误的反对者的不断挑战：中国的民粹派低估了无产阶级的作用，中国的“托派”轻视农民的重要性，李立三否认红色政权割据的可能，“第三次‘左’倾机会主义路线”① 不能理解中国革命的长期性和曲折性。[51]

但毛泽东的任务还未结束，他还需要形成一套正确的策略来执行他通过分析革命性质而制定出来的战略。在这一点上，陈伯达原本清晰而有条理的分析至此变得有点含糊，他只是声称毛泽东在对待敌人阵营内部固有的矛盾时支持“灵活的政策”。他说，这种灵活的政策使毛泽东有效地分析和利用了国民党内部及其盟友内部的矛盾和国民党及其盟友之间的矛盾，从而使中共维持甚至扩大了
253 “红色政权”。这种政策与“左”倾机会主义者“直线的政策”完全不同，那些“左”倾机会主义者总是忽视中国社会和中国革命，这

① 原文此处使用的是“新立三路线”，1953年的修订本才改为“第三次‘左’倾机会主义路线”。——译者注

导致他们低估了不仅在统治阶级内部存在的，而且在整个中国社会的分散结构中存在的矛盾所带来的机会。结果，这些“左”倾机会主义者在内战时期（1927—1937）多次拒绝了灵活的、正确的毛泽东的策略。[52]

陈伯达充分意识到，尽管毛泽东对中国革命的分析和他据此设计出的战略上与策略上的原则可能是正确的，但它们首先还只是思想概念。陈伯达指出，思想上的抽象必须通过具体的组织和行为方式来实现。如果革命要变成现实，“就必须建设很好的党，建设很好的革命军队，进行很好的群众工作”[53]。在这三大关注点中，陈伯达认为党的建设是指导革命走向胜利的“最根本的关键”，而且由于中共是在农村的环境中建立起来的，所以对全体党员进行适当的思想教育就占据了极其重要的位置。早在 1929 年 12 月（古田会议），毛泽东就尤为关注这一点，他“把理论和思想放在建党建军的第一位”[54]。通过强调思想教育高于一切，毛泽东领导全党一方面与“左”、右“主观主义”作斗争，另一方面与“左”、右“宗派主义”作斗争。由此，陈伯达总结道，毛泽东在农村根据地建立的党是“在马克思列宁主义指导下的、有严格的集中的无产阶级纪律的革命党”。

至于红军，长期的斗争也证明必须要在军队中反对两种特定的倾向，即“军阀主义”和“流寇思想”。陈伯达略微赞扬了朱德在建军上的贡献，但他又通过加上朱德得到了毛泽东、中共和“全体红军将士”的巨大帮助等语句，部分收回了先前的表扬。[55]陈伯达接着说道，无论是建党建军的成功，还是在其他领域执行革命任务 254
的成功，都不能真正取代有效的群众工作。中国革命首先是一场为民族解放和社会解放而进行的群众运动，其组织形式——中共和红军——的存在和发展都要依靠群众。陈伯达说，正如有效的群众工作是革命成功的关键一样，毛泽东的“群众路线”就是搞好群众工作的关键。他总结道：“群众路线是推动一切工作的钥匙，也就是毛泽东同志正确地领导中国革命的钥匙，掌握了这钥匙，就有了好的党，有了好的军队，有了好的群众工作。”[56]

读者也许会问：毛泽东是怎样获得这些对于中国革命内在规律

的深刻认识的？陈伯达称，内战时期（1927—1937）的“几乎全部历史”都为1930年1月毛泽东给林彪的短信所预言。[57]陈伯达把毛泽东这些非凡的洞见都归因于他在长期艰苦斗争的过程中所发展出来的独一无二的“革命的智慧”。为了说明这个重要的观点，陈伯达比较了毛泽东和孙悟空——中国著名小说《西游记》中传说的“美猴王”。他说，孙悟空和毛泽东一样都是革命者，因为它“要革起玉皇大帝之命来”；孙悟空还与毛泽东一样，拥有一些指导其斗争的智慧，只不过它的智慧叫作“神通”。但孙悟空反叛玉皇大帝的革命最终失败了，而毛泽东却指导现实的中国革命走向必然的成功。

接着，陈伯达解释为什么孙悟空会失败而毛泽东会成功。原因在于，孙悟空的“神通”和毛泽东的“革命的智慧”是不同的。毛泽东的智慧——更高级的智慧——不是依赖于“神通”，而是由于“掌握着历史生活和现实生活的全部”；因此，它“是无边的，是万能的”。陈伯达说：“有智慧，可以把革命的力量由小化大，由失败
255 转到胜利，没有智慧，可以把革命的力量由大变小，由胜利转到失败。”[58]

读者也许会推断陈伯达即将宣称毛泽东半神通的能力，但陈伯达迅速答复了所有令人不安的推测。毛泽东的智慧并不是什么高深莫测的神秘物，因为它直接以辩证唯物主义的科学准则及其在现实生活中的实际运用为根据。在论述中，陈伯达提到毛泽东利用反动力量内部和相互之间的裂缝来发展革命力量的“理论和政策”。他论述道，在这种情况下，毛泽东对矛盾的有效利用“是马克思列宁主义的最大的智慧，同时也是对于马克思列宁主义在中国的应用更作了具体的充实。这点对于每个革命家，每个共产党员，是非常需要知道的”[59]。

毫不奇怪，陈伯达认为党先前的最高领导人都被证明不具有依据真正的马列主义原则发展这种“革命的智慧”的能力；但他绝不以完全刻薄的态度对待他们所有的人。他特别提到了几位著名的烈士，比如“出色的政治家”李大钊等、“出色的群众领袖”彭湃等、

“不少的理论家和宣传家”瞿秋白等。① 他从在世的人中挑出朱德和刘少奇，分别赞扬他们在军事上和城市工作上的正确政策。大概考虑到刘少奇很晚才与毛派阵营结盟，所以陈伯达给予其特别的赞许，称赞他在毛泽东对整个革命所作的理论分析的广阔背景之下发展出一套适当的城市战略。这有限的赞许无疑是毛泽东为了让刘少奇在 1945 年党的七大上赞颂自己的“天才”而付出的一些代价。[60] 除了这有限的让步外，陈伯达对先前党的最高领导人的评价一律是负面的。陈独秀和李立三都没有培育出毛泽东那种“革命的智慧”，256
内战时期处于领导地位的“有些同志”也是如此。[61]这里，陈伯达心里所想的必定是留苏学生，尤其是王明和博古，但毛派显然不准备点名批评他们。

陈伯达间接地承认，他是从事后诸葛亮的角度出发来写作的。他也接受大家普遍的共识：毛泽东早期的“革命主义”可能没有现在这样彻底。尽管毛泽东的革命路线诞生于 1927 年至 1930 年，并以马列主义对中国特殊“国情”的正确分析为依据，但这并没有立即为众多党员所领会。陈伯达坦言，当时实际上还“很不容易”估计毛泽东路线对于“改变整个中国历史［进程］”的影响，还“很不容易”衡量它对于中国“过去、现在和将来所起的”潜在的“作用和影响”。[62]但陈伯达接着说，如果过去在一定程度上未肯定毛泽东路线的正确性，即使不可原谅，但至少还可以理解；那么现在的情况就不同了，因为所有的党员，不管过去是否犯过错误，现在都可以仿效他们在毛泽东身上察觉到的“革命的智慧”。他们要怎样做呢？陈伯达说，十分简单：“要有智慧，就必须学习毛泽东同志，学习他的思想方法，学习他的理论，学习他的政策，又学习他的作风。犯错误是坏事，但如果能把错误当作经验，当作前车之鉴，因而生长了智慧，以后做得好些，就可把

① 陈伯达：《内战时期的反革命与革命》，65～66 页，延安，1944。修订本只称瞿秋白为杰出的“宣传家”，而没有同时称其为“理论家”。到 1953 年，中共唯一显赫的“理论家”——无论在世或去世——就是毛泽东。参见陈伯达：《关于十年内战》，69 页，北京，人民出版社，1953。

坏事转变为好事。”①

257 陈伯达呼吁所有中共党员把毛泽东当作效仿的榜样，这就引出了一个问题：斯大林和其他马列主义经典作家在中国共产党人新的价值维度中处于何种地位？显然，对于陈伯达来说，这里不存在忠诚的根本冲突，毛泽东是中国共产党无可争议的领袖，但他自认为是马克思、列宁和斯大林的学生。尽管陈伯达的文章频繁提及国外的这三位伟人，尤其是斯大林，但他们的著作并不构成陈伯达总体论证思路的主要部分。这些经典著作不时被引用只是为了强调，尽管毛泽东拥有自己“革命的智慧”，但他的思想仍然属于国际马克思主义的传统。比如，陈伯达强调毛泽东军事战略的重要性以及它与毛泽东宽泛的政治思想的紧密关系，但他也承认毛泽东与斯大林在这一问题上的直接联系。陈伯达说，毛泽东关于中国革命的完整的军事思想，是 1926 年斯大林总体评论（中国革命的基本特征是进步势力与反动势力的武装斗争）的“具体地、实际地”“应用”和“发挥”的产物。②

别的例子也与这个例子一样，陈伯达除了客观说明斯大林思想和毛泽东思想之间的关系外，不可能走得更远。我们可以看到，陈伯达觉得没有必要长篇论述毛泽东的思想与外国经典作家的著作之间的准确关系，因为这会不直接地表明，本质差别确实存在。同时，陈伯达也认为，任何研究毛泽东思想的学究式方法都是过于机械的，因为它会倾向于否定毛泽东在处理马克思列宁主义理论时所

---

① 陈伯达：《内战时期的反革命与革命》，45 页。附带一提，陈伯达使用的“智慧”一词应当引起注意，它与二三十年代流行的甚至今天仍很活跃的保守的“新儒家”有着密切的关联。据张浩所言，在理解中国独特的文化传统时，这个词意味着“智力”和“感应”的结合。在陈伯达分析毛泽东对中国“革命传统”的理解时，毛泽东的“理论”和“作风”能代表这些关键概念吗？参见 Hao Chang，“New Confucianism and the Intellectual Crisis of Contemporary China，” in Charlotte Furth，ed.，*The Limits of Change：Essays on Conservative Alternatives in Republican China*（Cambridge，Mass.，1976），pp. 287－288。

② 陈伯达：《内战时期的反革命与革命》，30 页。斯大林的评论确实是在 1924 年至 1927 年大革命的背景下作出的，当时国民党代表进步的一方，而各式军阀代表反动的一方。斯大林以武装斗争作为中国革命的特征仍是有效的，人们必须在这个背景下审视陈伯达的评语。斯大林评论这一问题的原话，见 J. V. Stalin，“Prospects of the Revolution in China”（November 30，1926），*Works*（Moscow，1954），8：379。

运用的创造性天才的固有光芒。① 相反，陈伯达引用王稼祥 1943 年 7 月 8 日的文章，表明他赞同王稼祥先前对毛泽东思想的评价：“毛泽东思想就是中国的马克思列宁主义，中国的布尔塞维主义，中国的共产主义。”[63]换句话说，不管毛泽东思想与外国经典作家思想的准确关系如何，毛泽东思想都是中国的马克思列宁主义，而不只是马克思列宁主义在中国。这其中包含毛泽东与留苏学生及中共其他不成功的领导人在对待马列主义方面的重要差别；后者可能忠实于马列主义的词句，而毛泽东更忠实于马列主义的精神。陈伯达说，人们主要在思维抽象的层次上发现毛泽东与杰出先驱之间的基本统一：“毛泽东同志思想最大的特色——正好像是马克思、恩格斯、列宁、斯大林思想最大的特色——就是理论与实际的完全一致。”[64] 258

毛泽东思想中理论与实践统一的这种断言把我们带入陈伯达关于毛泽东在中共党内之名望的最终总结。他说，必须认识到，毛泽东不仅是全党“实际政治的统帅”，而且是无可争议的“理论的统帅”。毛泽东双重统帅的名号不是轻易臆造的，而是依据当下的共识确立的：“自从我党创立以来，对于中国社会和中国革命的问题，能够在理论上全面地、完整地而又实际地加以解决，并长期领导全部中国革命事业前进的，却是毛泽东同志。”[65] 259

陈伯达 1944 年春的两篇文章是一次重大的尝试，它们首次为“毛泽东思想”的概念提供了历史—理论的内涵。十分重要的是，它们也对陈伯达先前的毛版中共党史初稿进行了实质性的重新估量，文中的具体结论也成为 1945 年 4 月六届七中全会通过的党史决议的重要组成部分。

总结全章，应该提及的是本杰明·I·史华慈于 1951 年出版的关于毛泽东理论与实践之起源的开拓性著作。史华慈极为重视 1927 年至 1930 年，将其视为“毛主义基本特征”形成发展的创造性时期。他说，在 1935 年遵义会议毛泽东实际掌握党的领导权之前，其

① 在 1949 年的重要文章中，陈伯达特别强调了毛泽东在思想上的独创性和自主性。他说，直到 40 年代初的整风运动时，毛泽东都没能“有系统地阅读到”斯大林关于中国革命的著作；尽管如此，毛泽东同志还是在许多根本问题上得出了与斯大林相同的结论。参见 Ch'en Po-ta, “Stalin and the Chinese Revolution” (December 15, 1949), in Ch'en Po-ta, *Stalin and the Chinese Revolution* (Peking, 1953), pp. 24 - 25, 27。

战略思想中的“基本要素”就已十分明显；实际上，毛泽东思想的基本特征可以从他代表井冈山前委给中央的报告中（1928年10月5日）寻觅踪迹。[66]所有这些都使人回想起陈伯达1944年的结论，但是我们知道陈伯达的两篇文章直到50年代初才公开（在史华慈的著作之后），因此两者似乎不可能存在任何联系。不管是在1951年的第一版中，还是在1958年的第二版中，史华慈确实都没有提到陈伯达或其研究毛泽东的两篇文章，尽管那时陈伯达先前的著作已为海外学者所熟知。

充分考虑思维取向的本质区别，在毛泽东思想起源的问题上，陈伯达与史华慈所得结论的相似性与两人解释上的差异同样引人注目。比如，陈伯达认为毛泽东的战略要求以马列主义“领导”农民大众，对于史华慈而言，这等于把一个马列主义政党“强加”给农民。但陈伯达和史华慈都一致认同农民对于毛泽东思想的重要性，都一致认同强大的政党、强大的军队、具有战略意义和自给自足的根据地等的重要性。尽管史华慈的研究应被视为西方学术界一部开
260 拓性的著作，但无论如何我们也应承认，陈伯达在共产主义运动中所作的脑力劳动还是比史华慈早几年。

第十章

胜利的大会（1945）

陈伯达与党史决议

陈伯达关于中国共产党早期毛泽东之作用的文章并不仅仅是个 261
人的研究，它更是即将成为官方正统的毛版新党史的草稿。通过陈伯达的文章，党员们能够把中共党史视为一个重大的进程：1935 年前，毛泽东正确路线的出现和斗争；遵义会议后，毛泽东正确路线取得最初的胜利，并逐渐胜利地发展。如果人们能理解这一点，那么便能理解后来毛派的主张：学习党史运动——陈伯达的研究成果当然是其主要的精神产品——在为等待已久的中共七大搭建平台的过程中发挥了“重要的作用”。

这并不是毛主义者对七大开绿灯的唯一原因。这次会议从 1938 年起就一直在拖延，当时首次提出召开七大，但随后又因为“战时的压力”而取消。的确，战争压力的迅速缓解使得继续推迟会议变得不必要和不可取。尽管日本于 1944 年春夏在中国发动的最后进攻（一号作战计划）产生了广泛的影响，但它显然已耗尽其军事潜力。太平洋上遭受的重创逐渐显示出严重后果，保卫本土岛屿将成为日本的首要任务。同样，欧洲战场也迅速达到紧要关头，意大利已于 1943 年夏退出战争，曾经不可一世的德国也正退回本土。盟军最终
击败德国只是一个时间问题，这将孤立日本，并使其陷入美苏的联 262
合攻击之中，而这正是日本一直努力避开的局面。

由于胜利在望，中共选择在 1945 年春重新声称自己是中国政治命运中真正代表中华民族的力量并不令人感到惊奇。17 年之后（1928 年六大结束后，中共的全国代表大会中断了 17 年）才召开

的中共七大为党展示内部团结和目标方向，并在战后中国各种力量重新组合时吸引民众支持提供了一次难得的机会。也许不只是巧合，1945 年 5 月中旬七大进行之时，朱可夫元帅（Marshal Zhukov）领导苏联军队攻入柏林市郊。不过，绝非偶然，蒋介石也在同时劝勉国民党第六次全国代表大会的代表“自当加倍努力……务使抗战胜利……于最短期间求其实现”[1]。与中共在延安的会议同时召开的国民党的大会，正式宣告国民党在抗日最终胜利之际的主要任务，包括“继续努力，寻求政治解决［中共问题］之道”[2]。正是在中国两大政治运动为争夺国内（外）关注而竞争日益激烈的背景下，我们应该仔细审视中共七大及大会主要发言人站在他们的领袖及其思想一边而作出的尖锐的宣言。

大会的筹划工作在 1945 年 4 月召开之前的几个月就已着手进行了，毛泽东无疑希望大会能够有力地展示绝大多数党员对他的支持。残存的零星的反对意见不是失败的留苏学生所表达的，而是来自彭德怀，长期以来他一直是毛派军事阵营中的领导人物。但彭德怀在七大前于延安召开的为期 40 天的华北工作座谈会上，表面上撤回了他的反对。[3]由于彭德怀重新归队（尽管有些勉强），所以毛主义者召开了六届七中全会（六届中央委员会最后一次全会），而六届中央委员会自从 1938 年六中全会以来就再未召开过全体会议。这次全体会议的主要任务就是为七大的召开铺路，而七大的任务则是
263 描绘战后几年新的航程。七中全会的重要文件当然就是 1945 年 4 月 20 日通过的著名的《关于若干历史问题的决议》（以下简称《决议》，仅限本章）。从毛派的观点看，通过这样的决议是极其重要的，因为这意味着中共中央正式批准了陈伯达于 1938 年就写出首稿的毛版党史。这种批准将使毛派和党内从前的反对派之间对于诸多问题的争论得到最终的裁决，并永远终止谁对谁错的争论。由于这些耗费精力的争论已被抛在身后，所以现在全体党员——不管原来属于哪个派系，都可以团结起来，如一人一般去面对未来严峻的挑战。

中共中央委员会很少介入中共历史的编写，但《决议》就是其中的一次。尽管它经常被提起和引用，但很少有人下工夫去确定它

的准确作者到底是谁。既然它在《毛泽东选集》中作为一篇讲话的附录出现，那么普遍的猜测是，它反映了毛泽东本人的意见，即便它实际上不是毛泽东起草的。不过，对于这篇文献的深入研究却揭示出其作者很可能是陈伯达，其中的观点也只是部分反映了毛泽东的想法。根据彼得·弗拉基米洛夫的说法，《决议》的基础是任弼时向七中全会提交的报告草稿，题目为《论 1931 年至 1935 年间党的政治路线》①（尽管这个报告可能是陈伯达起草的，但他当时不是中央委员，因此不具有足够的级别亲自向七中全会提交报告。另一方面，任弼时既是毛泽东亲近的同事，又是政治局委员，因此他拥有相当的权威，可以向中央委员会作报告）。这个报告引发了热烈的争论，正是在准备这份报告期间，毛泽东事先将原来安排在即将召开的七大日程上的关于党史问题的讨论移到了七中全会上。在规模小得多的全会上，毛泽东更利于控制讨论，由于他的亲自介入，激烈的争论终于结束，全会支持了报告草案的主要结论。显然，对原草案的不同意见足以阻碍全会完全支持《决议》；代表们通过的 264
只是以原草案为基础的他们自己心目中的决议，但与原草案有很大程度上的不同。[4]

诸多证据表明，《决议》极可能是陈伯达起草的，或至少受到他个人的影响，但定稿经中共中央做了一些修改。首先，《决议》与前一章讨论的陈伯达的两篇重要文章完全吻合，它们完整地组成了对 1921 年建党直到遵义会议之间的革命早期岁月的全时段的研究。《决议》清楚地指出，只有 1935 年遵义会议毛泽东掌权之前的党史才是检讨的主题；1935 年以后党的发展被认为是执行了毛泽东“完全正确”的路线，将留待中共中央“将来”做结论。[5]进一步的解释是：陈伯达对毛泽东《湖南农民运动考察报告》的研究试图总结 1921 年至 1927 年的历史（特别侧重于 1924 年至 1927 年），而他关于内战时期的解说则几乎完全集中于 1927 年至 1930 年；《决议》声明其意图在于特别详述“六届四中全会到遵义会议”的时期，也就是

① 任弼时起草的决议初稿的标题应为《检讨关于四中全会到遵义会议期间中央领导路线问题的决议(草案初稿)》，任弼时第二次修改胡乔木稿时所加写的标题是《关于四中全会到遵义会议期间中央领导路线问题的决定（草案）》。参见《党的历史决议》，见胡乔木：《胡乔木回忆毛泽东》，304、306 页。——译者注

1931 年至 1935 年。[6]因此，这三篇作品完全涵盖了 1921 年至 1935 年的中共党史，那时毛泽东的领导权总是不能获得普遍的认可。①

陈伯达希望用一篇关于 1931 年至 1935 年的文章来补充他先前的两部研究著作，这表现在《内战时期的反革命与革命》的结束语中。陈伯达说，这项研究试图讨论早期党史中一些“政治上的基本问题”；之后，他相当含糊地总结道：“有的问题，则只好待他日再加研究了”[7]。这肯定是指留苏学生的问题，在前两篇文章中，陈伯达因受到限制而忽略留苏学生 1931 年至 1934 年间对党的路线的控
265 制，只有几处随意的暗示。② 既然一些前任领导人仍在党内占据高位，陈伯达详细的研究就只能等待党的最高权力机关——中共中央的裁决（即使只是名义上的）。

《决议》与陈伯达早先的研究论著之间文本上的一些相似之处也更加证明陈伯达是中共中央《决议》的作者。例如，在《内战时期的反革命与革命》一文中，陈伯达宣称，1929 年毛泽东起草的古田会议决议“把理论和思想放在建党建军的第一位”；而《决议》中说，毛泽东的古田会议决议“把党的建设提到了思想原则和政治原则的高度，坚持无产阶级思想的领导”③。同样，在《内战时期的反革命与革命》中，陈伯达谈及 1927 年大革命失败后党的城市工作，他认为：“历史证明，刘少奇的路线是正确的，李立三和新李立三的路线是错误的。”而《决议》的表述为：至于这个时期的城

① 从《内战时期的反革命与革命》的书名来看，陈伯达已将时限界定为整个十年内战时期，并非作者所言的 1927 年至 1930 年。1953 年，陈伯达将书名改为《关于十年内战》，这更为清晰地表明了陈伯达的本意。据王学勤的分析，《读〈湖南农民运动考察报告〉》、《内战时期的反革命与革命》和《论毛泽东思想》分别集中地反映了毛泽东在中共创立及第一次国内革命战争时期、第二次国内革命战争时期、抗日战争及解放战争时期的基本观点和主要思想（参见王学勤：《中共党史若干著作研究》，189 页，北京，北京出版社，2002）。应该说，王学勤的观点更为准确。——译者注

② 陈伯达的原话是：“这篇东西，只是叙述了我在这次学习运动中关于这方面的一些了解，主要的是关于一些政治上的基本问题，除此而外，还有其他的问题，有的问题，别的同志已有很好的研究，有的问题，则只好待他日再加研究了。”由此可见，陈伯达所说的“有的问题”是指政治之外的问题，如经济问题、文化问题、国共关系问题等，并不一定指第三次“左”倾路线的问题。陈伯达在《内战时期的反革命与革命》中已明确地批评了第三次“左”倾路线，只不过使用的是“新立三路线”的说法。——译者注

③ 参见陈伯达：《内战时期的反革命与革命》，65 页，延安，1944；《毛泽东选集》，2 版，第 3 卷，985 页。从《内战时期的反革命与革命》中引用的这段话在 1953 年的修订版中被删去了，可能是因为它表明在决定共产党“无产阶级”性质的诸因素中，思想比阶级成分更为重要。在苏共的眼中，这种想法是很值得怀疑的。

市工作，“则应如正确路线在白区工作中的代表刘少奇同志所主张的”①，而不是“各次‘左’倾路线的代表者”[8]所主张的政策。这里仅仅举了两个例子，1944年陈伯达论文中首次出现的一些相当具体的判断随后都为一年后的《决议》所重复。较之陈伯达先前对于1921年至1930年党史的分析，《决议》确实没有增加任何新的东西。既然陈伯达早先的研究成果已充分述及这九年，那么《决议》显然只能有意地局限于1930年至1934年。

陈伯达已经证明留苏学生上台之前毛泽东的战略是基本正确的，剩下的就是要说明留苏学生各个路线的错误本质。据此，《决议》大部分篇幅被用来详细讨论“它们在政治上、军事上、组织 266
上、思想上同正确路线相违抗的主要内容”[9]。《决议》本身证明，中共中央已正式批准由毛派逐渐开展起来的对留苏学生的批评。比如，1931年1月召开的六届四中全会，因正式认可留苏学生的上台而被描述成对革命的发展“没有任何积极的建设的作用”；相反，它只加强了“教条主义分子陈绍禹秦邦宪二同志”的第三次（最严重的）“左”倾路线的统治。正是很大程度上因为这两人“完全歪曲了党的历史”，并努力将1931年至1934年间的错误路线合法化，所以中共中央决定就他们担任党内最高领导职务的时期作出“正式的结论”。提及陈绍禹和秦邦宪，我们立刻认识到《决议》对于党史争论的主要贡献。在十余年的争辩与影射中，所谓“第三次‘左’倾路线”两位主要领导人的名字首次正式出现在中共中央的官方文件中。② 中共中央不仅如此处置毛泽东与党内两大政敌的争斗，而且还确认党在毛泽东领导下的政治路线是“完全正确”的，对此，毛泽东必然感到十分满意。③

---

① 据胡乔木的回忆，刘少奇同志是白区工作正确路线代表的说法是陈云提出的。参见《关于历史问题决议的起草》，见胡乔木：《胡乔木回忆毛泽东》（增订本），68页。——译者注

② 在1945年的《关于若干历史问题的决议》中，只提“第三次‘左’倾路线”，并没有点陈绍禹（王明）、秦邦宪（博古）的名字。在编辑《毛泽东选集》的过程中，根据1950年8月19日毛泽东致中央政治局的信的精神，才加上陈、秦二人的名字。参见《党的历史决议》，见胡乔木：《胡乔木回忆毛泽东》（增订本），325～326页。——译者注

③ 参见《毛泽东选集》，2版，第3卷，969～970页。据弗拉基米洛夫所言，康生曾告诉他，王明曾要求毛泽东在七大上“不要突出……或者，至少要平息”对其过去所犯错误的讨论。毛泽东似乎承诺将在会上“采取一切预防措施以阻止反对王明的斗争”，但不同意官方文件不点王明（和博古）的名。关于这一点，参见Peter Vladimirov, *The Vladimirov Diaries: Yenan, China, 1942-1945* (Garden City, N. Y., 1975), pp. 197-198。

然而，在评价毛泽东对 1921—1930 年革命的贡献时，《决议》同样缺乏决断，而这个时段正是陈伯达两篇著名的党史论文所聚焦的时段。《决议》称赞毛泽东“具体地总结了”早期革命——特别是 1924—1927 年大革命——的精髓，并称赞毛泽东记录下了 1927 267 年之后创立正确路线中所取得的“光辉的成果”，但它只讲到这个程度。《决议》几乎没有说到毛泽东在 1921—1930 年这九年中的成就，也没有提及任何一篇《湖南农民运动考察报告》之前的毛泽东著作。如果我们把《决议》视为完整研究遵义会议前毛泽东著作的系列作品中的第三部，这可能就并不奇怪了；但我们也要注意到，《决议》特别把九年中的前三分之二都排除在毛泽东的领导之外。《决议》说，1921—1927 年期间，尤其是 1924—1927 年，中国革命曾是“在共产国际的正确指导之下，在中国共产党的正确领导的影响、推动和组织之下的”；只是在最后六个月，党的领导人才发展出“投降主义”路线，并拒绝执行“共产国际和斯大林同志的许多英明指示，拒绝接受毛泽东同志和其他同志的正确意见”[10]。这种结论赞扬了包括毛泽东本人在内的“英明指示”和“正确意见”的至少三个来源，这很可能是 1953 年所作的修改，因为那时中共正执行与苏联友好的政策。

在陈伯达两篇著名的研究论文中，他通过突出毛泽东早年的成就来表明自己独特的兴趣。当然，《决议》的这种态度与陈伯达的旨趣非常不同。这也许证明我的论点——《决议》可能是以陈伯达起草的报告为底本或在他的直接指导下写成的——是无效的。但人们必须牢记，陈伯达在先前的研究中就特别抱怨党内存在的一种持续倾向，即认为毛泽东的理论成就是在 1937 年抗战爆发后取得的，陈伯达写这些文章可能就是部分地希望改变这种倾向。因此，人们可以推测，他并没有完全成功地达到目的。尽管这些研究很可能推 268 动了 1944 年 12 月第一版《毛泽东选集》的出版，但并没有完全根除低估毛泽东早年成就的倾向。比如，在第一版毛泽东选集中，只收录了《湖南农民运动考察报告》和《古田会议决议》两篇早期的著作。从毛派的观点来看，这当然是向着正确的方向迈出了一步，但还是有陈伯达认为在毛泽东思想形成过程中十分重要的其他早期文献被继续忽略了。[11]

这就引出了一个有趣的问题：七中全会起草的正式决议不是关注 1935 年之前党史的全部时段，而是只关注 1931 年至 1934 年，这其中的动机是什么？尽管陈伯达的两篇论文和《决议》共同构成了对 1921 年至 1935 年党史（及毛泽东在其中的作用）全部时段的完整的研究——人们肯定会推想出，毛主义者此时最为关心的仍是那一段有争议的党史——但最后阶段《决议》的局限性却表明，中共中央明确决定淡化毛派的解释。这也提供了一个线索来解释为什么七中全会及随后的七大都没有按照斯大林《联共（布）党史简明教程》的路子搞出一部全面、系统而又具有权威性的党史。尽管中共党内的一些权威人士已准备接受毛派对留苏学生的批判，也愿意赞同毛泽东自遵义会议以来的正确领导，但他们是不是有可能不愿意扩展这种说法，面对毛泽东自建党以来的一贯正确而踌躇不决呢？这种情况可能被刘少奇尤其是朱德的报告证实。正如我们所看到的，他们公开赞扬毛泽东时，在程度上有所保留。不管怎样，七中全会通过的《决议》的局限性都清楚地表明，中共中央不愿像 1938 年的斯大林和苏共那样，将中共党史完全拱手让于毛泽东。换句话说，尽管毛泽东在党内及党史上的胜利是巨大的，但并不完全。

对此做一个脚注，又是苏联观察家弗拉基米洛夫提供的，它证实了这种观点：毛派确实认为《决议》存有不足。据弗拉基米洛夫所言，毛泽东后来亲自告诉他，毛泽东希望写一本“论述中国革命 269
各个阶段”的书，大概按照斯大林联共（布）党史的路子去写。然而，这个愿望好像并没有实现，直到今天，中共也没有出版一部官方的历史著作，在视野上和重要性上可与苏联共产党记述其历史发展的著作相比肩。[12]

领袖化身圣人

我并不希望给读者留下这样的印象：七中全会亏待了毛泽东。我只想说明：在评价毛泽东 1931 年以前对革命的贡献时，七中全会的结论可能不如毛泽东和陈伯达所希望的那样正面。七中全会必然毫不犹豫地宣布了对毛泽东作为党内无可争议的领导人的支持，并为随后的全国代表大会定下了基调："到了今天，全党已经空前一致地认识了毛泽东同志的路线的正确性，空前自觉地团结在毛泽东的旗帜下了。"[13]

新华社称七大是"现代中国历史上的最重要事件之一"，它从1945年4月23日一直开到6月11日，开了整整五十天。750多名正式代表和候补代表不仅代表全党约120万党员，还代表正规军、人民武装力量和总计人口约9 550万的19个"解放区"。新华社报道说，这次大会是"团结大会与胜利大会"，并将"毛泽东路线、毛泽东思想"牢固树立为"指导原则"，代表了全体中国人民的利益。至于国民党在重庆同时召开的第六次全国代表大会，则明显是一次"虚伪"和"阴谋"的大会，其主要目的是在全国挑起"大规模的内战"[14]。

中共七大安排的四项主要议程是毛泽东的政治报告、朱德关于军事问题的报告、刘少奇关于修改党章的说明以及选举新的中央委员。除了三位主发言人外，许多其他代表也在大会上发了言。有些
270 同志"对过去党内所犯过的错误进行各种批评与自我批评，甚至因病不能出席者也写了书面的意见"。过去的留苏学生，如博古和洛甫（即张闻天）等，都作了单独的自我批评；其他人，包括王稼祥以及最为重要的王明，则递交了悔过书。虽然大会上个人发言很多，但毫无疑问，上述这些人的发言是最重要的。据称，毛泽东的报告是"大会的中心议程"。与会代表称，他们"完全同意"报告的内容，并坚决要求"将报告中所提出的任务，在全党的实际工作中予以实现"[15]。

毛泽东的报告《论联合政府》于大会第二日——4月24日发表，报告强调了政治、经济和社会领域中摆在党面前的许多具体任务。毛泽东特别宣布在中国成立"民主的联合政府"已成为"中国人民和同盟国民主舆论界十分关心的问题"[16]。但毛泽东并未迎合国民党关于联合政府应采取何种具体形式的问题。他迅速反驳了国民党提出的召开国民大会的建议，他认为不管最后成立了什么样的政府，召开国民大会都只不过是国民党支配、控制政府的尝试。相

反，毛泽东号召成立由“各党派和无党派”代表人物参加的“民主的临时的联合政府”；通过“自由的无拘束的选举”，在“广泛的民主基础”之上，召开“国民大会”，并由这个大会来成立“正式的联合政府”。毛泽东告诉与会代表，中共将把现阶段的目标限定在新民主主义的最低纲领，向社会主义和最终的共产主义的过渡仍需“几十年”。[17]

尽管毛泽东没有公开要求共产党在新的联合政府中占领导地位，但他反复强调需要建立“新民主主义的国家制度”。这就等于建立共产党的领导权，因为无产阶级的领导是新民主主义不可或缺的一部分。[18]毛泽东以这种方式清楚地告诉国民党，中国争夺最高权力的斗争并不会随着联合政府的诞生而终止，而只不过是以政治 271
的方式代替了军事的方式。毛泽东设想的联合政府的“真实”形式只有一种，即直接或间接地在日益强势的中共的掌控之下。这便是国民党为何不积极回应毛泽东在战后加强合作之提议的众多原因之一。国民党对于抗日结束之后的国家重建亦有自己的计划，但其中绝不会包括为拥有武装的、独立的共产主义运动提供补给。

为了适应中共在战后中国作为重要政治、军事力量的新身份，毛泽东也谈到了国际形势。他号召建立一个独立、繁荣和强大的新中国，并希望朝鲜和东南亚国家能从帝国主义的压迫中解放出来。他敦促改善中苏两国的关系，他也赞扬联合国的成立，而中国将是联合国重要的参与者。在全面论述了共产党和中华民族在战后几年中面临的各方面任务之后，毛泽东在结束语中又转回到他最喜欢谈论的主题之一。他说：“掌握思想教育，是团结全党进行伟大政治斗争的中心环节。如果这个任务不解决，党的一切政治任务是不能完成的。”[19]

毛泽东关于意识形态和思想教育之重要性的结束语为朱德紧随其后作关于军事形势的报告提供了合适的起点。朱德称，他的军事报告就是根据“毛泽东同志这个政治报告的精神及其方针”而作的。在长篇发言中，他频繁提到，毛泽东重要的理论贡献不仅体现在政治层面，还体现在“军事学”上。[20]朱德说，中共的“新”军事理论不是基于外国“一成不变的教条”；相反，它“吸收各国军

事理论与经验”，并“合乎中国人民需要”。朱德谦虚地谢绝了对他
272 本人在创立新军事学中所作贡献的称赞；他宣称，“毛泽东同志的许多军事著作”便是这种新军事学的“代表作品”。由此，他总结道：“所有部队、军事学校、军事训练班，都必须以毛泽东同志的军事学说作为基本教本，作为教育的灵魂，以便于在思想上加强武装自己战胜敌人。”[21]

然而，其实我在暗示，虽然朱德总体上支持毛泽东成为党的杰出的军事理论家，但他私下还有一些保留。我作出这种暗示是因为朱德没有说出口的比他说出来的更多，但他简略却又相当尖锐地提到一个明显困扰他本人的问题，即毛泽东不断地强调军队中的思想教育的问题。朱德注意到：“过去我们军队中，有不尊重体力与技术的倾向，似乎以为军队只要有了政治觉悟就够了。这是很错误的。”[22]他又迅速补充说，“近年来”这种错误态度已改正过来了。但是观点已经提出，很难相信人们会视而不见。

特别值得注意的是，朱德的报告中没有提到“毛泽东思想”一词。自 1943 年 7 月以来，这种提法在党内使用的次数日益增加，朱德却似乎有意回避，对于把毛泽东个人的方针政策——尽管它们可能是正确的——上升到正式的意识形态概念的趋势，朱德可能是以此表明其不同意的态度，因为“毛泽东思想”这一概念将被普遍且不科学地用于构建对毛泽东的崇拜。

既然朱德并不是唯一一位反对把毛泽东的思想抬升到“真理”地位的军事领导人，那么他暗含的不赞成——如果确实如此——就一定会得到一些响应。但这尤其不可鲁莽。甚至多年来在一些重大问题上与毛泽东有不同意见的彭德怀目前也刚从长期的自我批评中挣脱出来，稍稍大胆一点。虽说彭德怀“勉强而不满地”作自我批
273 评，而且也未很好地“吸取教训”，但他在七大上也只是说：“毛泽东思想 99.9％是对的，0.1％是不对的。”[23]（后来——也许在当时——这种说法也被当作对毛泽东思想的“恶毒攻击”。）

刘少奇 5 月 14 日在七大上所作的重要报告《论党》大大弥补了朱德回避“毛泽东思想”的遗憾。如同新党章一样，刘少奇大量使用了这种提法，而对其作出解释本身就是报告的主题。让我们首先

对新党章作一考察，因为其中包含一条被刘少奇誉为“我们这次修改的党章一个最大的历史特点”[24]的“麻烦”条款。这当然是指党章总纲中著名的那条，即正式指定“毛泽东思想”为中共所有工作唯一的指导思想。包含这项条文的那句话之所以“麻烦”，是因为它经常被误译，而那种错误的译文一直被西方学术界错误地使用。弗朗兹·舒尔曼的著作是最好的例证，他将我们正在分析的这句话翻译如下：“中国共产党，以马克思列宁主义的理论和中国革命实践的统一思想即毛泽东思想，作为自己一切工作的指针。”[25]①

从动词作为所指的复合对象来看，这种翻译显然表明中共不是以一种思想体系，而是以两种思想体系——马克思列宁主义和毛泽东思想——作为理论指导；由此，舒尔曼得出结论：“中国共产党在信条的官方认定中，总是把其意识形态的整个构架视为两大组成部分。”[26]接着，他继续详细阐述把中共意识形态划分为“纯粹”与“实用”两大不同方面的缜密解释。这是错误的。正如我所展示的，1935 年至 1945 年毛泽东思想在党内发展演进时，其拥护者一直视之为党的意识形态之总和。在中国，毛泽东思想就是马克思列宁主义，它并非作为指导中共的两种官方思想之一而与马克思列宁主义共存。总纲中那句话的准确译文表明党章的起草者并未有意含混。 274

更为精确的译文如下：“中国共产党，以马克思列宁主义的理论与中国革命的实践之统一的思想——毛泽东思想，作为自己一切工作的指针，反对任何教条主义的或经验主义的偏向。”[27]② 换句话说，这里既没有复合的对象，也没有双重的意识形态：中共以完整的毛泽东思想为其指导，并且是“自己一切工作”唯一的指针。如果我们对这种解释心中有数的话，我们就很容易理解党章所规定的党员第一项义务的重要性，即“努力地提高自己的觉悟程度和领会马克思列宁主义、毛泽东思想的基础”（应该注意的是，这里是马

---

① 这里又根据英文翻译为中文。为与后面比较，特列出英文原文：“The Chinese Communist party takes the theories of Marxism-Leninism and the unified thought of the practice of the Chinese Revolution, the thought of Mao Tse-tung, as the guideline for all of its actions.”——译者注

② 文中引号里的部分是七大党章的中文原文。英文原文为：“The Chinese Communist Party takes Mao Tse-tung's thought— the thought that unites Marxist-Leninist theory and the practice of the Chinese revolution—as the guide for all its work, and opposes all dogmatic or empiricist deviations.”——译者注

克思列宁主义和毛泽东思想）。[28]从这一点来看，我们能欣然领会，1945年的新党章完全是一篇毛主义（与马克思列宁主义形成对照）的文献。

近些年来，研究者已意识到中共党内关于毛泽东思想之地位的一些困惑和（或）分歧。一些著作将“毛泽东思想”正式而一致地译为“毛泽东的理论”，或带有更多的限制，译为“毛泽东关于中国革命的理论”[29]。通过这种方式或其他方式，“毛泽东思想”与“马克思列宁主义”的完全等同被严重弱化，因为毛泽东思想只是西方（以及苏联）经典理论的中国（地区性）变体。这种弱化可能折射出中共党内非毛派的担忧：党正在把毛泽东思想树立为马克思列宁主义在中国的实际等同物，毛泽东思想几乎完全取代了马列主义。正如本研究清楚揭示的那样，这正是毛派所做的事情，但它并未获得党内各派的热烈支持，当然也不会获得远在莫斯科的苏共的支持。

毛泽东思想的概念在1956年遭到最为严重的挫折；当时，显然是在刘少奇、彭德怀及其他领导人的力促之下①，这种提法在修改后的党章中被完全删去。[30]这种改动维持了近十年，直到“文化大
275 革命”爆发的60年代中期；此后毛泽东思想不仅恢复了其原来的内涵和意义，而且在毛派的掌控下还有所扩展。毛泽东思想此前只意味着马克思列宁主义在中国的结晶，但在1969年“林彪版”党章中，毛泽东思想被定义为“帝国主义走向全面崩溃、社会主义走向全世界胜利的时代的马克思列宁主义”。毛泽东思想把马克思列宁主义发展到“一个崭新的阶段”，是当今时代科学社会主义和无产阶级革命理论的最先进的形式。[31]1973年8月召开的中共十大通过的新党章接受了这种修改后的关于毛泽东思想的解释，规定“中国共产党以马克思主义、列宁主义、毛泽东思想作为指导思想的理论基础”。1976年毛泽东的逝世也没有带来任何改变。1977年十一大

---

① 国内学者普遍认为八大不提“毛泽东思想”是根据毛泽东本人的提议作出的。由于斯大林和苏联共产党对毛泽东思想的提法不感兴趣，为顾及中苏两党两国的关系，所以取消这种提法。参见《党的历史决议》，见胡乔木：《胡乔木回忆毛泽东》（增订本），325～326页；石仲泉、沈正乐、杨先材、韩钢主编：《中共八大史》，203～205页，北京，人民出版社，1998；沈志华：《中共八大为什么不提“毛泽东思想”》，载《历史教学》，2005（12）。——译者注

通过的党章规定："中国共产党的指导思想和理论基础是马克思主义、列宁主义、毛泽东思想。"[32]这种精巧却有些生硬的措辞（从1969年党章延续下来）力图确认马克思列宁主义和毛泽东思想应有的地位，但同时又表现出后者的优越性。当列宁和俄国革命的理论与实践丰富了马克思主义之后，"马克思主义"后面加上了"列宁主义"；同样，当确认了毛泽东的理论和中国革命的实践作出的新贡献之后，"马克思列宁主义"后面也可以再加上"毛泽东思想"。由此，毛泽东成为20世纪后半期科学社会主义杰出的代表人物。

回到1945年，我们将回忆起刘少奇是后来才转到毛泽东一边的；不过，如果他仍对发展迅猛的对毛泽东及其思想的崇拜有所保留的话，那么他也会将其小心翼翼地掩盖起来。正如韩素音指出的，刘少奇在七大上的发言是否只是为了取悦毛泽东而作出的个人的颂扬，这仍是一个悬而未决的问题；但称赞的过分却是毋庸置疑的。[33]刘少奇庄重地说："我们的毛泽东同志，不只是中国有史以来最大的革命家和政治家，而且是中国有史以来最大的理论家和科学家。"[34]刘少奇的报告在中共党史上确实十分重要，这不是因为他所 276
说的话有多少独创性——他只不过是重复毛派十年来逐渐树立起来的关于毛泽东及毛泽东思想的论点，而是因为这些话出自党的"二把手"之口，并被正式的党的全国代表大会一致同意和接受。刘少奇说，毛泽东伟大的核心在于他把马克思列宁主义理论与中国革命具体实践非凡地结合起来。这种结合的光辉产物当然就是"毛泽东思想，就是毛泽东同志关于中国历史、社会与中国革命的理论与政策"。他说，毛泽东思想是马克思主义"民族化"和"中国化"的"优秀典型"。"它是中国的东西，又是完全马克思主义的东西。"[35]

在直接提及毛泽东思想时，刘少奇使用"马克思主义中国化"一词，这在1945年似乎过时了。正如我们已看到的，这种提法自从1938年毛泽东首次提倡起就在党内引起了许多争议。大概在整风运动期间或整风运动后不久，党就开始从官方文件中清除它。其中的原因不甚清楚，但逻辑上的推测是，该词起源于文艺领域，而且带有文化方面（即便不提民族主义）的含义；这些特征都使人们觉得，这种提法不适合用来描述本应具有普遍应用性的“科学”理论。不过，尽管这种提法本身基本上被抛弃了，但其背后的大意还是保留下来了。正如刘少奇的评论清楚地表明的那样，毛泽东思想既是科学的，也是中国的。此外，由于中共迅速崛起为国家权力重要的竞争者，也由于党内日益达成共识——毛泽东思想可应用于广大殖民地，所以过于强调中国特殊性的理论构建就明显不合时宜了。大家越来越认为“马克思主义中国化”一词太过狭隘，所以自1949年建立新国家以来，中共就再未正式使用过它。当然，它也不是苏联领导人和理论家容易接受的表述，这必定也加速了这种提法的消失。[36]

在刘少奇所作的七中全会①报告中，他详述了毛泽东思想的两大方面：判断形势的一面与解决问题的一面。他说，这两大方面是
277 由毛泽东“关于现代世界情况及中国国情的分析”和毛泽东的“中国人民完整的革命建国理论”组成的。毛泽东为中国人民的革命事业所开处方的关键要素包括“关于新民主主义的理论与政策，关于解放农民的理论与政策，关于革命统一战线的理论与政策，关于革命战争的理论与政策，关于革命根据地的理论与政策，关于建设新民主主义共和国的理论与政策，关于建设党的理论与政策，关于文化的理论与政策等”[37]。这份清单开列了毛泽东对“革命科学”的种种贡献，但却欠缺毛泽东在辩证唯物主义哲学上的成就，这与刘少奇强调毛泽东作为实际革命运动领导人的长处是一致的。除了随意提及的“文化”外，刘少奇清单上的内容都是非常具体和实际的，而不是理论上的。同样，刘少奇所列举的毛泽东的成就基本上都局限在国内的范畴。刘少奇还注意到“中国的共产主义——毛泽东思想”产生于马克思列宁主义理论和中国革命实践的结合，就像“俄国的布尔什维主义，列宁—斯大林主义”产生于马克思主义理论和俄国革命实践的结合那样。但俄国的布尔什维主义和中国的共产主义的相似之处还不止这些，刘少奇指出，如同列宁—斯大林主义在俄国人民和世界人民的解放运动中所发挥的指导作用一样，毛

① 这里不应是六届七中全会，应该是七大。——译者注

泽东思想也将“对各国人民的解放事业，特别是东方各民族的解放事业，作重大的有益的贡献”[38]。

在关于思想问题的总结性评论中，刘少奇说，毛泽东是马克思、恩格斯、列宁和斯大林忠实的“学生”，但他毫不含糊地坚持将“学生”的著作而不是将四位大师的著作指定为日后党员思想学习的合适资料。他说，此时主要任务就是“动员全党来学习毛泽东思想，宣传毛泽东思想”。为了在随后几年中加速开展这项工作，刘少奇提出了一套具体的指示：（1）一切干部必须“系统地”研究毛泽东的著作；（2）一切党校和训练班必须用毛泽东的著作作为“基本教材”；（3）一切党报必须“系统地”宣传毛泽东思想； 278
（4）为了便于开展上述工作，党的宣传部门应将毛泽东的重要著作“编为通俗读物”，以“适应一般党员的水平”。[39]

作为使全党忠诚于选定之领袖的对策，没有任何其他的举措能比刘少奇的指示更为具体的了。然而，在这份洋溢着高度赞扬之情的长篇讲话中，有一处（在被人评论很多的那个段落中）刘少奇似乎在一定程度上警告全党（甚至毛泽东本人），不要被制造毛泽东崇拜的热情冲昏头脑——毛泽东只不过是一名普通党员。刘少奇说：“毛泽东同志，是我们党的领袖，但他又是我们党的一个普通党员，他是在党的支配之下，并以最谨慎的态度来遵守党的一切纪律的。”[40]不过，由于整篇报告基本消除了这种警告的影响，所以我们很容易夸大它的重大意义。例如，刘少奇在谈论中共组织统一的性质时（刘少奇长期以来被认为是党在这一领域最杰出的发言人），又特别将毛泽东视为全党组织架构的中心、全党的思想领袖：“党的组织上的统一，首先是由马克思列宁主义、毛泽东思想所造成的党员在思想上的一致为其前提的，如果没有这种思想上的一致，党在组织上行动上的统一，就没有基础。”[41]

刘少奇非常清楚，中共的组织统一是由民主集中制的实践来保证的。这种制度鼓励全体党员积极参与党内一切决策过程（至少在理论上是如此）。但民主集中制也规定，一旦中央委员会（在实践中有时是政治局或某位领导人）作出最后的决定，全体党员都必须尊重这种决定。如果出现质疑的情况，标准的行为是个人服从集体、少数服从多数、下级组织服从上级组织、全党服从中央（或其领导人物）。[42]由此，刘少奇的论证产生了严重的矛盾：为了组织统
279 一，党的最高领导人本人也要服从于民主集中制，但同时最高领导人的"思想"（这种"思想"是集体智慧的结晶）又为组织统一提供基础。如果最高领导人干扰党既有的组织统一，同时宣称既有的组织统一并非真实或并不合意，即在特定的时刻不符合他的"思想"，并以此证明这种破坏民主集中制的行为是正当的，那么这时应该怎么办？刘少奇论点中的根本矛盾在 1945 年被忽略了，但 21 年之后，它却使中共遭遇了严重的挫折，并终结了刘少奇自己的政治生命。[43]沉浸在七大欢愉之中的刘少奇，显然也不知道对毛泽东及其思想日益膨胀的崇拜最终要走多远。

经过数周的讨论，七大完成了最后一项任务，即选举出 44 名新的中央委员和 33 名新的中央候补委员。在正式委员的名单中，毛泽东、朱德和刘少奇分别居于第一位、第二位和第三位；陈绍禹和秦邦宪位列第 43 位和第 44 位。这并不令人感到惊讶。① 在候补委员中，位列前三位的依次是廖承志、王稼祥和陈伯达。在为毛泽东及其在党内的思想权威地位紧张工作了八年之后，陈伯达获得了与他八年间所扮演的非正式角色的重要性大体一致的正式地位。陈伯达不久就被增补为中央委员会正式委员：1946 年王若飞去世，陈伯达
280 立即成为党的最高机构的正式委员。② 对于这位来自福建的、害羞而且口吃的学者型革命者来说，1935 年至 1945 年的十年差不多就是一段兴奋工作的时期，几乎没有人能预料到他会上升得这么快。陈伯达与毛泽东密切的私人关系在党内确实不同寻常，当毛泽东的地位上升得更高时，陈伯达也随之走红。

七大闭幕后不久，新的中央委员会召开第一次全体会议，授予毛泽东党的最高领导职务。毛泽东先后被任命为中央委员会主席、

① 然而，令人惊讶的是，李立三排在第 15 位的高位，而周恩来只排在第 23 位，彭德怀勉强排在第 33 位。有关七大选出的新中央委员的数据，参见新华社 1945 年 6 月 13 日的新闻公报。参见 Conrad Brandt et al.，*A Documentary History of Chinese Communism*（New York，1971），p. 292。

② 同上。陈伯达在马克思主义论战中的老对手叶青的情况也极其相似。在 1945 年 5 月于重庆召开的国民党第六次全国代表大会上，叶青被选为新的中央执行委员会候补委员。有关细节参见 Howard L. Boorman and Richard C. Howard，eds.，*Biographical Dictionary of Republican China*（New York，1967），2：219。

中央政治局主席、中央书记处主席和革命军事委员会主席。[44]不过，毛泽东（肯定还有陈伯达）最满意的可能还是七大授予他的独一无二的荣誉——正式批准将“毛泽东思想”写入新党章。毛泽东不再只是“人固有一死”的普通人，他也不再只是中国共产党的领导人。遵循着曾使其对手蒋介石魂牵梦绕的古人意念，毛泽东完成了终极转化：领袖化身圣人，马克思列宁主义变为毛泽东思想。

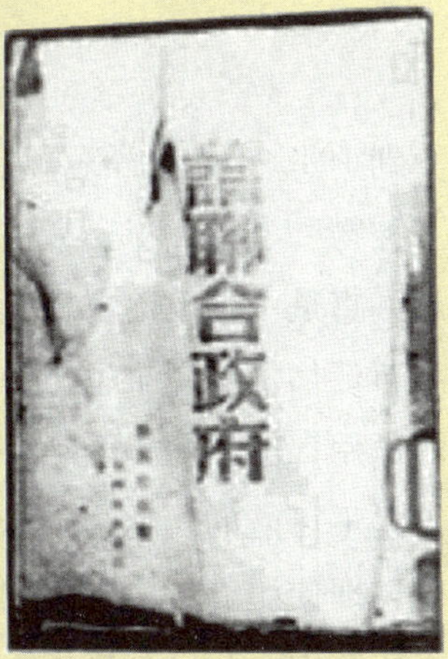

毛泽东在七大致闭幕词——《愚公移山》。他向大会提交《论联合政府》的书面政治报告，详细阐明了打败日本侵略者，建立新中国的路线、纲领和政策。

第十一章

结论与后记

结　论

281 到1945年，毛泽东思想已在中共的队伍中崛起为一种极其强大的“神物”。这绝不是昙花一现，直到1976年毛泽东逝世，毛泽东思想一直是中国政治中极具特色的一面。当然，中国新的领导集团已重新评估了毛泽东思想在中国政治体系中的地位，并部分降低了它的作用；但如同1953年斯大林去世后的情形那样大搞“去毛化”运动是不可能的。毛泽东思想已成为中国政治文化中不可或缺的一部分，即使抛弃了这种提法，许多本质的东西无疑也会保留下来。在本研究中，我已分析了毛泽东思想在中共党内上升的思想轨迹和政治进程，并专门将目光集中于1935年至1945年。这十年，即著名的延安时期，起始于毛泽东在遵义会议上的崛起，终止于中共七大通过的新党章正式将毛泽东思想写入其中。

毫无疑问，在推动对毛泽东及其思想的崇拜中，毛泽东个人的作用至关重要；但他也获得了身边一小群党内知识分子的热烈支持，其中最重要的就是陈伯达。我的结论是：对毛泽东及其思想的崇拜绝不仅仅是这一时期毛泽东权力上升的产物。相反，这种双重崇拜是一种有意为之的产物，地位日益上升的毛派把其当作一种策略，在党内外刻意地营造与宣传，而毛泽东和陈伯达就是其中的核心人物。

282 在全书的分析中，我已详细述及思想的演变及中共党内的权力斗争，同时我还较多地谈到国共两党之间的争斗。正如本研究所展开的那样，全书可以自然地划分为两个各具特色的时期。第一个时期（1935年至1940年）是意识形态的创立阶段，毛泽东和他的同事们为其独树一帜的思想，即“中国化”的马克思列宁主义，提出了基本要素。随着1940年毛泽东《新民主主义论》的出版，初创阶段也宣告结束。虽然“马克思主义中国化”的新概念仍未被全党普遍接受，但其基本思想已经形成，基本著作也已完成。第二个时期（1940年至1945年）基本上是意识形态的巩固阶段。权势日增的毛派按照前已制定的路线重塑中共的意识形态，来应对一系列的挑战。这时的任务是将中国化的马列主义的基本概念系统化，并在全党以至整个中国社会传播开来。他们最终确定使用“毛泽东思想”的提法来表达这种新的马克思列宁主义的中国形式。这一时期止于1945年，当时毛泽东思想被写入新的党章，中国人民都被要求集结在毛泽东的旗帜下。

中共自身的发展、中国民主政治的发展和国际形势的发展不时加速或制约毛派为推进毛泽东思想占统治地位而有意为之的行动。不过，到1945年中共七大之际，胜利的毛派已联合一致，在政治上和意识形态上成功地完成了权力的“原始积累”。毛泽东在中共党内的权势可能不如后来表现得那样绝对，但不容否认，中共——不久以后整个国家——已进入毛泽东和毛泽东思想的时代。

正如本研究所表明的，毛泽东思想上升为中共官方的意识形态是有其重要的便利因素的。首先，创立一种真正独具特色的中国共产主义的意识形态，对于城市中党的许多知识分子具有很大的吸引 283
力，他们寻求某些中国文化独立于西方（以及苏联）的明显的表现。其次，毛泽东及其亲密的支持者知道，毛泽东需要树立鲜明的思想特征，以此为武器去对抗以莫斯科为中心的留苏学生的权力及莫斯科本身确实存在的权力。再次，绝大多数中共党员，无论其政见如何，都意识到，中共需要提出一种相对清晰的、能够赢得中国大众拥护的意识形态，以此与蒋介石和国民党在意识形态领域的花言巧语作斗争。打开创立毛泽东思想之门的理论钥匙当然是马克思主义中国化的概念。根据毛泽东和陈伯达的想法，马克思主义中国化将允许对马克思列宁主义作出既明显是“中国的”同时又无疑是“科学的”的阐释。他们认为，外国的马克思主义理论只有在中国严峻的革命实践中经受了考验，才能形成一种具有鲜明中国特色的、活生生的、新的理论体系。列宁的名言是："没有革命的理论，就不会有革命的运动。"有鉴于此，我们就可以理解后来李维汉的说法："在党内……树立马克思列宁主义普遍真理和中国革命具体实践相结合的思想，是建设［中国］共产党的最根本的问题，具有决定一切的意义。"[1]

由马克思主义中国化到创立毛泽东思想的道路不是必然的，但毛泽东及其亲密的支持者们却确信，毛泽东宣称在中共党内拥有政治上和理论上的至高地位不会遭到强烈的反对。当直接的反对出现时，如王明和留苏学生，或王实味和其他异议知识分子那样，毛派组织了有力的反击。不过，这种行动仍是特殊的。与任何事情一样，毛泽东思想的胜利是因为毛派多年来艰辛的思想政治工作；更为重要的是，中共党内逐渐认识到，毛泽东的思想归根结底是有效的。
284 假如毛泽东的领导和政策在1935年至1945年间遭受严重挫折，那么毛泽东思想在官修中国革命史中所占的地位可能与陈独秀现在所居的位置相同。对于毛泽东思想上升为中共官方意识形态的演进历程，与其他诸多历史现象一样，人们难免会得出这样的结论：一顺百顺，一通百通。

总而言之，本研究帮助我们从四个不同的方面加深了对中国共产主义运动的理解。它拓展了此前对中共思想史的讨论，尤其是关于"马克思主义中国化"和"毛泽东思想"等概念的兴起。本研究特别将中国化的思想和30年代中国知识界民族主义情绪的升涨联系起来，并描绘出从瞿秋白的文艺思想到陈伯达，最后到毛泽东本人的思想的演进轨迹。而且，毛泽东思想被树立为中国化的直接产物，按照权势日增的毛派的解释，它是马克思列宁主义传统中一种新的理论体系。由此看来，毛泽东是继马克思、恩格斯、列宁、斯大林之后出现的一位"富有创造性的"理论家，而不只是把来自欧洲和苏联的、普遍不变的革命原则照搬到中国的实践者。尽管斯大林和苏共最终认可了毛泽东在中共党内的领导地位，但当毛泽东思想被指定为中共的官方指导思想时，日后意识形态冲突的种子就已播下。

以这些思想概念为指引，本研究为分析延安时期中共党内（在较少的程度上，也包括国共两党之间）的精英政治提供了独特的方法。这一时期毛泽东日益增多的关于思想的公开发言是其确立领导地位的关键因素，同时也是对手攻击的焦点。对于毛泽东意识形态构想的态度确实可以当作衡量党内“拥毛”、“反毛”势力的一个方便的标准。例如，留苏学生嘲弄毛泽东作为理论家的声望，许多党内知识分子怀疑马克思主义中国化的思想，甚至一些倾向于毛泽东的重要领导人（如刘少奇和朱德）也对全力支持毛泽东思想犹豫不决。由于这些原因，七中全会通过的关于党史的官方决议在评价毛泽东的理论地位方面有所保留，尤其是对 1931 年以前的那段重要的时期的评价。就此而论，党中央坚定的拥毛派（诸如陈伯达和他的同事们）在把毛泽东的思想强推给其他领导集团方面所起的作用格外显著。 285

在推进对毛泽东及其思想的双重崇拜的过程中，毛泽东的个人作用也是本研究关注的焦点。到 30 年代早期，毛泽东正陷入极其困难的处境。尽管他本人已得出结论——意识形态对革命的成功至为关键，但在大多数党的领导人和斯大林的眼中，他的理论地位还很低。为此，他感到十分苦恼和烦躁。毛泽东在延安时期的一个重大关注点就是扭转这种境况。到 1938 年，在“突击”学习马克思列宁主义哲学之后，在取得陈伯达等青年理论家的帮助之后，毛泽东已准备争取中共理论方面首席发言人的地位。马克思主义中国化、新民主主义、毛泽东思想、党史决议和 1945 年党章等都是为了树立毛泽东的理论权威。诸如王明和留苏学生、王实味等个人和派别都被逐一清除出权力圈，并遭到公开的批判和否定。到 1945 年，毛泽东无可争议地成为群龙之首，甚至像刘少奇那样卓越的理论家和领导人也不敢公开挑战他，只是私下有些疑虑。没有证据表明毛泽东亲自反对了对他本人的与日俱增的赞颂，他也没有作出什么努力去整治这种赞颂；相反，他似乎很赞同这种做法，并且知道这将有助于巩固其在思想上和政治上的领导权。

最后，本研究大大扩展了我们对陈伯达早期职业生涯的认识，尤其是关于他作为党的理论家和历史学家服务于毛泽东的作用。例

如，我们已十分清楚，陈伯达在1937年年中见到毛泽东之前就已崛
286 起为马克思主义理论家和党的活动家，而且早在20年代末就与留苏学生关系不和。这些经历都使得毛泽东对他产生了好感，在陈伯达到达延安之后，他很快成为毛泽东的政治秘书和理论顾问。陈伯达于1937年年末编辑了最早一版毛泽东文选，在随后几年中，他与毛泽东合作，发展出马克思主义中国化和新民主主义的思想。整风运动期间，陈伯达突起为毛派批判党内异议分子的领军人物，并在反击国民党对中共发起的意识形态挑战中发挥了关键作用，尤其是在党于1943年提倡毛泽东思想之后。最后，陈伯达崛起为“毛泽东神话”的主要建筑师，直到今日，“毛泽东神话”仍然某种程度上存在于官修中共党史。陈伯达与毛泽东在延安建立的密切关系一直持续到战后，只是到60年代末在“文化大革命”的混乱中，两人最后分道扬镳。

后　记

要详细研究1945年至1970年之间毛泽东与陈伯达的政治关系，需要再写一本与本书篇幅大致相同的书。不过，我觉得还是应该谈及一些他们后来的合作，尤其是“文化大革命”时期，那是自1949
287 年中共胜利以来中国发生的最大一次动乱。本书最后这一部分试图勾勒出中共这两位思想家合作关系的主要轮廓，从七大开始，到1970年陈伯达失去权力终止。

正如我已经指出的，尽管已有大量论著记述作为领导人和思想家的毛泽东，但关于陈伯达的作品却十分稀少。当然，战后陈伯达事业的顶峰、他与毛泽东的关系可以从多种资料中拼凑出来，包括二手的记述、官方和非官方的文件，以及毛泽东和陈伯达本人的论著与讲话。但由于陈伯达逐渐增多的行政职责和党内活动的高度保密性，1949年之后的陈伯达不再像此前那样多产。与讨论更早的时段相比，这里我们掌握的确凿证据稍稍偏少。因此，下面的讨论在某些方面将是试探性的和推测性的。①

① 既然这段结束语与主体研究分离，那么我就不用证明我的断言或解说，尽管它们都是根据写作时可能获得的信息而得出的。建议那些希望进一步探索毛、陈关系的人阅读参考书目中所列的传记资料。

在战后短短几年里，陈伯达崛起为党的首席发言人，他在著作中运用毛泽东思想，以此作为中共发动的诸多新运动中群众动员的工具。他从未放弃这种政治策略，并在60年代后期的“文化大革命”中将其使用到极致。不过，战后陈伯达的大部分努力在于继续其1943年展开的工作，即摧毁蒋介石和国民党的意识形态吸引力。陈伯达是一位有力的论战家，60年代中苏论战期间，当陈伯达转向抨击“苏联修正主义”时，他用于攻击国民党的技巧又派上了大用场。随着40年代末国共内战的加剧，中共已胜利在望，陈伯达又转向他此前颇感兴趣的经济问题。他提倡开展一场新的学习运动，通过接触马克思主义重要思想家（包括毛泽东）的思想来精通经济工作；同时陈伯达又获得了把自己的经济思想付诸实践的机会，尤其是50年代末“大跃进”时期的农业部门。

1949年中共胜利后，陈伯达的主要工作是在马克思列宁主义的理论层面建立斯大林和毛泽东之间的适宜关系。在1949年12月毛泽东访问苏联首都前夕，陈伯达发表了两篇文章，暗示毛泽东和中共准备在平等而非附属的基础上接受其在苏联集团中的地位。尽管中共首先想到要在意识形态事务上保持对莫斯科的独立姿态，但与 288
苏联结盟之后，随之而来的是苏联影响中国的浪潮。为了协助对抗这种趋势，党在1950年年中又发起了一场新的学习毛泽东思想的运动，其顶峰是1952年年末《毛泽东选集》前三卷的出版。[①] 陈伯达身先士卒，为纪念中国共产党成立三十周年，于1951年7月1日发表了一部重要著作（通行的标题是《论毛泽东思想》）。这本书的主题是毛泽东作为一位“独立的”思想家和革命家，“发展和推进了”马克思列宁主义，毛泽东思想所代表的是全世界殖民地半殖民地人民应该走的道路。

苏联和中国领导层中的许多人对于这些站在毛泽东一边的大胆宣称毫无好感。不过，这一问题暂时还没有被公开提出，陈伯达仍然帮助毛泽东完成了许多其他的工作，包括起草中华人民共和国的宪法。尽管毛泽东亲自担任宪法起草委员会的领导，但1953年3月

---

① 据我请教过的一位苏联专家所言，中共中央为编辑在全国出版发行的毛泽东著作成立了专门委员会，陈伯达是其中重要的一员。

公布的对宪法草案的官方评论却是陈伯达写的，因此，他很可能是草案的主要作者。对于陈伯达来说，更为重要的一项任命是在 1955 年至 1956 年，当时他被任命为中共中央农村工作部的副部长。而毛泽东这时正遇到来自党内高级领导人的诸多抵制，后者支持以谨慎的方法改造农业。在这几年中，陈伯达作为激进路线的代表，花了很多时间在农村考察。在 1955 年年末和 1956 年年初两篇关于农业政策的重要报告中，陈伯达认为，加速农业合作化进程的冒进政策能够极大地提高中国的农业生产率。

在 1956 年召开的中共八大上，大会通过的新党章删去了“毛泽
289 东思想”的提法，但陈伯达仍然得到了新的中央委员会的认可，被选为政治局候补委员（六人中位列第四）。这使他跻身于党的最高权力机关，并大大提高了他在中共最高领导层中的名望。不久之后，陈伯达显然成为帮助毛泽东解决两大问题的中心人物。这些困扰毛泽东领导权的问题是围绕其日益激进的农村工作政策而展开的争论和毛泽东是中共党内无可争议的理论家的宣称——既然斯大林已去世，毛泽东自然要宣称自己是国际共产主义运动的首席发言人。陈伯达和毛泽东尝试解决这些问题的办法是“人民公社”——一种光辉夺目的思想，但在实践中却不大成功。

八大后不久，陈伯达发表了一系列文章和演讲，号召全国团结“在毛泽东的旗帜下”。陈伯达以强有力的语言宣称，毛泽东在中国对于马克思列宁主义“创造性的发展”已使他发现了一条让中国“在不久的将来”率先进入共产主义的独特道路。这种新发现就是“人民公社”，这一术语的首次亮相就是在陈伯达的文章中。“人民公社”的思想恰好符合毛泽东的需要，它从理论上论证了毛泽东之思想权威和农业合作化的正当性，因此毛泽东以极大的热情支持“人民公社”的想法。苏联领导人和中共高层其他领导人非常怀疑这些主张，当“人民公社”在“大跃进”时期陷入困难时，他们的怀疑得到了证实。

尽管“人民公社”的实验引发了越来越多的问题，但把毛泽东上升为国际共产主义运动首席理论家的运动却进展迅速。1958 年年中，陈伯达被任命为新的理论党刊《红旗》杂志的主编，陈伯达作

为党内最高意识形态专家的地位得到确认。依靠这个强大的平台，陈伯达能够在毛派的活动中发挥关键作用，他们越来越努力地在理论上树立毛泽东相对于苏联现任领导人（尤其是赫鲁晓夫）的至高权威，甚至在理论领域挑战斯大林作为列宁继承人的地位。在准备 290
于 1960 年至 1963 年发表的、针对苏联共产党的一系列长篇论战文章中，陈伯达确实是毛泽东的主要合作者。其他领导人，如著名的康生，也密切参与了此事，这也许可以解释为什么陈伯达和康生都在几年之后的“文化大革命”中发挥显著的作用。这些论战文章只是展示了少数中共高层领导人理论修养的水平和他们对于历史具体特征的理解。文章声称，中国反对“苏联的修正主义”，并号召大家重新团结起来，阻止修正主义在中国和社会主义阵营中的其他国家生长。[①] 因此，论战有力地为即将到来的“文化大革命”奠定了理论基础，并使得党内高层对于国内外修正主义的意见产生了分化。

虽然毛泽东和陈伯达在中苏论战中气势颇盛且卓有成效，但由于“大跃进”和“人民公社”运动导致的经济问题，他们正在国内“战线”上让步。正是在这个时候，毛泽东开始谈论新的“文化革命”，以此清除他所觉察到的逐渐增长的修正主义迹象。高层领导人对这种大规模整党的想法缺乏热情，但 1966 年年初却成立了以陈伯达为组长的“中央文化革命小组”。因此，陈伯达与毛泽东的夫人江青及其他少数几位毛泽东指定的组员合作，成为官方所称的“无产阶级文化大革命”的主要代言人，随时准备扮演自己一生中最具戏剧性的政治角色。

刘少奇、邓小平和党的其他高级领导人决定控制“文化大革命”。在 8 月匆忙召开的党的八届十一中全会上，毛派设法战胜了刘、邓，并使他们下台；陈伯达被提升为政治局常委，在毛泽东、林彪和周恩来之后位列第四。由于压制了北京的反对意见，陈伯达 291
得以率先动员全国青年，与党的地方领导人和地方组织所表现的日益增长的谨慎情绪作斗争。

1967 年年初，红卫兵加入到由全国产业工人以及在较少程度上

① “文化大革命”期间，据说陈伯达正在做“苏联修正主义”的社会起源的理论研究。但 1970 年陈伯达开始倒台之后，再没有听说过有关这方面的消息。

由农民发动的“革命”运动中，在上海和其他一些大城市，运动出现了失控的迹象。在陈伯达的领导下，“中央文革小组”提出，在中国最大的城市，要以新的、城市版的“人民公社”作为取代“修正主义”党组织的政治构架。1967年2月，上海（及其他少数几个城市）成立了那种公社；但此后不久，毛泽东否决了公社的想法，因为相对于中国的情况来说，它过于超前。经过一些摸索，陈伯达和他的组员最终找到了在权力机关中替代公社系统的组织形式，即“革命委员会”，它逐渐成为“文化大革命”的同义词。

尽管在公社的问题上毛泽东拒绝了陈伯达的意见，但此时的陈伯达仍是中国最有影响力的人物之一，并且达到了权力的顶峰。另一方面，军队不愿支持激进的极左分子，1967年夏武汉的军事动乱正是对准陈伯达的“中央文革小组”的。不久之后，毛泽东正式批评了陈伯达。据我所知，这在毛泽东与陈伯达的长期交往中还是第一次。毛泽东责备他未能控制学生和工人的暴力，责备他与军队对立，毛泽东还要求他和江青作正式的自我批评。陈伯达正式承认他确实不能控制“中央文革小组”里许多激进的下属，其中一些人承担了武汉事件的责任，并被迅速免职。

陈伯达只是勉强渡过了这次危机。令人羞辱的自我坦白并不是最糟糕的。最糟糕的是，他在“中央文革小组”中的地位被严重削弱了，特别是江青“由于健康的原因”被强令休养，《红旗》——享有盛誉的陈伯达的喉舌，被无限期地停刊，直至完成“重组”。陈伯达
292 与毛泽东长期以来的关系也处在极度紧张之中，他在党和军队的官僚机构中的众多政敌以前所未有的决心推他下台。

在这艰难的时刻，陈伯达找到了一位强大的盟友，即林彪——军队的领导人，此时刚被指定为毛泽东的接班人。林彪和陈伯达显然知道，如果他们两人合作，林彪在毛泽东去世后可以成为党和军队的领袖，而陈伯达则可以取代作为总理的周恩来。合作似乎是起作用的：在1969年4月党的九大上，林彪被官方确认为毛泽东的接班人，而陈伯达仍旧进入了缩减到五人的政治局常务委员会（排名第四）。从各种表象上看，陈伯达似乎已很好地渡过难关。

但这一切都只是暂时的幻觉。尽管陈伯达在九大上取得了表面

的胜利，但他已深陷困境。陈伯达帮助林彪起草九大重要的政治报告，在他起草的报告中，陈伯达认为中国现阶段的“主要矛盾”不是无产阶级同资产阶级的矛盾，而是“先进的社会主义制度同落后的社会生产力之间的矛盾”①。毛泽东和周恩来敏锐地觉察到这是为中国社会经济体制更为激进的重建寻找论据，他们强迫林彪接受经过大幅修改的更为温和的政治报告。而陈伯达却犯下致命的错误，拒不接受经毛泽东个人同意而起草的修改稿；他不仅不接受，还在接下来的讨论中公开反对，背后显然有林彪的支持。

陈伯达当权的最后一段时间细节仍模糊不清，但根据后来中国报刊所公开的材料和其他资料，我们还是有可能拼凑出一幅相当可信的图景的。陈伯达顽固拒绝放弃其激进立场。在 1970 年 8 月召开的二中全会上，陈伯达又支持激进路线（又有林彪的暗中许可），而且他还详细地发展出毛泽东是马列主义“天才”的理论。陈伯达说，应恢复空缺的国家主席职位，并由毛泽东担任。毛泽东不再留情，他把陈伯达的吹捧解释为让他（毛泽东）做名义上的领袖而靠 293
边站，以便让林彪接任党的主席，然后任命陈伯达为总理，去取代周恩来。

陈伯达在全会上热情支持“广泛的民主”，这也使毛泽东感到不安，毛泽东认为这等于号召在党组织重建之前，先在全国建立以群众为基础的政治组织。毛泽东强烈反对这种主张，认为陈伯达和他的导师林彪试图使党组织永远弱小，反去支持可能被军队控制的（就像全国各地迅速涌现的“革命委员会”的情形那样）强大的群众组织，而军队又处在林彪日益增长的掌控之下。这些怀疑使毛泽东作出结论：陈伯达（和林彪）这次已走得太远，实际上已堕落成怀有不可告人之目的的“阴谋家、两面派”。换句话说，他们这样做，不是出于他们内在的政治品质，而是因为这些措施是为他们个人的权力欲望服务的。

二中全会的不快气氛给毛泽东留下恶感，他决定彻底打倒陈伯达和林彪。陈伯达比林彪弱得多，所以他成为首先要解决的对象。在一

① 倒台后，陈伯达被指控往 1956 年刘少奇所作的八大政治报告中插入了同样的理论。

个多月里，毛泽东使他从前的知己遭受批判，而且全会成员也将陈伯达开除出政治局，毛泽东还要求全面检查陈伯达的一生和著述。9月，毛泽东发动批判陈伯达的高层运动，他建议那些过去支持陈伯达的领导人要划清界限，“重新做人”。12月的华北工作会议进一步讨论了陈伯达的案情，1971年4月包括党和军队高级领导人参加的“九十九人会议”[①] 确认了陈伯达的最终倒台。正如毛泽东后来所揭露的，他故意用批判陈伯达作为“投石”于陈伯达所谓的靠山——林彪的手段，是为那一年晚些时候与林彪的最后对抗作准备的。

随着陈伯达的正式倒台，剩下的就是摧毁其残存的政治声望和余威。1973年党的十大作出的官方裁定是：陈伯达是“林彪反党集
294 团主要成员、国民党反共分子、‘托派’、叛徒、特务、修正主义分子”。陈伯达被“永远开除党籍，撤销其党内外一切职务”。他的众多著作在中国被禁止公开发行，如果不能清除它们在党史中的作用的话，就对其进行修改，而毛泽东的著作显然也被仔细审查以清除陈伯达所谓的影响。

清理似乎是彻底的。当然，“文化大革命”中被猛烈批判的党的许多领导人和其他人士都已在最近几年恢复了名誉。诸如邓小平等一些人重新回到高位——邓小平回到了副总理的高位。由于毛泽东的逝世和华国锋正在追求的新的务实路线，越来越多的“文化大革命”的受害者正走出屈辱。因此，有人会认为，某一天陈伯达也可能恢复名誉，但这种可能似乎微乎其微。总的来说，新的党政机构是由那些“温和”分子组成的，陈伯达的名字对于他们来说是令人深恶痛绝的。这一点，他们在1976年就已表现得十分清楚：毛泽东逝世不久，他们就立即清除了“四人帮”：而“四人帮”中的所有人，比如江青，都曾与陈伯达密切接触或是陈伯达的下属。这些人——陈伯达所领导的著名的“中央文革小组”的所有成员正是他在不远的将来可能恢复名誉的最后的希望。如果这些人在毛泽东逝世后仍旧掌握权力，并可能获得党内最高权力，那么陈伯达可能恢复名誉的事情就是可信的。随着这些人的失势——这显然是有益

① 指1971年4月中央召开的批陈整风汇报会议。——译者注

的，陈伯达恢复名誉的机会实际上已不复存在。

最后，我想对毛泽东与陈伯达的个人关系作一些评论。这不是一项容易的工作，因为现在几乎完全没有这方面的资料。对于中共的领导人来说，这不是特殊的情况，但陈伯达比其他公众瞩目的领导人更加难以接近。我们仍可以从已获得的证据出发，对于他们两人的关系作出一些暂时的结论；但请记住，一些想象性的重构是不可避免的。在可预见的将来，不太可能再从党的文档 295
中获得大量其他的信息，所以我们不得不对我们目前所取得的材料表示满意。

毛泽东和陈伯达显然拥有很多共同之处，这使得他们可以建立起牢固的关系。在一个注重籍贯的国度里，毛泽东和陈伯达都是典型的南方人，毛泽东来自湖南，陈伯达来自福建。他们两人都出身于农民家庭，只不过毛泽东家比陈伯达家更加殷实一些。尽管两人的根都在南方的农村，但他们都不是传统的模具浇铸出来的；他们出生在一个变化而动荡的时代，并热情拥抱来自西方的“新学”，尤其是马克思列宁主义。两人的教育经历在一定程度上也是相似的，因为他们都是师范学院或教师培训学校的毕业生。毛泽东的正规教育就止步于这个层次，而陈伯达则继续在莫斯科中山大学学习了三年。毛泽东早年在长沙有过断断续续的办小学教育和成人教育的经历，陈伯达则成为北平中国大学一名讲授中国哲学的教师。

这种教育经历的对比突出了他们两人之间重要的差别。毋庸置疑，陈伯达比毛泽东更加理智和学究，更加重视纯粹的学术研究。与陈伯达相比，毛泽东更像一位实干家，他只在学术问题成为紧迫的政治关注点时才会重视学术。在后来的岁月里，这种思维取向的不同显然成为两人严重紧张的根源，但在他们紧密合作的时期，这似乎又在很大程度上构成了他们之间那种“共生关系”的基础。毛泽东可以完全依靠陈伯达的理论才能，而无须担心他最终会在政治上构成威胁。当作为理论家和政治领导人的陈伯达凭借自己的才华在党内崛起时，毛泽东的这种认识为其提供了他所需要的安全。

除了这些表面的相似与互补之外，还有更多的因素为毛泽东和陈伯达如此长久的关系奠定了基础。我认为，其中一个重要的纽带

是革命精神，即对于中国和革命的情感立场与理智态度的相近。毫
296 无疑问，毛泽东和陈伯达都是强烈的民族主义者，都致力于推翻军阀和帝国主义，实现中国的统一和解放。此外，他们基本上都是从民粹主义的观点来看待统一和解放的；他们都相信对平民大众的基层动员（他们都来自平民百姓），而不相信农村地主或城市资产阶级的领导。这种民族主义和民粹主义的情感极大地影响了他们如何解释马克思列宁主义在中国的作用。民族主义的当务之急是要求国外的理论必须反映中国人民的历史文化特征。这在理性和情感上都满足了大多数中国人的需求，也使得新的意识形态更容易为普通民众所接受：没有人民大众的支持，革命最终会失败。

当时，毛泽东和陈伯达正逐渐逼近马克思主义中国化的思想及其具体的表现形式——毛泽东思想。他们对留苏学生共同的敌对情绪加强了他们支持这种思想转变的倾向，因为留苏学生顽固地反对毛泽东和陈伯达有关中国化的思想。至少在早期，毛、陈关系在一定程度上可能因为共同对付留苏学生而得以加强。

即使毛泽东和陈伯达之间存在这些一致和合作的地方，但两人还是有个性上和意向上的问题和紧张。与毛泽东随和、爱交际的性格不同，陈伯达的性格冷漠和深沉，从他到达延安的第一天起，这就成为他建立友善的人际关系的障碍。情感冷漠和理智沉思的结合也使得陈伯达比毛泽东更加教条；在一定程度上，活生生的个人与具体的实践经验都从属于陈伯达的思想概念。从这个意义上讲，陈伯达是一位理想主义者，因为他倾向于把个人和现实规范在自己强求一致的思想中，而不是以现实世界中的个人和经验为基础形成自己的思想。

297 毛泽东在一定程度上也是一位理想主义者（正如马克思本人一样），但即使如此，陈伯达似乎总是比毛泽东的理想主义冲动更加超前。例如，在“大跃进”期间，陈伯达崛起为“人民公社”问题理论上的首席发言人；“文化大革命”期间，他积极提倡巴黎公社的理念及其在上海的实践。如果说毛泽东在“大跃进”期间是赞同公社理念的，那么在“文化大革命”期间，他显然改变了观点。当毛泽东要求他的理论顾问作自我坦白时，毛泽东揭露说，过去，他

和陈伯达在看法上总是不一致。毛泽东承认，在长期合作中，他们经常在重大问题上产生分歧，尽管他们通常都能解决这些分歧，并能就共同行动达成一致。虽然毛泽东作出这番表示是为了抑制他在“文化大革命”期间曾与陈伯达激烈争吵的谣言，但它表明他们过去实际上存在重大的分歧。

毋庸置疑，“文化大革命”中与日俱增的混乱和过度的暴力——陈伯达当然要承担部分责任——最严重地侵蚀了毛泽东与陈伯达的关系。陈伯达处于极度困难的境地，他对“文化大革命”的领导权使他成为那些反对运动但又由于各种原因不敢与毛泽东公开决裂的强势领导人的主要目标。陈伯达肯定知道，是他，而不是毛泽东，将承担“文化大革命”过激的责任。他当然也清楚，只有毛泽东的继续支持才能把他从政敌手中拯救出来。但不幸的是，关于陈伯达对运动的掌控，关于陈伯达激进的政治思想，毛泽东正重新考虑，另有想法。除此之外，毛泽东已年近八旬，健康状况也明显每况愈下，甚至有人怀疑他正加速衰老。从各方面来说，形势对陈伯达的未来很不利，他必须意识到时间不站在他这边。

部分出于深思熟虑，部分出于极度绝望，陈伯达作出决定：离开毛泽东，转而下注于毛泽东亲自任命的接班人、全国表面上最具权势的领导人林彪。既然林彪在一定程度上认同陈伯达更为激进的 298
政治观点，那么陈伯达就能指望，某天毛泽东的健康状况恶化（可能很快），林彪就会受命接任。这样，陈伯达就能以林彪主将的身份崛起。但幸运并没有降临在陈伯达这一边。毛泽东仍然完全掌控着局势。毛泽东重整力量，林彪坐看垮台，陈伯达则成为彻底摧毁林彪的前奏，成了温和派的祭品。“小小老百姓”（陈伯达最喜欢这样称呼自己）演完了自己在中国历史舞台上的最后一幕，被无情地投到政治遗忘的角落。

不过，对于陈伯达及其与毛泽东的难以捉摸却又至关重要的关系，我还有最后一番话要说。抹去革命奋斗中那段持续了 35 年的毛、陈密切交往的所有痕迹，并不是一件容易的事情。陈伯达是现代中国最重要的“学者型官员”之一，他的一生代表着一种连贯的尝试——既在语言上，也在行动上——跨越历史的中国与西方影响下的中国现代化转型之间的巨大鸿沟。就这点而论，他将不断引起研究中国现代史，尤其是研究最激动人心的现在称之为“毛时代”的学者的兴趣。虽然他那打上激进、民粹主义标签的中国化的马克思主义哲学可能不再适合当下中国的务实心态。

注　释

注释部分以简略形式引用的作者姓名、题名和出版日期等信息项会在后面的参考文献部分以完整的形式给出。另外，我在注释和参考文献部分都使用了下列缩写形式：

CB	*Current Background*
CCWW	*Chinese Communist Who's Who*
CF	《解放》
CFJP	《解放日报》
Chi	《毛泽东集》，10卷，1970—1974
CKYC	《中共研究》
CQ	*China Quarterly*
FCYC	*Fei-ch'ing yen-chiu*（Studies in Chinese Communism）
FEQ	*Far Eastern Quarterly*
HC	《毛泽东选集》，4卷，1991
IS	*Issues and Studies*
JAS	*Journal of Asian Studies*
SW	*Selected Works of Mao Tse-tung*，4 vols.，1961—1965
WWCC	*Who's Who in Communist China*

第一章　导言：探寻中国道路

[1] 在读过谭中（Tan Chung）学识渊博的评论文章后，我仍使用这一词语，不过有更大的保留。参见参考文献中列出的他发表在 *China Report* 上的两篇文章。

[2] 关于“跨国关系”研究的介绍，参见 Keohane and Nye，尤其是 pp. ix－xxix。

[3] 关于儒家思想的衰落和现代中国民族主义的崛起，经典的研究著作是 Levenson 的 *Confucian China and Its Modern Fate*：*A Trilogy*。

[4] 显然，我并不是把儒家思想与毛泽东思想在内容上等同，而只是想简单地表明两种意识形态发挥着同样的结构功能，即为中国社会提供一套正统的信仰体系，作为个人道德和公共政策的基础。关于意识形态中社会文化（与具体思想内涵相对）之重要性的讨论，参见 Geertz，尤其是 pp. 60 - 65。

[5] 关于这一主题，参见 Bridgham。

[6] Tokuda 的这篇论文曾在当代中国意识形态与政治的会议上发表（1971 年 8 月在新墨西哥州圣菲市召开），最初是以日文的形式出版，*Mō Taku-tō-shugi*，*1935—1945*（《毛泽东主义的形成(1935—1945)》，东京，庆应义塾大学出版会，1971）。部分最初的研究成果也以英、日两种文字发表，题为 "Yenan Rectification Movement：Mao Tse-tung's Big Push toward Charismatic Leadership during 1941 - 1942," *The Development Economies*（March 1971)：83 - 99。也可参见 K'ung Te-liang 的短文。

[7] 对于弗拉基米洛夫日记的真实性，现存一些争议。虽然日记很可能已被苏联当局谨慎地编辑过，但大部分内容应该是真实的。因此，我会不时地参考这本日记，尤其当它澄清了一些谜团时。日记中诋毁毛泽东个人品质和领导地位的倾向非常明显，但这并不妨碍我们把它当作研究延安时期的资料。

[8] Schram 的名著是 *The Political Thought of Mao Tse-tung*。其他值得一提的三部论著是 Cohen 的 *The Communism of Mao Tse-tung*，Wakeman 的 *History and Will*：*Philosophical Perspectives of Mao Tse-tung's Thought* 以及 Hsiung 编辑的 *The Logic of "Maoism"*：*Critiques and Explication*。

[9] 关于马克思主义与毛泽东思想之关系的广泛的、时而热烈的讨论，参见 "Symposium on Mao and Marx," in four issues of *Modern China*，*1976—1977*。

[10] 关于毛泽东思想多种分类方法的有趣讨论，参见 Starr，

"Mao Tse-tung and the Sinification of Marxism"。

[11] See Oksenberg, "Policy Making Under Mao," p. 98; and "The Political Leader," p. 94.

[12] 两部重要的毛泽东传记是：Jerome Ch'en，*Mao and the Chinese Revolution*；Schram，*Mao Tse-tung*。关于毛泽东后来的经历，一部详细的著作是：Rice，*Mao's Way*。关于毛泽东崛起的其他研究成果将会在后面列出。对毛泽东一生的综合评价，参见 Wilson 主编的文集。

[13] Parris H. Chang 的论文可能是唯一一篇专门研究陈伯达的文章，但这篇论文的主题是陈伯达在 60 年代"文化大革命"中的作用，而且没有提供关于陈伯达的详细的背景资料。

[14] 与大多数中共领导人一样，陈伯达的传记资料并不是特别多，但是，从这些可以获得的资料中，我们还是能够搜集到许多有用的信息。其中最为重要的资料是：Boorman and Howard，1：221－223；*CCWW* 1：104－105；*IS* 6，no. 7 (April 1970)：87－93；Klein and Clark，1：122－125；李凤敏，81～100 页；*WWCC* 1：94－95 中的相关条目。也可以参见玄默（1）和绍南。其他资料还可在本章随后的注释及参考文献中找到。

[15] 陈伯达原名尚友（陈伯达原名陈声训，字尚友。——译者注），又名志梅；他的笔名，也是其众所周知的名字是伯达。

[16] 大多数材料一致表明，陈伯达是在 1927 年入党的（大概是在 1927 年 4 月的政变之前），但是他有可能加入得更早。参见 Klein and Clark，1：122；*Gendai Chugoku jimmei jiten*（《现代中国人名词典》），p. 488；*Bol'shaya Sovetskaya Entsiklopedya*（《苏联大百科全书》），47：488。非常感谢 David Barrett 帮我翻译了第三种俄文的资料。

[17] 关于陈伯达被捕入狱和释放出狱的记述，参见绍南，86 页。

[18] 陈伯达（39）。

[19] 在中共官方的文件中，以王明和博古为首的宗派被简单地称为"第三次'左'倾路线"。而"留苏学生"或"二十八个布

尔什维克”这些流行（但轻蔑的）的称呼则来自他们在苏联留学的经历及他们自称的正统意识形态和（或）他们对于苏联式的马克思列宁主义的教条主义观点。

[20] 关于 20 年代末中山大学的情况，最为详细的记述是由“二十八个布尔什维克”之一的 Yüeh Sheng（盛忠亮）提供的。参见 *Sun Yat-sen, University in Moscow and the Chinese Revolution: A Personal Account*。也可参见 Chang Kuo-t'ao 的回忆录：*The Rise of the Chinese Communist Party*，2：88－102。

[21] 绍南的《陈伯达事略》和玄默的《陈伯达久未露面之谜——是早年的“反共自首”一案揭露了吗?》是仅有的谈及陈伯达婚事的资料，玄默确定诸有仁是诸有伦的妹妹，而诸有伦则是中共著名领导人罗亦农的妻子，罗亦农于 1928 年被处决。关于罗亦农的详细情况，参见 Boorman and Howard，2：431－433；Klein and Clark，1：639－641。

[22] See *WWCC*，1：94－95。目前还不清楚陈伯达在北平和天津参与地下活动时是否在党内有一个秘密的化名。

[23] *IS* 6，no. 7：87。关于陈敦友，我们所知甚少；他大概在一所缅甸的华人学校里教书多年，但最终返回了中国。

[24] 参见陈伯达（3）。这篇文章是批评性的长篇书评，其对象是中国唯心主义哲学家张东荪的著作。该著作写于 1935 年 3 月 14 日，但是直到一年多以后才公开发表。

[25] 陈伯达（3），第一部分，54 页。

[26] 同上。

[27] 参见上书，54～55 页。

[28] 陈伯达（3），第二部分，40 页。

[29] 参见陈伯达（1），181、209 页。

[30] 许多中共知识分子对于探寻中国历史上辩证唯物主义的先例抱有持久的兴趣。比如，党的理论家和历史学家徐梦秋曾告诉 Nym Wales（Helen F. Snow），20 年代初，他还是学生的时候，曾读过一本名为《中国古代社会的共产主义》的书，他回忆说：“尽管书中的观点不正确，但我们还是读得津津有味。”参见 Wales，p. 59。

[31] 陈伯达（1），244 页。改革家蔡元培也对谭嗣同印象深刻，特别是他“形成综合哲学的灵感”就来自谭嗣同，参见 Sakai, p. 173。

[32] Furth, p. 39.

[33] See Schneider, pp. 85 - 86.

[34] B. Schwartz, “Notes on Conservatism,” p. 20.

第二章 发展中国的马克思主义（1935—1937）

[1] 关于“中国社会史论战”中各学派思想的简短却有用的讨论，参见 B. Schwartz, “A Marxist Controversy on China”；更详细的讨论，参见 Dirlik。

[2] See Dirlik, pp. 218 - 219.

[3] *Ibid.*

[4] 参见陈伯达（2）。

[5] 关于 20 世纪 30 年代学生中间迅速高涨的民族主义，参见 Israel, *Student Nationalism in China, 1927—1937*。

[6] 关于 30 年代中期“民族复兴运动”的出色的讨论，参见 Wright，文中所摘引的蒋介石的演讲在第 525 页。

[7] Thomson, p. 17.

[8] 关于新生活运动的记述，参见 S. Chu。

[9] Sheridan, p. 232.

[10] 关于这段引语，参见 de Bary et al., pp. 854 - 856。原始出处是《中国本位的文化建设宣言》，载《文化建设》，1935，1（4），3～5 页。

[11] See Eastman, “The Kuomintang in the 1930's,” pp. 196 - 200.

[12] See Israel, “The December 9th Movement”。史立德对陈伯达作用的评价，参见李昌等，39 页。关于中国大学更多的细节，参见 Israel and Klein, pp. 79 -82。

[13] *FCYC* 2, no. 2 (Feb. 1968): 98.

[14] 关于共产国际和中国共产党对待新统一战线之态度的详细比较，参见 Benton。

[15] 关于这一文艺争论的概述，参见 Goldman，*Literary Dissent*，pp. 5－17。关于鲁迅及其团体的详细情况，参见 Hsia Tsi-an，pp. 101－145。

[16] See Schneider，pp. 81－82.

[17] 参见瞿秋白。最近，一篇研究瞿秋白文学思想的论文已经指出，当瞿秋白在江西苏区与农民一道工作生活之后，他便在农民语言的问题上表现得“更加灵活”了。参见 Pickowicz，p. 309。

[18] 参见瞿秋白，890～892 页。

[19] Mao Tun，p. 75.

[20] Goldman，*Literary Dissent*，p. 13.

[21] 艾思奇（1），30 页。

[22] 本段及下一段中的讨论依据陈伯达（5），重刊见：《中共研究》，1971，5（8）。

[23] 1970 年陈伯达失势后不久，他在 1936 年支持国防文学的事情便被诬蔑为文艺战线上“右倾投降主义”的例证。关于这一问题详尽的讨论，参见玄默（2）。玄默（1）第 30 页中称，鲁迅对陈伯达的文章十分反感，因为它揭露了左翼运动中的权力之争，并含沙射影地暗示任何反对“国防文学”口号的人都是卖国贼。

[24] 陈伯达（4）。

[25] 何干之（1），206～208 页。

[26] 陈伯达（6）。这里使用的版本是夏征农，67～75 页。引用部分在第 68 页。

[27] 参见陈伯达（6），73～75 页。

[28] 参见何干之（1），220 页。其中提及针对陈伯达的这些攻击。

[29] 陈伯达（4），453 页。

[30] 参见陈伯达（10）。引用部分在第 128 页。也可参见陈伯达（7）。

[31] 陈伯达（8），21 页。

［32］陈伯达（8），26 页。

［33］参见上书。

［34］陈伯达（4），453 页。

［35］参见陈伯达（9）。这里使用的版本是夏征农，84～99 页。引用部分在第 90 页。

［36］张申府，108～109 页。

［37］参见陈伯达（10），128～130 页。

［38］参见上书，136 页。

［39］同上书，130 页。

［40］本段讨论的依据是夏征农，207～208 页。

［41］同上。

［42］关于遵义会议之前毛泽东在政治上东山再起的情况，参见 Heinzig 可信的记述。

［43］See H. Schwartz，p. 560.

［44］See Hu Chi-hsi，p. 46.

［45］参见《毛泽东集》，第 4 卷，39 页（应为《毛泽东集》，第 4 卷，379 页。——译者注）。这套以原始形式收录毛泽东论著的 10 卷本文集将被当作引用的标准本，但该文集只收录了毛泽东 1949 年以前公开发表的著作，1949 年以后的毛泽东著作将使用目前中国官方的版本。关于毛泽东在遵义会议上的处境，也可参见 Jerome Ch'en，"Resolutions of the Tsun-yi Conference，" p. 13。

［46］参见《毛泽东选集》，2 版，第 1 卷，142 页，北京，人民出版社，1991。

［47］《毛泽东集》，第 5 卷，36 页。

［48］Snow，*Red Star*，pp. 82－83.

［49］毛泽东早期的关于中国革命中根据地重要性的思想，可以从他 1928—1930 年写作的许多报告中窥见一斑。这些文章可以从《毛泽东选集》中查阅到修改后的版本，参见 Mao，*SW* 1：63－128。

［50］关于毛泽东处理工农关系的问题，苏联许多人都有过批评研究，其中一部论著是 Krivtsov and Sidikhmenov，pp. 176－184。

［51］关于"延安模式"如何影响 1949 年之后中共的政策，一

个有趣的讨论是 Meisner 的论文。

[52] 张国焘关于毛—刘联盟源起的说法，见他为三卷本 *Collected Works of Liu Shao-ch'i* 所作的序言，参见 *Collected Works of Liu Shao-ch'i*，1：vi－viii。关于这一模糊不清的问题更为详细的讨论，参见 Harrison，pp. 282－283。

[53] See Ch'en Shao-yü (Wang Ming) (2)，pp. 10，28.

[54] 对于这本论文集更为深入的讨论，参见本书第 62 页（英文原书页码，即本书边码。——译者注）。

[55] 详细的内容，参见 McLane，pp. 29－34。

[56] See *Ibid.*，p. 9.

[57] 关于苏联对西安事变及其善后的态度，参见 *Ibid.*，pp. 79－91。

[58] Snow，*Red Star*，pp. 85－86.

[59]《毛泽东集》，第 6 卷，275 页。

[60]《毛泽东集》，第 5 卷，38 页。留苏学生先前对毛泽东关于农民在中国革命中的作用的"错误观点"的批判，参见陈绍禹（王明）(1)。这本重要的小册子的全文收于 Hsiao Tso-liang，*Power Relations Within the Chinese Communist Movement，1930－1934*，vol. 2，*The Chinese Documents*，pp. 499－609。引用部分在 p. 559。Vol. 1，*A Study of Documents*，pp. 202－207，含有这本小册子的背景信息。

[61] 这种观点显然与共产国际的指示存在分歧。共产国际在其发出的指示中曾多次提醒中共：中共的无产阶级性质"不仅植根于政治路线，而且也植根于它的成分和工人在一切领导机关中所发挥的作用"。关于 1931 年 8 月 26 日共产国际决议的更为详细的内容，参见 Carrère d'Encausse and Schram，p. 246。对于中国共产党所谓非无产阶级性质的攻击，参见奥托·库西宁（Otto Kuusinen）于 1964 年 2 月苏共中央全会上所作的演讲，其摘录版见 *Ibid.*，pp. 330－335。然而，正如 Carrère d'Encausse 和 Schram 所指出的（pp. 86－87），"与马克思本人的观点相比"，"革命党与阶级的分离"，实际上"理应是""列宁的基本创新之一"。

［62］《毛泽东选集》，2 版，第 1 卷，206 页。

［63］许多研究者已经注意到毛泽东的军事思想与他整个思想之间的密切关系。比如，斯图尔特·施拉姆已经强调“毛泽东的军事思想与他整体的思想和人格之间的有机联系”（Schram，*Political Thought*，p. 265）。中共的笔杆子胡乔木（Hu Ch'iao-mu，pp. 42 - 43）曾说过，以毛泽东 1936 年军事讲稿为基础写成的这本书是一部“重要的政治著作和哲学著作，因为它深刻地分析了整个中国革命的规律”。

［64］《毛泽东选集》，2 版，第 1 卷，181 页。

［65］毛泽东 1936 年 7 月 23 日接受斯诺采访时的谈话。引用的部分摘引自斯诺的打字手稿，复本见 Schram，*Political Thought*，p. 419（p. 374，n. 1）。

［66］《毛泽东选集》，2 版，第 1 卷，185～186 页。

［67］《毛泽东集》，第 6 卷，275 页。

第三章　走向“毛泽东神话”（1937—1938）

［1］《毛泽东选集》，2 版，第 1 卷，264 页。

［2］Schram（*Political Thought*，pp. 84 - 88）以较长的篇幅讨论了毛泽东这些早期的马克思主义哲学讲稿的真伪问题，他认为这些讲稿都是真作。他尤其反对 John E. Rue 的意见，后者认为这些讲稿都是由党内反对毛泽东的人伪造的，用以羞辱毛泽东的理论水平。关于这种观点，参见 Rue，“Is Mao Tse-tung's ‘Dialectical Materialism’ a Forgery?”。

［3］参见《毛泽东选集》，2 版，第 1 卷，282、299 页。这两篇文章根据以前的版本大幅修改而来，关于这一问题的论证，参见 Cohen，pp. 22 - 28。

［4］Kwok，p. 197.

［5］参见《毛泽东集》，第 6 卷，303 页。

［6］See Whiting and Sheng，pp. 229 - 231.

［7］参见张如心（3）。在本书第七章中，这篇文章将会被放在

1942—1943 年整风运动的背景下详加讨论。

[8]《毛泽东集》，第 6 卷，269 页。

[9] 参见《毛泽东选集》，2 版，第 1 卷，318～319 页。

[10]《毛泽东集》，第 6 卷，269～270 页。

[11]《毛泽东选集》，2 版，第 1 卷，319～320 页。

[12]《毛泽东集》，第 6 卷，300 页。

[13] See Boorman and Howard，1：221。也可参见朝闻道所写的陈伯达的传记：《新中国人物志》，227 页，香港，周末报社，1950。

[14] *FCYC* 2，no. 2（Feb. 1968）：98.

[15] See Elegant，p. 257.

[16] See Compton，pp. xxx - xxxi.

[17] See Boorman and Howard，p. 221；朝闻道，227 页；Klein and Clark，p. 122。Elegant（p. 257）提及了那部歌剧，但没有进一步给出细节。

[18] 关于这个在莫斯科的研究所的一个有价值的讨论，参见 Yüeh Sheng，pp. 52 - 56。

[19] 参见毛泽东（2）。这本书很少见，保存于加利福尼亚州斯坦福市斯坦福大学的胡佛战争、革命与和平研究所。

[20] 同上书，页码错乱。

[21] 参见毛泽东（1）。

[22] 在 1950 年和 1952 年为公开出版毛泽东讲授提纲的部分章节而进行修改的过程中，陈伯达的影响可能更容易被察觉，但这是另一个独立的问题，超出了我们当下的关注点。

[23] 参见《解放》，第 13、14、15 期（合刊），1937 年 9 月 6 日，166～167 页。（这条注释有误，13、14、15 期不是合刊。正确的出处为：《解放》，第 13 期（增刊），1938 年 8 月 9 日，1 页。——译者注）

[24] 参见陈伯达（25），310～335 页。陈伯达的文章是 1945 年出版的《孙中山文集》的附录的一部分。陈伯达为文章所附的按语解释说，这篇论文最初起草于 1937 年冬（出于种种原因，我理解

为 1937 年年末)，但只在 1939 年公开发表过一次（作了修改），当时它被指定为红军的学习材料。

［25］陈伯达（25），330 页。

［26］参见上书，332～334 页。

［27］同上书，318 页。

［28］参见上书，333～334 页。

［29］这至少是 Nym Wales 的观察，基于她 1937 年夏对延安的访问，她的观察似乎确认张闻天继续保持了党内首席理论家的地位。不过，同样清楚的是，他的影响那时已经在毛泽东不断增大的影响下衰落。参见 Wales，*Yenan Notebooks*，p. 200。

［30］对于斯大林“三点指示”的分析根据郭华伦所作的基于事实的记述，Kuo，3：326－330。

［31］参见《毛泽东选集》，2 版，第 2 卷，387～393 页。

［32］Benton，p. 94.

［33］See Chang Kuo-t'ao，2：572.

［34］See Benton，pp. 75，94.

［35］《解放》，第 28 期，1938 年 1 月 11 日，21～22 页。

［36］Benton，p. 77.

［37］《论抗日游击战争的基本战术——袭击》。

［38］参见《解放》，第 43、44 期（合刊），1938 年 7 月 1 日，1 页。

［39］Tokuda，p. 16.

［40］许多论著都探讨过毛泽东的军事思想，参见 Guillermaz。

［41］关于意识形态在党和军队中的作用，重要的毛主义文献是 1929 年 12 月古田会议的《古田会议决议》。参见《毛泽东集》，第 2 卷，77～126 页。删节版（“On Correcting Mistaken Ideas in the Party”）参见 Mao，*SW* 1：105－116。

［42］参见《毛泽东集》，第 6 卷，164 页。

［43］参见编辑者的评论，见《毛泽东选集》，2 版，第 2 卷，387、541 页。

［44］Van Slyke，p. 107.

[45] 关于这条材料的详细情况，参见 McLane，p. 34。

[46] 陈伯达（12），136 页。

[47] 参见陈伯达（15）。

[48] 关于陈伯达与毛泽东个人关系的材料十分稀少。这条稀有的逸闻则与此相关，它反映出毛泽东对陈伯达的关怀，出自贺清华 1959 年发表的关于毛泽东的回忆录。参见 52～53 页。

[49] 参见陈伯达（15），74～75、77 页。

[50] 参见《解放》，第 43、44 期（合刊），1938 年 7 月 1 日，69 页。这项搜集党史文献资料的动议是十分重要的，因为党的几乎所有的官方记录都在长征中遗失。有关徐梦秋对这一问题的评论，参见 Wales，*Red Dust*，pp. ix，57，76。

[51] 林彪的讲话摘引自 Jerome Ch'en，*Mao*，p. 20。关于《解放》上第二幅毛泽东画像，参见《解放》，第 45 期，1938 年 7 月 15 日，4 页。

第四章　马克思主义中国化（1938）

[1]《毛泽东选集》，2 版，第 2 卷，455 页。

[2] 具有讽刺意味的是，日本侵略者是中国的民族主义有效的催化剂。关于这个重要的观点，参见 Johnson，*Peasant Nationalism*，pp. 60－70。

[3] 参见《毛泽东选集》，2 版，第 2 卷，481 页。

[4] 陈伯达（11），52 页。

[5] 陈伯达（14），35 页。为了说明他的观点，陈伯达赞许地提到了童振华创作的两部文艺作品，即《五四历史演义》和《国难记》。

[6] 陈伯达（13），93 页。

[7] 陈伯达（15），72 页。

[8] 同上书，73 页。

[9] 同上。

[10] 参见张闻天（洛甫）（1），68 页。

[11] 张闻天（洛甫）(1)，68 页。

[12] 关于共产国际第二次代表大会的这种评价及其他评价，参见 Carrère d'Encausse and Schram，pp. 26 - 31，149 - 167。

[13] *Ibid.*，p. 31.

[14] 甚至一些留苏学生也开始对中国传统文化采取一种更为积极的态度。比如，博古在 1938 年夏的一篇文章中顺便宣称，中国共产党人"懂得尊重和接受我们民族一切优良传统与优良学说之必要"。参见 Ch'in Pang-hsien（Po Ku）(1)，pp. 22 - 23。

[15] 参见陈伯达（16），26 页。

[16] 同上书，28 页。

[17] 同上书，27 页。

[18] 参见上书，26～27 页。

[19] 参见陈伯达（13），93～95 页。

[20] 参见陈伯达（16），28 页。陈伯达进一步将"国粹"定义为民族的精华，与更常见的国粹相比，这个提法在意义上并不更为准确。

[21] 陈伯达（13），93 页。

[22]《毛泽东集》，第 6 卷，217 页。

[23]《毛泽东选集》，2 版，第 2 卷，533 页。

[24]《毛泽东集》，第 6 卷，261 页。

[25]《毛泽东选集》，2 版，第 2 卷，533～534 页。

[26] 同上书，534 页。

[27] Schram，*Political Thought*，pp. 112 - 113.

[28]《毛泽东选集》，2 版，第 2 卷，534 页。

[29] 参见《解放》，第 57 期，1938 年 11 月 25 日，41 页。亦可见《群众》，1938，2（12），593 页。

[30] See Schram，*Political Thought*，p. 173. 施拉姆最早揭示出这个不一致。埃德加·斯诺曾告诉施拉姆，很有可能是博古负责把毛泽东的报告转换成英文文本，但是无法确定这种假设的真实性。

[31] See Goldman，*Literary Dissent*，pp. 15 - 16.

[32]《解放》，第 53 期，22 页。

第五章　“先知”的崛起（1939—1940）

［1］Ch'en Shao-yü (Wang Ming) (3), p. 13.

［2］转引自 Shewmaker, p. 186。

［3］*Ibid.*, p. 189.

［4］《毛泽东集》，第 6 卷，343 页。

［5］See Goldman, *Literary Dissent*, pp. 15 - 17.

［6］关于 1938 年陈独秀与中共的论战，有一个有些曲解但很有用的记述，参见 Kuo, 3: 391 - 402。关于中共对“托派”分子的一次攻击，参见陈伯达（18）。

［7］See Rosinger, p. 38.

［8］See Linebarger, p. 157.

［9］参见《毛泽东集》，第 6 卷，227 页。

［10］陈伯达（19），27 页。

［11］陈伯达（20），29 页。20 年代和 30 年代，“辩证法”对应的常见中文词是“动的逻辑”，从字面上应该翻译为“logic of motion”或“logic of change”。显然，这种移动和（或）变化的黑格尔式的概念正是陈伯达解释老子及其他一些中国古代哲学家的“朴素辩证法”的核心。

［12］参见陈伯达（21），19～20 页。

［13］陈伯达（17），10 页。更多的细节，参见陈伯达（23）和（31）。

［14］参见陈伯达（26），60 页。

［15］参见陈伯达（17），10～11 页。

［16］参见陈伯达（21），19～20 页。

［17］参见陈伯达（27），119～122 页。

［18］同上书，1～2 页。

［19］同上书，1～4 页。

［20］同上书，17～18 页。也可见 Leng and Palmer, p. 105。

［21］参见陈伯达（27），4～5 页。

［22］陈伯达（21），21 页。

［23］参见朝闻道，227 页。

［24］参见《解放》，第 57 期，1938 年 11 月 25 日，41 页。

［25］关于干部教育运动的更多细节，参见 Selden，*Yenan Way*，pp. 191－192。

［26］参见李维汉（罗迈）（1），7 页。讲话注明的时间为 1939 年 6 月 1 日。罗迈提到的《共产主义与共产党》（草稿），于 1939 年 5 月 18 日由共产主义与共产党编辑委员会在延安首次出版；重印本由党的生活编委会于 1941 年 4 月出版发行。该书的前两章可以在《有关中国共产党材料》第 12 卷中找到。

［27］李维汉（1），10 页。

［28］《社论：〈解放〉二周年纪念》，载《解放》，第 70 期，1939 年 5 月 1 日，7 页。

［29］参见上书。

［30］参见杨松，12 页。

［31］参见艾思奇（2），17 页。

［32］转引自 Jerome Ch'en，*Mao*，p. 20。陈志让的资料来源是《解放》，第 95 期，1939 年 12 月 30 日，20 页。讲话作于 11 月 15 日。

［33］这多篇文章分别收入以下文集：《毛泽东集》，第 6 卷，307～310 页；《毛泽东集》，第 7 卷，69～83 页；《毛泽东集》，第 7 卷，147～206 页；*SW* 2：403－404；《毛泽东集》，第 6 卷，343～348 页；《毛泽东集》，第 7 卷，57～68 页。

［34］See Ch'en Yün，"How to Be a Communist Party Member，" as translated in Compton，p. 106.

［35］参见张闻天（洛甫）（2）和（3）。

［36］参见刘少奇（1），76 页。

［37］同上书，12 页。

［38］同上书，86～87 页。

［39］刘少奇（8），第 1 卷，207～208 页。

［40］See Rue，*Mao Tse-tung*，p. 282.

［41］《毛泽东选集》，2 版，第 2 卷，611～612 页。

［42］《毛泽东选集》，2 版，第 2 卷，621 页。

［43］《毛泽东集》，第 7 卷，99 页。

［44］同上书，135 页。

［45］关于这个党史委员会的简单讨论，参见 Kuo，3：235。

［46］关于 1939 年年末—1940 年年初这些重要发展的更为详细的细节，参见 Boyle，pp. 286，295 - 297；Van Slyke，pp. 111 - 112。

［47］《毛泽东选集》，2 版，第 2 卷，621 页。

［48］同上书，647 页。

［49］同上书，666 页。

［50］同上书，676 页。对于毛泽东统一战线政策演变的详细讨论，参见 Van Slyke，pp. 99 - 116。Kataoka 同样详尽地讨论了统一战线在毛泽东战略中的重要性，参见 Kataoka，pp. 143 - 228。

［51］同上书，675 页。

［52］同上书，684 页。

［53］同上书，647 页。

［54］参见上书，706～708 页。

［55］同上书，647 页。

［56］See Eastman，*Abortive Revolution*，p. 151.

［57］王明的语段引自 Benton，pp. 83 - 84；博古的语段，参见秦邦宪（1），30～31 页。

［58］Brière，p. 81；Kwok，p. 192，n. 48；*Gendai Chugoku jimmei jiten*，p. 488.

［59］参见陈伯达（30），19 页。关于陈伯达被选入这个新协会的情况，参见 1940 年 2 月 20 日印有理事会名单的官方公报（《毛泽东集》，第 7 卷，252 页）。在 45 名理事中，陈伯达排在第 30 位。

［60］《社论：站在中华民族解放事业的前进岗位上》，载《解放》，第 100 期，1940 年 2 月 29 日，3 页。

［61］Linebarger，pp. 167 - 168.

［62］Ch'en Kuo-hsin（Yeh Ch'ing），"A Discussion of Mao Tse-tung's Comments on the Present State of International Relations，" as translated in Linebarger，pp. 403 - 417。引用部分出自

pp. 416－417。斯图尔特·施拉姆在私下交谈中提示我："Ch'en Kuo-hsin"可能是叶青的真名任卓宣的误译（或变体）。我已用"Sinification"代替了莱恩伯格所用的"Chinafication"——这显然是"中国化"的直译。对于叶青批判毛泽东及其中国化理论的更为充分的讨论，参见本书第140～147页（英文原书页码，即本书边码。——译者注）。

[63] Krivtsov and Sidikhmenov, p. 70.

[64] *Ibid.*, pp. 69－70.

[65] Schram, *Mao*, p. 216.

第六章 挑战与回应（1940—1941）

[1] 关于中日合作的全部问题及汪精卫的作用，参见Boyle的讨论。

[2] Johnson, *Peasant Nationalism*, p. 57.

[3] *Ibid.*

[4] 王实等编著，214页。

[5] 同上。

[6] 参见红卫兵资料，收入*CB* 851（Aug. 26, 1968）：6, 28；亦可见*The Case of P'eng Teh-huai, 1959—1968*, pp. 191－193, 212。根据这些文件，彭德怀在1959年庐山会议"自我检讨"的过程中就已承认自己在百团大战中所犯的错误。

[7] 参见陈绍禹（王明）(1)。1932年莫斯科印刷的第二版使用的仍是"两条路线"的题名。

[8] 参见《毛泽东选集》，2版，第2卷，614页。

[9] 引自Kuo, 2: 264；根据郭著的中文版修改了译文，参见第2卷，209～210页。关于王明此书更多的细节及其在中共党史中的作用，参见Hsiao Tso-liang, 1: 202－207。

[10] 关于此时"党内反对毛泽东的复苏"的讨论，参见Kataoka, pp. 156－163。

[11] 参见陈绍禹（王明）(4)，319页。

［12］陈绍禹（王明）(4)，320～321 页。

［13］参见上书，321～323 页。

［14］同上书，323～324 页。

［15］参见《毛泽东集》，第 7 卷，252 页。前面已提到，陈伯达也被选为这个新组织的理事。

［16］See Kataoka，p. 228，n. 184.

［17］See Tokuda，p. 34.

［18］《毛泽东选集》，2 版，第 2 卷，765 页。

［19］See Johnson，*Peasant Nationalism*，p. 140。具有讽刺意味的是，项英——在冲突中被杀害的新四军副军长——是与国民党建立统一战线的强烈支持者（同王明一样）。他好像支持王明 1939—1940 年间反对毛泽东的最后的努力。参见 Kataoka，pp. 159－161。

［20］《毛泽东选集》，2 版，第 2 卷，784 页。

［21］日本"三光"政策的细节及其对中共的影响，参见 Johnson，*Peasant Nationalism*，pp. 55－59。

［22］See Selden，*Yenan Way*，pp. 180－181。塞尔登已搜集了陕甘宁边区 1935—1945 年间大量的经济信息。

［23］See *Ibid.*，p. 177.

［24］关于叶青工作生涯的细节，参见 Boorman and Howard，2：218－219，Jen Cho-hsüan 的条目。

［25］参见任卓宣（叶青）：《毛泽东批判》。叶青的书于 1941 年 3 月写完，随后立即在重庆及中国其他地方出版。以后又作过多次修改，主要是增加新的材料而不是对原文作实质的更改。关于此书出版史的细节，参见叶青为第五版《毛泽东批判》（1961 年，这里使用的就是这一版）所作的序言。

［26］参见上书，91 页。

［27］同上书，99～100 页。

［28］同上。

［29］同上书，98 页。

［30］同上书，106 页。

［31］同上书，113 页。

[32] 任卓宣（叶青），119 页。

[33] 同上。

[34] 关于孙中山思想的国际意义的总体讨论，参见 Kindermann。

[35] 斯图尔特·施拉姆也已指出，1941 年年初这些讲稿的出版可能标志着国共两党统一战线实质上的终结。参见 Schram, *Mao*, pp. 218－219。

[36]《毛泽东选集》，2 版，第 3 卷，793 页。

[37] 参见陈伯达（37）。尽管这篇文章发表于 1942 年 7 月，但它注明是 1941 年 1 月 7 日写的。这里参考引用的是文章的第一段。

[38] See Goldman, "Writers' Criticism", p. 210.

[39] 参见陈伯达（35）。这是 1942 年 6 月 9 日陈伯达在反对王实味的运动中，在中央研究院召开的座谈会上所作的发言。也可参见陈伯达（37）。王实味修改后的论文发表在《中国文化》第 2 卷第 6 期上。

[40] 陈伯达（37）。

[41] 参见上书。亦可见陈伯达（35）。

[42] 参见陈伯达（35）。

[43] See Goldman, *Literary Dissent*, p. 37.

[44]《毛泽东选集》，2 版，第 3 卷，795 页。这一有争议的讲话直到 1942 年 3 月 27 日才出现在《解放日报》上，当时发表的是以《改造我们的学习》为题的修改版。到那时，整风运动已顺利进行，毛泽东已无须关注留苏学生的不利反应。

[45]《毛泽东选集》，2 版，第 3 卷，796～797 页。

[46] 同上书，802 页。

[47] 具有讽刺意味的是，关于毛泽东理论地位的话题已绕了一圈，回到了原地。例如，美国革命共产党声称，毛泽东的"革命路线"已经被华国锋及中国时任领导人的"修正主义路线"背叛。40 年代忠于马克思列宁主义的争论已变为 70 年代忠于毛泽东思想的争论。参见"Special Mao Tsetung Memorial Issue" of *Revolution*，美国革命共产党中央委员会的机关刊物，Sept. 1978，pp. 1－3。

[48] 参见实甫：《掌握创造性的马克思主义》，载《解放》，第123期，1941年1月16日，转引自K'ung Te-liang，p. 37。

[49] 参见张如心（1），17～21页。关于“中国模式”及其1939—1941年在中共党内的正式出现的一个有趣的讨论，参见Goldstein，pp. 605-616。

[50]《社论：纪念中国共产党廿周年》，载《解放日报》，1941-07-01。

[51] 张如心（2），45页。

[52] 朱德（1）。

[53] 刘少奇（4），385页。

[54] 刘少奇（3）。

[55] “Central Committee Resolution on Strengthening the Party Spirit”（July 1，1941），in Compton，p. 159；“Central Committee Resolution on Investigation and Research”（Aug. 1，1941），in *Ibid.*，p. 73.

第七章　毛派的整党（1942）

[1] Compton，p. xiv.

[2] Ch'en Shao-yü (Wang Ming)（5），p. 46.

[3] Selden，“Yenan Legacy，” p. 111.

[4] See *Ibid.*，pp. 110-112.

[5] Selden，*Yenan Way*，pp. 211-112.

[6] Seybolt，p. 657.

[7] See Selden，“Yenan Legacy，” p. 104.

[8] 由于党的快速发展而带来的组织问题，参见Compton，pp. xxviii-xxxiii。

[9] 参见《毛泽东选集》，2版，第2卷，779页。

[10] See Benton，p. 88；亦可见Tokuda，p. 48。

[11]《毛泽东选集》，2版，第3卷，949页。

[12] Harrison，p. 334.

［13］参见《毛泽东选集》，2版，第3卷，939～940页。

［14］参见赵汉：《谈谈中国共产党的整风运动》，19页，北京，1957。转引自 Harrison，p. 334。

［15］任弼时：《关于几个问题的意见》，1943。转引自 Tokuda，p. 47。

［16］Harrison，p. 334.

［17］《社论：反对学习中的教条主义》，载《解放日报》，1941-09-02。

［18］关于这一点，参见 Schram，*Mao*，p. 233。

［19］《毛泽东选集》，2版，第3卷，811～813页。毛泽东发动整风运动的两篇讲话是《整顿党的作风》（1942年2月1日）和《反对党八股》（1942年2月8日），两文均已翻译成英文，参见 Compton，pp. 9-32，33-53。

［20］《毛泽东选集》，2版，第3卷，826、830页。

［21］同上书，819页。

［22］同上书，845页。

［23］见相关新闻报道，载《解放日报》，1942-02-10。

［24］《毛泽东选集》，2版，第3卷，814页。

［25］张如心（3）。

［26］在60年代末"文化大革命"的时候，一些红卫兵在某些文章中使用过"毛泽东主义"的说法，但是这种使用未经官方批准，而且它很快就成为过眼云烟。关于"毛泽东思想"的一些语汇问题的讨论，参见 Hsiung，*Ideology and Practice*，pp. 126-147。

［27］《毛泽东选集》，2版，第3卷，892页。这篇报告（《经济问题与财政问题》）的全文见《毛泽东集》，第8卷，183～354页。原始报告第一章的修改版见 Mao，*SW* 3：111-116。

［28］安德鲁·沃森最近详细解析了这篇报告，并且友好地送给我一个对毛泽东报告全文翻译稿的长篇介绍的副本。沃森的手稿由剑桥大学出版社出版，但我的引用都是根据油印稿。此处引语出自 Watson，p. 23。

［29］*Ibid.*，p. 37.

[30]《毛泽东选集》，2版，第3卷，891～892页。另外两篇文章分别是《开展根据地的减租、生产和拥政爱民运动》（1943年10月1日）和《组织起来》（1943年11月29日）；参见Mao，*SW* 3：131－135，153－161。关于毛泽东早期经济思想的讨论，参见Gurley；对于毛泽东经济思想新近的评价，参见Howe and Walker。

[31] 参见陈伯达（32）。这篇文章最早以小册子的形式于1941年出版，随后经过轻微的修改，于1942年2月分五次在《解放日报》上重载。

[32] 参见陈伯达（33）。

[33] 这类文章中最著名的一篇是《近代中国地租概说》（1947）。参见陈伯达（48）。

[34] Compton，p. 86.

[35] 康生（1）。亦可见康生（2），特别是第102页。

[36] 康生（2），102页。关于康生在指导整风运动中的重要作用，大量的信息（及恶意的评论）可参见弗拉基米洛夫的日记，这些内容随处可见。

[37] See Goldman，*Literary Dissent*，pp. 21－22。戈德曼提供了许多这类杂文完整的文献信息。

[38] *Ibid.*，pp. 26－27.

[39] *Ibid.*，p. 32.

[40] 见相关新闻，载《解放日报》，1942－04－01。

[41] 见关于毛泽东发言的报道，载《解放日报》，1942－04－02。

[42] See Goldman，*Literary Dissent*，p. 33.

[43] 关于这份决定完整的翻译稿，参见Compton，pp. 1－8。

[44] Boorman，p. 24.

[45] See Goldman，*Literary Dissent*，pp. 15－17.

[46] 参见《毛泽东选集》，2版，第3卷，848页。

[47] 同上书，870页。

[48] 同上书，862页。

[49] 同上书，875页。

［50］中共中央文献研究室编：《毛泽东文集》，第3卷，337页，北京，人民出版社，1996。

［51］同上书，338页。

［52］See Goldman，*Literary Dissent*，p. 37.

［53］参见温济泽，第2部分。

［54］参见陈伯达（35）。

［55］关于对王实味的这些指控和其他指控的细节，参见陈伯达（35），亦可见陈伯达（假名为伯钊）（34）（伯钊不是陈伯达的假名，该文的作者是戏剧家、杨尚昆的夫人李伯钊，而不是陈伯达。——译者注）。

［56］陈伯达（35）。

［57］参见温济泽，第1部分。

［58］据毛泽东所言，处决王实味的决定"不是出自中央"。王实味不幸的案例后来成为错误对待党内政治偏离分子的主要事例。关于此事，参见 Mao Tse-tung，"Talk at an Enlarged Central Work Conference"（Jan. 30，1962），翻译后收入 Schram，*Chairman Mao Talks to the People*，pp. 184－185。

［59］陈伯达（36）。陈伯达坚决强调小资产阶级知识分子革新思想的必要性，这引出了陈伯达与于炳然之间短暂的争论。于炳然持更加温和的观点，他认为应该以个人的品质而不是阶级背景来判断每一个人。参见于炳然和陈伯达相互交锋的文章，载《解放日报》，1942－07－23［陈伯达（38）］。

［60］参见陈伯达（39）。

［61］参见陈伯达（41）。

［62］参见陈伯达（40）。

［63］此段及下一段的讨论都是根据 Nivison，pp. 35－41。

［64］See Boorman and Howard，p. 221；Klein and Clark，p. 123.

［65］See Goldman，*Literary Dissent*，pp. 51－66，其中讨论了整风对国统区尤其是重庆的知识分子的影响。

［66］See *Ibid.*，p. 29.

[67] 关于“毛主席”的提法，可参见关于张浩（即林育英，中共第六届中央委员）葬礼的新闻，载《解放日报》，1942－03－10。这个时间比陈志让所引用的《解放日报》标题中第一次出现“毛主席”一词的时间（4月15日）早了一个多月。See Jerome Ch'en，*Mao Papers*，p. 177。

[68] Schurmann，p. 29.

[69] 朱德（2）。

[70] 彭德怀和陈毅的文章都转引自 Tokuda，p. 52。

[71] 参见朱德（2）。

[72] 参见陈伯达（41），17页。

[73] 参见《毛泽东集》，第7卷，162页（应该是《毛泽东集》，第8卷，162页。——译者注）。

[74] Schram，“Cultural Revolution，” p. 22.

第八章　“毛泽东思想”的胜利（1943）

[1] 参见《毛泽东集》，第8卷，187页。

[2] Tokuda，p. 55.

[3] 关于日本战争策略的这种解释，参见 Hosoya。

[4] 关于中共所认识的斯大林格勒战役的重大意义，参见毛泽东为《解放日报》所写的专题社论：《第二次世界大战的转折点》，载《解放日报》，1942－10－12。英译文见 Mao，*SW* 3：103－107。

[5] 陶希圣起草《中国之命运》的说法在当时被广泛接受，菲利普·贾菲在介绍这部著作的英文译本（1947）时也作了这样的注解。我以贾菲的译本作为引用的标准，同时参考王宠惠以后来的修订本为蓝本而翻译的权威英译本。

[6] *China's Destiny*，Jaffe trans.，p. 43.

[7] See *Ibid.*，p. 20.

[8] *Ibid.*，p. 185.

[9] *Ibid.*，p. 100.

[10] *Ibid.*，p. 163.

［11］*China's Destiny*，p. 222.

［12］*Ibid.*，p. 43.

［13］Fairbank，p. 404.

［14］参见对这个有趣的概念的讨论：Furth，*Limits of Change*，pp. 40 - 41，293 - 294。

［15］鲁迅：《灯下漫笔》，见《鲁迅全集》，第 1 卷，224 页，北京，人民文学出版社，2005。

［16］这一重要决议的文本，参见 Degras，pp. 476 - 479。

［17］参见《毛泽东集》，第 9 卷，16、22 页。斯图尔特·施拉姆于 1963 年首次注意到毛泽东这次重要的演讲，当时他将这篇讲话的摘要收入第一版的 *Political Thought* 中。关于这份摘要，参见施拉姆研究的第二版（1969），pp. 421 - 423。

［18］参见《毛泽东集》，第 9 卷，23 页。

［19］参见中共中央文献研究室编：《毛泽东文集》，第 3 卷，20～22 页。

［20］McLane，p. 155.

［21］See *Ibid.*，p. 157。尽管麦克莱恩无意中忽略了该刊物在此期间对中国偶然所作的一些报道，但他关于共产国际漠不关心中国的基本观点仍是正确的。

［22］*Ibid.*，p. 174 - 176.

［23］参见《毛泽东选集》，2 版，第 3 卷，905 页。

［24］Chou En-lai，pp. 177 - 178.

［25］*Ibid.*，p. 179.

［26］参见人物传记词典：Boorman and Howard，2：408 and 3：15；Klein and Clark，2：621，683。

［27］关于毛泽东、刘少奇的协定的这种解释，参见 Schram，"Mao Tse-tung and Liu Shao-ch'i"，pp. 280 - 281。

［28］中共中央文献研究室编：《毛泽东文集》，第 3 卷，33 页。

［29］参见《毛泽东选集》，2 版，第 3 卷，918 页。

［30］刘少奇（5），54 页。

［31］同上书，56、60 页。

［32］刘少奇（5），63～64 页。

［33］See Tokuda，pp. 54 - 57.

［34］秦邦宪（博古）（2）。

［35］参见王稼祥（1）。

［36］王稼祥（2），43～44 页。

［37］同上书，52 页。

［38］同上书，47～48 页。

［39］同上书，49～50 页。

［40］同上书，50 页。

［41］同上书，43～44 页。

［42］同上书，46 页。

［43］试图将中共的意识形态拆分为“纯粹”和“实用”两部分来分析的最著名的一个例子就是 Schurmann，pp. 23 - 24。

［44］关于“主义”所宣称的特质，参见 Hsiung，*Ideology and Practice*，pp. 129 - 130。

［45］See *Ibid.*，p. 129；Altaisky and Georgiyev，pp. 26 - 28.

［46］Hsiung，*Ideology and Practice*，pp. 146 - 147.

［47］参见白劳德对毛泽东的介绍：*China's New Democracy*，p. 48。

［48］参见莫斯科广播电台“Mao Tse-tung's Trustful Bodies” 1969 年 5 月 19 日用普通话播出的一次广播谈话。引自 *IS* 6，no. 7（April 1970）：89，93。

［49］White and Jacoby，p. 230.

［50］*Ibid.*，pp. 229 - 230，234.

［51］有关毛泽东崇拜的这些民间表现形式的更多细节，参见 Tokuda，pp. 55 - 57，70。根据中国出版的一本研究著作，截至 1951 年，已搜集到的歌颂毛泽东的民歌就超过 500 首，这些民歌绝大多数都是农民在 20 世纪 40 年代写的。关于这一点，参见 Ting Yi，pp. 274 - 276。

［52］这段引语出自高岗的讲话，转引自 Selden，*Yenan Way*，p. 204。

［53］见相关新闻报道：《毛泽东同志是中国人民的救星》，载

《解放日报》，1943－11－21。

[54] See Jerome Ch'en，*Mao*，p. 52.

[55] See Jerome Ch'en，"Tsun-yi Resolutions，" pp. 37－38；Jerome Ch'en，*Mao*，pp. 22，53。第一版《毛泽东选集》是由《晋察冀日报》出版的。

[56] 中共中央文献研究室编：《毛泽东文集》，第3卷，314～315页。

[57]《毛泽东选集》，2版，第3卷，907～908页。

[58] 参见陈伯达（42）。这里使用的文本是1946年香港出版的原文的重印本。英文的全译本见Gelder，pp. 256－290，但偶尔有些错误。

[59] 参见陈伯达（44）。

[60] 陈伯达（42），26页。

[61] 参见陈伯达（44），1～2页。

[62] 同上书，25页。

[63] 参见陈伯达（42），1页。

[64] 同上书，15页。

[65] 同上书，13页。

[66] 同上书，13～14页。

[67] 同上书，15页。

[68] 同上。

[69] 参见上书，14页。

[70] 当然，问题绝非那么简单，在支持国民党还是支持共产党的问题上，许多人仍旧犹豫不决。关于内战时期城市知识分子的情形，参见Pepper。

[71] 见高斯大使致国务卿的第1651号电报，其中简要摘录了蒋介石一书的内容，载*Foreign Relations*，pp. 347－348。

[72] *Two Years with the Chinese Communists*，pp. 210－211.

[73] 见艾奇逊致国务卿的第1220号电报，载*Foreign Relations*，pp. 244－245。

[74] 陈伯达批判《中国之命运》的文章刊印在1944年1月的

The Communist 上，这是美国共产党重要的理论刊物。此外，印度孟买的人民出版社也于 1944 年出版发行《评〈中国之命运〉》。顺便提一句，陈志让在谈及中共的理论刊物（也是《共产党人》）时，混淆了这两个不同的出版物。陈伯达对蒋介石一书的尖锐评论重刊于美国的刊物上，它没有登载在中国的同名刊物上（《共产党人》英文名即 *The Communist*，因此与美共的刊物同名。但中共的党内刊物《共产党人》于 1941 年 8 月就已停刊，陈伯达的《评〈中国之命运〉》根本不可能刊登在该刊上。——译者注）。

第九章　中共党史的重构（1943—1944）

[1] 关于斯大林主持编修的苏联共产党的官方历史，参见 Communist Party of the Soviet Union，*History*。

[2] 有关这一点更多的信息，参见 Tokuda，pp. 61，86。

[3] 关于这次会议的细节，参见 Selden，*Yenan Way*，pp. 200 -207。

[4] See *Ibid.*，pp. 202 - 205.

[5] 这种观点是任弼时提出的，参见 Tokuda，p. 59。德田教之并没有给出任何出处，任弼时的评论可能出自他在高干会上所作的演讲。

[6] Selden，*Yenan Way*，p. 204.

[7] Ch'en Shao-yü (Wang Ming) (5)，p. 49.

[8] 更多的细节，参见《毛泽东选集》，2 版，第 3 卷，937～938 页注。

[9] See Tokuda，p. 60.

[10] 刘少奇（5），54 页。

[11] 同上书，63 页。

[12] See Vladimirov，pp. 180，182.

[13]《毛泽东选集》，2 版，第 3 卷，937～938 页注。

[14] 参见上书，938 页。

[15] 同上书，939～940 页。

[16]《毛泽东选集》，2 版，第 3 卷，946 页。

[17] 同上书，939 页。

[18] 参见上书，942～944 页。

[19] 参见上书，1021 页。

[20] 陈伯达（46），65 页。

[21] 陈伯达（45），42 页。

[22] 参见陈伯达（?）（47）。关于这篇文章及其作者可能是陈伯达的充分讨论，见本书第 263～269 页（英文原书页码，即本书边码。——译者注）。

[23]《内战时期的反革命与革命》的原文可以从《有关中国共产党材料》第 12 卷中找到。这篇文章的前记注明写于 1943 年 5 月 1 日，但这显然是 1944 年的误印。比如，在结束语中（第 66 页），陈伯达提到王稼祥关于毛泽东思想的文章，该文发表于 1943 年 7 月 8 日，即前记所注日期约两个月之后。出于这个或其他的原因，我们可以可靠地推测陈伯达的文章于 1944 年 5 月 1 日首次刊印。

[24] 关于后来修改毛泽东原作的许多例子，参见 Schram, *Political Thought*, pp. 150 - 151，174，252，276 等。

[25] Tokuda, p. 62.

[26] 参见陈伯达（45），43～44 页。关于湖南在中国近代史中的特色及其可能对毛泽东产生的影响的饶有趣味的讨论，参见 Jerome Ch'en, *Mao*, pp. 1 - 7。对于湖南人激进品质的赞扬，参见陈独秀的文章："Salute to the Spirit of the Hunanese"（May 1920），in Carrère d'Encausse and Schram, pp. 211 - 212。

[27] 陈伯达（45），43 页。

[28] 同上。

[29] 对毛泽东早期著作的这种判断后来似乎未曾改变，只有一篇早于 1927 年 3 月的毛泽东著作收入 1949 年后官方出版的《毛泽东选集》中，而且经过了大幅修改。更多的细节，参见本书第 250 页（英文原书页码，即本书边码。——译者注）的脚注。

[30] 陈伯达（45），44 页。

[31] 同上书，1～2 页。

[32] 陈伯达（45），42 页。

[33] 参见上书，7 页。

[34] 参见上书，19～20 页。

[35] 同上书，18 页。

[36] 同上书，31 页。

[37] 同上书，43 页。

[38] 该词的翻译出自 Mathews 著名的 *Chinese-English Dictionary*，p. 66。动词部分可直译为“结晶”、“集中表现”等。参见《汉英时事用语词汇》，175 页。该词本质上含有融合现存思想和（或）理论，并将其发展到更高的认知层次的意思。

[39] 陈伯达（22）。

[40] 陈伯达（45），45 页。

[41] 同上。

[42] 参见陈伯达（46），33 页。

[43] 同上书，63 页。

[44] 同上书，64～65 页。

[45] 同上。

[46] 同上书，2～4 页。

[47] 同上书，15～18 页。

[48] 同上书，30 页。

[49] 同上书，65 页。

[50] 参见上书，33 页。

[51] 参见上书，26、36～37 页。

[52] 参见上书，42～43 页。

[53] 同上书，52 页。

[54] 同上书，65 页。这里陈伯达可能夸大了毛泽东对意识形态的重视，因为古田决议原文对建党建军时的组织和思想给予了同样的关注。不过，在后来使用这些决议时（在整风运动期间），毛泽东选择强调思想的方面，尤其强调对干部和官员进行灌输与教导，而不是关注组织。意义重大的是，在官方所编的《毛泽东选集》中，只保留了决议的思想部分，并以《关于纠正党内的错误思

想》为标题。参见 Mao，*SW*，1：105－116。

［55］参见陈伯达（46），59～60 页。

［56］同上书，62～63 页。

［57］参见上书，19 页。

［58］同上书，43～44 页。

［59］同上。

［60］参见上书，12 页。

［61］参见上书，44～45 页。

［62］参见上书，16 页。

［63］同上书，66 页。

［64］同上书，65 页。

［65］同上书，66 页。

［66］See *Chinese Communism and the Rise of Mao*，pp. 189－190.

第十章　胜利的大会（1945）

［1］“Political Program and Policies”，由蒋介石提议，中国国民党第六次全国代表大会 1945 年 5 月 18 日通过，参见 Tong，p. 41。

［2］“Resolution on the Communist Problem”，中国国民党第六次全国代表大会 1945 年 5 月 17 日通过，参见 *Ibid.*，p. 53。

［3］清华大学的学生已汇编了多年来彭德怀与毛泽东之间所谓冲突的大量材料，翻译稿见 *CB* 851（Aug. 26，1968）。这些材料和彭德怀的其他材料见 *P'eng Teh-huai*，尤其是 pp. 190－194。有关毛泽东对他与彭德怀 40 天冲突的评论参见 Schram，*Chairman Mao Talks*，p. 194。

［4］See Vladimirov，pp. 374，389－395. 关于《关于若干历史问题的决议》（1945 年 4 月 20 日通过，见《毛泽东选集》，2 版，第 3 卷，904～1003 页）的一些详细的评论，参见 Rue，*Mao in Opposition*，pp. 8－11，以及该书的其他部分。红卫兵称，胡乔木起草了《关于若干历史问题的决议》，这可能只是基于后来胡乔木 1951 年的

党史研究而作出的一种猜测。以此而论，我们可以对这种说法不予理会。关于红卫兵的说法，参见 Harrison，p. 591，n. 85。

[5] 参见《毛泽东选集》，2 版，第 3 卷，969～970 页。据弗拉基米洛夫所言，六届七中全会之前，对于遵义会议之后党史的评价，党内产生了一些“分歧”，这可能妨碍了中共中央细致地处理这一时段的问题。

[6] 参见《毛泽东选集》，2 版，第 3 卷，955 页。

[7] 陈伯达（46），66 页。

[8] 参见上书，12 页；《毛泽东选集》，2 版，第 3 卷，976 页。

[9]《毛泽东选集》，2 版，第 3 卷，970 页。

[10] 同上书，953～954 页。

[11] See Tokuda，p. 72.

[12] 中国已出版的最系统的研究中共党史的著作是：Ho Kan-chih，*A History of the Modern Chinese Revolution*，1959。何干之紧紧遵循毛派对党史的解释，但他的研究是“非官方的”，因为该书是以他个人的名义出版的，而不是以中共中央的名义出版的。同样，我已经提到过的胡乔木的简短得多的研究成果也缺少中共最高层所赋予的权威。[《中国共产党的三十年》不是胡乔木个人的作品，而是一部由胡乔木起草、经刘少奇和毛泽东修改审阅的中国共产党简史，具有极高的权威性。在署名问题上，胡乔木没有决定权，以胡乔木个人的名义发表是刘少奇建议、毛泽东决定的。参见程中原：《〈中国共产党的三十年〉写作与发表经过》，载《党的文献》，2009（1）。——译者注] 关于弗拉基米洛夫的评论，参见其日记，p. 517。

[13]《毛泽东选集》，2 版，第 3 卷，998～999 页。

[14] 参见新华社关于七大的报道，译文见 Brandt et al.，pp. 287 - 295。

[15] *Ibid*。关于每个留苏学生领袖的情况，参见 Vladimirov，p. 467。

[16]《毛泽东选集》，2 版，第 3 卷，1030 页。

[17] 参见上书，1062、1067～1069 页。

[18]《毛泽东选集》，2 版，第 3 卷，1055～1056 页。文中随处可见“新民主主义”。正如斯图尔特·施拉姆已指出的，有关中共在新的联合政府中占主导地位的公开宣称是后来为编辑《毛泽东选集》而修改毛泽东的报告时加上的。参见 Schram，*Mao*，pp. 234 - 235。

[19] 同上书，1094 页。

[20] 参见朱德（3），尤其是第 34 页。

[21] 同上书，63～64、90～91 页。

[22] 同上书，56～57 页。

[23] 七大期间彭德怀的这些材料和其他资料，参见 *CB* 851 (Aug. 26，1968)：7；*P'eng Teh-huai*，pp. 193 - 194。

[24] 刘少奇（6），31 页。其中包括 1945 年 6 月 11 日七大通过的新党章。

[25] Schurmann，p. 21。舒尔曼的译文还漏掉了原句的后半部分，但这与目前的讨论无关。

[26] *Ibid.*，pp. 21 - 22.

[27]《中国共产党党章》，见刘少奇（6），145～176 页，尤其是第 147 页。

[28] 参见刘少奇（6），151～152 页。

[29] 弱化毛泽东思想的很好的例子就是刘少奇七大报告（《论党》）的英文译本。见 Liu（8），2：26 - 31。

[30] 关于 1956 年党章删除毛泽东思想的评论及参考资料，参见 Hsiung，*Ideology and Practice*，pp. 133 - 134。关于指控彭德怀、刘少奇和邓小平在 1956 年 9 月党的八大上合伙攻击毛泽东思想的重要的红卫兵文件，参见 *P'eng Teh-huai*，p. 201。

[31] 关于毛泽东思想的这种定义，参见 1969 年 4 月中共九大通过的短命的“林彪”版党章，重印于 Chai，p. 431。

[32] 1973 年的中共党章，参见 *The Tenth National Congress of the Communist Party of China：Documents*，尤其是 pp. 61，65。1977 版党章，参见 *The Eleventh National Congress of the Communist Party of China：Documents*，pp. 121，140。

[33] See Han Suyin，p. 489.

［34］刘少奇（6），37 页。

［35］同上书，33、37 页。

［36］例如，1949 年之后出版的《毛泽东选集》对 1938 年毛泽东的报告（《论新阶段》）作了修改，从中删去了“马克思主义中国化”一词。关于苏联对“马克思主义中国化”所作的批判性分析，参见 Krivtsov and Sidikhmenov，pp. 62 - 72。

［37］刘少奇（6），35～36 页。

［38］同上书，35 页。

［39］参见上书，38 页。

［40］同上书，13 页。

［41］同上书，79 页。

［42］毛泽东本人关于民主集中制的讨论也是按照这种思路展开的，参见 Mao，*SW* 3：44。

［43］有关中共历史上党与领袖之间关系变动的很好的分析，参见 Schram，“The Party in Chinese Communist Ideology”。

［44］关于毛泽东在党内正式担任这些重要职务的情况，参见 Boorman and Howard，3：15；Klein and Clark，2：683。

第十一章　结论与后记

［1］Li Wei-han（2），p. 98.

参考文献

下面的书单是高度筛选出来的，只包括正文或注释中引用过的资料。对于那些我在准备本研究时用过的但没有提到的许多其他著述，我也表示衷心的感谢。如果某位作者名下有两条或更多的条目，我将根据出版日期，按时间先后排列（在很少的情况下，或许按照创作的日期排列，如果这样编排更为恰当的话）。

艾思奇：（1）论思想文化问题//夏征农．26－30．后揭书．

——（2）怎样研究辩证法唯物论．解放，1939，82：16－18．

Altaisky，M.，and V. Georgiyev. *The Philosophical Views of Mao Tse-tung：A Critical Analysis*. Moscow：Progress Publishers，1971.

Apter，David E.，ed. *Ideology and Discontent*. New York：Free Press，1964.

Band，Claire，and William Band. *Two Years with the Chinese Communists*. New Haven，Conn.：Yale University Press，1948.

Barnett，A. Doak，ed. *Chinese Communist Politics in Action*. Seattle：University of Washington Press，1969.

Benton，Gregor. "The 'Second Wang Ming Line'（1935—1938），" *CQ* 61（March 1975）：61－94.

Bernal，Martin. "Liu Shih-p'ei and National Essence." pp. 90－112 in Charlotte Furth，ed. 后揭书．

Bol'shaya Sovetskaya Entsiklopedya（Large Soviet Encyclopedia），vol. 47. Moscow，1957.

Boorman，Howard L. "The Literary World of Mao Tse-tung，" *CQ* 13（Jan.－March 1963）：15－38.

Boorman, Howard L., and Richard C. Howard, eds. *Biographical Dictionary of Republican China*. New York: Columbia University Press, 1967.

Boyle, John Hunter. *China and Japan at War, 1937—1945: The Politics of Collaboration*. Stanford, Calif.: Stanford University Press, 1972.

Brandt, Conrad, Benjamin Schwartz, and John K. Fairbank. *A Documentary History of Chinese Communism*. New York: Atheneum, 1971.

Bridgham, Philip L. "The International Impact of Maoist Ideology." pp. 326 - 351 in Chalmers Johnson, ed. *Ideology and Politics*. 后揭书.

Brière, O. *Fifty Years of Chinese Philosophy, 1898—1950*. London: Allen and Unwin, 1956.

Carrère d'Encausse, Hélène, and Stuart R. Schram. *Marxism and Asia*. Baltimore: Penguin Books, 1969.

Chai, Winberg, ed. *Essential Works of Chinese Communism*. Rev. ed. New York: Bantam Books, 1972.

张如心：(1) 在毛泽东同志的旗帜下前进．解放，1941，127：14 - 21.

——(2) 论创造性的学习．解放，1941，131、132：41 - 45.

——(3) 学习和掌握毛泽东的理论和策略．解放日报，1942 - 02 - 18—1942 - 02 - 19.

Chang Kuo-t'ao. *The Rise of the Chinese Communist Party, 1921—1938*. 2 vols. Lawrence: University of Kansas Press, 1971.

Chang, Parris H. "The Role of Ch'en Po-ta in the Cultural Revolution," *Asia Quarterly* 1 (1973): 17 - 58.

张申府．五四运动与新启蒙运动//夏征农．107 - 110. 后揭书．

张闻天（洛甫）：(1) 中国共产党十七周年．解放，1938，43、44：65 - 69.

——(2) 在民族自卫战最前线的岗位上．解放，1939，75：

26 - 29.

—— (3) 论共产党的阶级立场与民族立场的一致．解放，1939，75：30 - 36. 译文见“The Class Stand of the Communist Party Is Compatible with the Stand of Chinese Nationalism,” pp. 55 -76 in Wang Chia-hsiang et al.，*Communists*. 后揭书．

张闻天，等．三民主义与共产主义．香港：现实出版社，1947.

朝闻道．陈伯达//新中国人物志．225 - 228. 后揭书．

Ch'en，Jerome. *Mao and the Chinese Revolution*. London：Oxford University Press，1965.

——. “Resolutions of the Tsun-yi Conference,” *CQ* 40（Oct. - Dec. 1969）：1 - 38.

——. ed. *Mao*. Englewood Cliffs，N. J.：Prentice - Hall，1969.

——. ed. *Mao Papers：Anthology and Bibliography*. London：Oxford University Press，1970.

陈伯钧．论抗日游击战争的基本战术——袭击．解放，1938，28：14 - 19.

陈伯达：(1) 论中国启蒙思想家谭嗣同//陈伯达 (28)．163 - 244. 后揭书．

—— (2) 研究中国社会方法论的几个先决问题．文史，1934，1 (3)：13 - 29.

—— (3) 腐败哲学的没落．读书生活，1936，4 (1)：48 - 57；1936，2：39 - 41. (此文写于 1935 年 3 月 14 日)

—— (4) 新哲学者的自己批判和关于新启蒙运动的建议．读书生活，1936，4 (9)：453 - 455.

—— (5) 文艺界两个口号的论争应该休战//国防文学论战．上海：新潮社，1936：597 - 602. 重印见：中共研究，1971，5 (8)：112 - 113.

—— (6) 论新启蒙运动．新世纪，1936，1 (2)．重印见：夏征农．67 - 75. 后揭书．

—— (7) 学习和批评//陈伯达 (28)．28 - 33. 后揭书．

—— (8) 思想无罪——我们为“保卫中国最好的文化传统”

以及“争取现代文化的中国”而奋斗//陈伯达（28）.19-37.后揭书.

——（9）再论新启蒙运动：思想的自由与自由的思想.认识月刊，1937，1（1）.重印见：夏征农.84-99.后揭书.

——（10）文化上的大联合与新启蒙运动的历史特点//夏征农.128-137.后揭书.

——（11）论抗日文化统一阵线//陈伯达（28）.47-65.后揭书.

——（12）孙中山先生关于民族革命统一战线思想的发展.解放，1938，33.重印见：陈伯达（27）.130-139.后揭书.

——（13）我们关于目前文化运动的意见//陈伯达（28）.78-96.后揭书.

——（14）旧形式的利用//陈伯达（28）.34-35.后揭书.

——（15）我们继续历史的事业前进.解放，1938，43、44：72-78.

——（16）论文化运动中的民族传统.解放，1938，46：26-28.

——（17）关于知行问题的研究.解放，1938，50：10-14.重印见：陈伯达（28）.97-117.后揭书.

——（18）评陈独秀的亡国论.解放，1939，60、61：23-29.

——（19）中国古代哲学的开端.解放，1939，62：27.

——（20）老子的哲学思想.解放，1939，63、64：27-30.

——（21）纪念马克思与孙中山.解放，1939，66：18-21.

——（22）孔子的哲学思想.解放，1939，69.摘录版见：五四以来反动派、地主资产阶级学者尊孔复古言论辑录.28-29.后揭书.

——（23）墨子的哲学思想.解放，1939，82：20-23.

——（24）随感录.解放，1939，85：17-18.

——（25）关于马克思学说的若干辩正//孙中山先生选集.310-335.后揭书.（写于1937年年末）

——（26）论共产主义者对三民主义关系的几个问题//张闻天，等.46-47.前揭书.译文见“Several Problems in the Relationship of Communists to the Three People's Principles," pp. 23-54 in Wang Chia-hsiang et al., *Communists*. 后揭书.

——(27) 三民主义概论. 重庆：生活书店，1939.

——(28) 在文化阵线上. 香港：生活书店，1939.

——(29) 编. 毛泽东论. 西安：西安出版社，1939. [前言写于1937年9月(?)]

——(30) 关于目前宪政运动基本问题的意见. 解放，1940，101：14-19.

——(31) 墨子哲学思想. 解放，1940，102：15-21.

——(32) 中国工业与中国资产阶级. 解放日报，1942-02-04—1942-02-05，1942-02-07—1942-02-09. (写于1941年3月15日，1941年首次出版)

——(33) 由封建的中国到半殖民地半封建的中国. 解放，1941，128：22-27.

——(34) (?) 继《读"野百合花"有感》之后. 解放日报，1942-06-09—1942-06-10. [署名伯钊(伯钊是戏剧家、杨尚昆的夫人李伯钊，而不是陈伯达。——译者注)]

——(35) 关于王实味. 解放日报，1942-06-15.

——(36) 旧阶级本性的改造. 解放日报，1942-06-27.

——(37) 写在实味同志《文艺的民族形式短论》之后. 解放日报，1942-07-03—1942-07-04. (连载，注明写作时间为1941年1月7日)

——(38) 回答于炳然同志. 解放日报，1942-07-23.

——(39) 思想的反省. 解放日报，1942-08-28.

——(40) 人性、党性、个性. 解放日报，1943-03-27. 修改稿重印见：陈伯达，等. 人性、党性、个性. 5-14. 后揭书.

——(41) 坦白运动与自我反省//整顿三风参考材料. 第10卷. 14-17. 后揭书.

——(42) 评《中国之命运》. 解放日报，1943-07-21. 原文后来的重印本见：陈伯达. 评《中国之命运》. 香港：新中国文献出版社，1946.

—— (43) "Chiang Kai-shek's 'China's Destiny.'" pp. 256 - 290 in Stuart Gelder, ed. 后揭书. [文句与上列 (42) 不同]

—— (44) 介绍《中国之命运》. 延安: 解放社, 1943.

—— (45) 读《湖南农民运动考察报告》. 北京: 人民出版社, 1951. (写于 1944 年春) 相对应的英文版是: Ch'en Po-ta, *Notes on Mao Tse-tung's "Report of an Investigation into the Peasant Movement in Hunan"*. Peking: Foreign Languages Press, 1954.

—— (46) 内战时期的反革命与革命 (党内干部读物). 延安, 1944. (这项研究后经修改, 并公开出版) 见陈伯达. 关于十年内战. 北京: 人民出版社, 1953. 相对应的英文版是: Ch'en Po-ta, *Notes on Ten Years of Civil War* (*1927—1936*). Peking: Foreign Languages Press, 1954.

—— (47) (?) 关于若干历史问题的决议//毛泽东选集. 2 版. 第 3 卷. 北京: 人民出版社, 1991: 904 - 953. (1945 年 4 月 20 日扩大的中共六届七中全会通过) 相对应的英文版见: Mao, *SW* 3: 177 - 225. [对于文件本身的讨论及陈伯达可能是文件作者的讨论, 见本书第十章, 263～269 页 (英文原书页码, 即本书边码。——译者注)]

—— (48) 近代中国地租概说. 晋察冀: 新华书店, 1947. 英文版 (略微修改) 是: *A Study of Land Rent in Pre-Liberation China*. 2nd rev. ed. Peking: Foreign Languages Press, 1966.

—— (49) *Stalin and the Chinese Revolution*. Peking: Foreign Languages Press, 1953.

—— (50) 刘存史, 编. 陈伯达文集, 1949—1967. 香港: 历史资料出版社, 1971.

陈伯达, 等. 人性、党性、个性. 北京: 中国青年出版社, 1957.

陈绍禹 (王明): (1) 为中共更加布尔塞维克化而斗争. 延安, 1940. (最早出版于 1931 年, 名为 *The Two Lines*; 1932 年以同一书名在莫斯科重印)

—— (2) *China Can Win! The New Stage in the Aggression*

of Japanese Imperialism and the New Period in the Struggle of the Chinese People. New York: Workers Library, 1937.

——（3）*Old Intrigues in New Clothing*. Chungking: New China Information Committee, bulletin no. 7, 1939.（包含王明 1939 年 1 月 15 日所作的同名演讲，pp. 1 - 19）

——（4）学习毛泽东//王明选集．第 5 卷．东京：汲古书院，1970—1975：319 - 324.

——（5）*China*：*Cultural Revolution or Counter-Revolutionary Coup*? Moscow: Novosti Press Agency Publishing House, 1969.

Ch'en Tu-hsiu. "Salute to the Spirit of the Hunanese," May 1920. pp. 211 - 212 in Hélène Carrère d'Encausse and Stuart R. Schram, eds. 前揭书．

Ch'en Yün. "How to Be a Communist Party Member," May 30, 1939. pp. 88 - 107 in Boyd Compton. 后揭书．

整风文件．4 版．第 1 卷．冀鲁豫：冀鲁豫书店，1944.

苏中区党委，编．整顿三风参考材料．第 10 卷．出版地不详：出版时间不详．

Chiang Kai-shek. *China's Destiny and Chinese Economic Theory*. Notes and commentary by Philip Jaffe. London: Dennis Dobson, 1947. 官方修订本是：*China's Destiny*. Wang Chung-hui, trans. New York: Macmillan, 1947.

解放．延安，1937—1941.

——《解放》二周年纪念．1939，70：7 - 8.

——站在中华民族解放事业的前进岗位上．1940，100：1 - 4.

解放日报．延安，1941—1947.

——纪念中国共产党廿周年．1941 - 07 - 01.

——反对学习中的教条主义．1941 - 09 - 02.

——掌握马列主义的锁钥．1942 - 01 - 21.

——毛泽东同志是中国人民的救星．1943 - 11 - 21.

秦邦宪（博古）：（1）"On the Development, the Difficulties, and the Future of the National Anti-Japanese United Front," Summer 1938（?）. pp. 20－31 in Ch'en Shao-yü（3）. 前揭书.

——（2）在毛泽东的旗帜下，为保卫中国共产党而战！. 解放日报，1943－07－13.

Chinese Communist Who's Who. Taipei：Institute of International Relations，1970.

Chou En-lai. "Address to a Reception Party at Yenan，" Aug. 1，1943. Translated pp. 173－183 in Stuart Gelder，ed. 后揭书.

Chu，Samuel C. *The New Life Movement，1934—1937*. New York：East Asian Institute，Columbia University，1957.

朱德：（1）中国共产党与革命战争. 解放日报，1941－07－01.

——（2）纪念党的二十一周年. 解放日报，1942－07－01.

——（3）*On the Battlefronts of the Liberated Areas*. Peking：Foreign Languages Press，1952.（这是朱德1945年4月25日在中共七大所作报告的英文版）

瞿秋白. 大众文艺的问题//瞿秋白文集. 第2卷. 北京：人民文学出版社，1953：884－893.

群众. 重庆，1938.

中国共产党党章//刘少奇（6）. 145－176. 后揭书.

Cohen，Arthur A. *The Communism of Mao Tse-tung*. Chicago：University of Chicago Press，1964.

Communist Party，China. *The Tenth National Congress of the Communist Party of China. Documents*. Peking：Foreign Languages Press，1973.

——. *The Eleventh National Congress of the Communist Party of China. Documents*. Peking：Foreign Languages Press，1977.

——. Soviet Union. *History of the Communist Party of the Soviet Union（Bolshevikes）. Short Course*. Moscow：Foreign Languages Publishing House，1939.

Compton，Boyd. *Mao's China：Party Reform Documents，1942—1944*. Seattle：University of Washington Press，1952.

Crowley，James B.，ed. *Modern East Asia：Essays in Inter-*

pretation. New York：Harcourt，Brace，1970.

de Bary，William Theodore，et al. *Sources of Chinese Tradition*. New York：Columbia University Press，1960.

Degras，Jane，ed. *The Communist International，1919—1943：Documents*. 3 vols. London：Oxford University Press，1956—1965.

Dirlik，Arif. "Mirror to Revolution：Early Marxist Images of Chinese History，" *JAS* 33，no. 2 (Feb. 1974)：193 - 223.

Dorrill，William F. "Transfer of Legitimacy in the Chinese Communist Party：Origins of the Maoist Myth." pp. 69 - 113 in John Wilson Lewis，ed. 后揭书.

Eastman，Lloyd E. *The Abortive Revolution：China Under Nationalist Rule，1927—1937*. Cambridge，Mass.：Harvard University Press，1974.

——. "The Kuomintang in the 1930's." pp. 191 - 210 in Charlotte Furth，ed. 后揭书.

Elegant，Robert S. *Mao's Great Revolution*. New York：World，1971.

Fairbank，John K. *The United States and China*. 3d ed. Cambridge，Mass.：Harvard University Press，1971.

方君归，编. 刘少奇问题资料专辑. 台北：中共研究杂志社，1970.

Feuerwerker，Albert，ed. *History in Communist China*. Cambridge，Mass.：MIT Press，1968.

Foreign Relations of the United States：Diplomatic Papers，1943. *China*. Washington，D. C.：United States Government Printing Office，1957.

Furth，Charlotte，ed. *The Limits of Change：Essays on Conservative Alternatives in Republican China*. Cambridge，Mass.：Harvard University Press，1976. 费侠莉自己的论文是："Culture and Politics in Modern Chinese Conservatism，" pp. 22 - 53.

Geertz，Clifford. "Ideology as a Cultural System." pp. 47 - 76 in David E. Apter, ed. 前揭书.

Gelder, Stuart, ed. *The Chinese Communists*. London: Victor Gollancz, 1946.

Goldman, Merle. "Writers' Criticism of the Party in 1942," *CQ* 17 (Jan.-March 1964): 205 - 228.

——. *Literary Dissent in Communist China*. Cambridge, Mass.: Harvard University Press, 1967.

Goldstein, Steven M. "The Chinese Revolution and the Colonial Areas: The View from Yenan, 1937—1941," *CQ* 75 (Sept. 1978): 594 - 622.

Goodman, Grant K., comp. *Imperial Japan and Asia: A Reassessment*. New York: Columbia University Press, 1967.

Gray, Jack, and Patrick Cavendish. *Chinese Communism in Crisis: Maoism and the Cultural Revolution*. New York: Praeger, 1968. 格雷自己的论文是:"The Thought of Mao Tse-tung," pp. 47 - 68.

Guillermaz, Jacques. "The Soldier." pp. 117 - 143 in Dick Wilson, ed. 后揭书.

Gurley, John. "The Formation of Mao's Economic Strategy, 1927—1949," *Monthly Review* 27 (July - Aug. 1975): 58 - 132.

Han Suyin. *The Morning Deluge: Mao Tse-tung and the Chinese Revolution*. London: Jonathan Cape, 1972.

汉英时事用语词汇. 香港: 商务印书馆, 1972.

Hao Chang. "New Confucianism and the Intellectual Crisis of Contemporary China." pp. 276 - 302 in Charlotte Furth, ed. 前揭书.

Harrison, James Pinckney. *The Long March to Power: A History of the Chinese Communist Party, 1921—1972*. New York: Praeger, 1972.

Heinzig, Dieter. "The Otto Braun Memoirs and Mao's Rise to Power," *CQ* 46 (April - June 1971): 274 - 288.

贺清华．随从毛主席在陕北//红旗飘飘．第 13 集．1959：35－61.

何干之：(1) 近代中国启蒙运动史．上海：生活书店，1938.

—— (2) *A History of the Modern Chinese Revolution*. Peking：Foreign Languages Press，1959.

Hosoya Chihiro. "Twenty-five Years After Pearl Harbor：A New Look at Japan's Decision for War." pp. 52－63 in Grant K. Goodman，comp. 前揭书．

Howe，Christopher，and Kenneth R. Walker. "The Economist." pp. 174－222 in Dick Wilson，ed. 后揭书．

夏征农．现阶段的中国思想运动．上海：一般书店，1937.

Hsia Tsi-an. *The Gate of Darkness：Studies on the Leftist Literary Movement in China*. Seattle：University of Washington Press，1968.

萧三．毛泽东同志的少年时代．解放日报，1941－12－14.

Hsiao Tso-liang. *Power Relations Within the Chinese Communist Movement，1930—1934*. Vol. 1：*A Study of Documents*. Vol. 2：*The Chinese Documents*. Seattle：University of Washington Press，1961，1967.

新中国人物志．香港：周末报社，1950.

Hsiung，James Chieh. *Ideology and Practice：The Evolution of Chinese Communism*. New York：Praeger，1970.

——. ed. *The Logic of "Maoism"：Critiques and Explication*. New York：Praeger，1974.

玄默：(1) 陈伯达久未露面之谜——是早年的"反共自首"一案揭露了吗？．中共研究，1971，5 (3)：28－42.

—— (2) 陈伯达与三十年代文艺两个口号的论争．中共研究，1971，5 (8)：4－22.

Hu Chi-hsi. "Hua Fu，the Fifth Campaign of Encirclement，and the Tsun-yi Conference，" *CQ* 43 (July－Sept. 1970)：31－46.

Hu Ch'iao-mu. *Thirty Years of the Communist Party of Chi-*

na. Peking: Foreign Languages Press, 1954.

Israel, John. *Student Nationalism in China, 1927—1937*. Stanford, Calif: Stanford University Press, 1966.

——. "The December 9th Movement: A Case Study in Chinese Communist Historiography." pp. 247 - 276 in Albert Feuerwerker, ed. 前揭书.

Israel, John, and Donald W. Klein. *Rebels and Bureaucrats: China's December 9ers*. Berkeley: University of California Press, 1976.

任卓宣（叶青）(1)"A Discussion of Mao Tse-tung's Comments on the Present State of International Relations," 1939. pp. 403 - 417 in Paul M. A. Linebarger. 后揭书.

——(2) 毛泽东批判. 第5版. 台北：帕米尔书店，1961.（第一版出版于1941年）

Johnson, Chalmers A. *Peasant Nationalism and Communist Power: The Emergence of Revolutionary China, 1937—1945*. Stanford, Calif.: Stanford University Press, 1962.

——. ed. *Ideology and Politics in Contemporary China*. Seattle: University of Washington Press, 1973.

康生 (1) 康生同志痛斥党八股. 解放日报，1942-03-08.

——(2) 整顿学风、党风、文风——康生同志两次报告摘要//整风文件. 第1卷. 101-105. 前揭书.

Kataoka Tetsuya. *Resistance and Revolution in China: The Communists and the Second United Front*. Berkeley: University of California Press, 1974.

Keohane, Robert O., and Joseph S. Nye, Jr., eds. *Transnational Relations and World Politics*. Cambridge, Mass.: Harvard University Press, 1972.

Kindermann, Gottfried-Karl. "Sun Yat-senism as a Model for Syncretistic Ideologies of Developing Countries." pp. 149 - 176 in Richard Lowenthal, ed. 后揭书.

Klein, Donald W., and Anne B. Clark, eds., *Biographic Dic-*

tionary of Chinese Communism，1921—1965. Cambridge，Mass.：Harvard University Press，1971.

Krivtsov，V. A.，and V. Y. Sidikhmenov，eds. *A Critique of Mao Tse-tung's Theoretical Conceptions*. Moscow：Progress Publishers，1972.

《党的生活》编委会，编．共产主义与共产党．延安，1941.（1939 年首次出版）

K'ung Te-liang. "First Appearance of 'Mao Tse-tung's Thought,'" *IS* 9，no. 5（Feb. 1973）：34－41.

Kuo，Warren. *Analytical History of the Chinese Communist Party*. 4 vols. Taipei：Institute of International Relations，1966—1971.

Kwok，D. W. Y. *Scientism in Chinese Thought，1900—1950*. New Haven，Conn.：Yale University Press，1965.

Leng Shao Chuan，and Norman D. Palmer. *Sun Yat-sen and Communism*. New York：Praeger，1960.

Levenson，Joseph R. *Confucian China and Its Modern Fate：A Trilogy*. Berkeley：University of California Press，1968.

Lewis，John Wilson，ed. *Party Leadership and Revolutionary Power in China*. Cambridge：Cambridge University Press，1970.

Leys，Simon（化名：Pierre Ryckmens）. *Chinese Shadows*. New York：Viking Press，1977.

李昌，等．"一二·九"回忆录．北京：中国青年出版社，1961.

李凤敏，编著．中共首要事略汇编．台北：中共研究杂志社，1969.

李维汉（罗迈）：（1）我们要学习什么？怎样学习？．解放，1939，79：6－10.（标注时间为 1939 年 6 月 1 日）

——（2）*The Struggle for Proletarian Leadership in the Period of the New-Democratic Revolution in China*. Peking：Foreign Languages Press，1962.

林伯渠．伟大的七月．解放，1938，43、44：70－71.

Lindbeck, John M. H. , ed. *China: Management of a Revolutionary Society*. London: Allen and Unwin, 1971.

Linebarger, Paul M. A. *The China of Chiang Kai-shek: A Political Study*. Boston: World Peace Foundation, 1941.

刘少奇:(1) 论共产党员的修养. 香港:新民主出版社, 1949. (这是 1939 年原版的重印本)

—— (2) "The Class Character of Man," June 1941. pp. 113 - 120 in Liu Shao-ch'i (7). 后揭书.

—— (3) 答宋亮同志的信//方君归, 编. 113 - 115. 前揭书.

—— (4) "Training in Organization and Discipline," 1941. pp. 369 - 410 in vol. 1 of Liu Shao-ch'i (8). 后揭书.

—— (5) 清算党内的孟塞维主义思想. 解放日报, 1943 - 07 - 06. 重印见:《整风文件》. 53 - 64 页. 前揭书.

—— (6) 论党. 北京:新华书店, 1950. (这是 1945 年 5 月 14 日刘少奇在中共七大上的讲话的重印本)

—— (7) *How to Be a Good Communist*. 4th ed. Peking: Foreign Languages Press, 1964. [这是刘少奇 1939 年讲话的翻译本, 但所依据的是大幅修改后的中文版本 (1962 年版)]

—— (8) *Collected Works*. 3 vols. Hong Kong: Union Research Institute, 1968—1969. (张国焘作序)

Lowenthal, Richard, ed. *Issues in the Future of Asia*. New York: Praeger, 1969.

McLane, Charles B. *Soviet Policy and the Chinese Communists, 1931—1946*. New York: Columbia University Press, 1958.

毛泽东:(1) 毛泽东论文集. 上海:大同出版社, 1937.

—— (2) 毛泽东论. 陈伯达, 编. 西安:西安出版社, 1939. (前言注明的时间是 1937 年 9 月)

—— (3) *Economic and Financial Problems* [1942]. Translated and with an introduction by Andrew J. Watson. Cambridge, Eng.: Cambridge University Press, forthcoming.

—— (4) *China's New Democracy*. With an introduction by

Earl Browder. New York：Workers Library，1944.

—— (5) "Mao Tse-tung's Oral Report to the Seventh Party Congress：Summary Notes (April 24，1945)，" *Chinese Law and Government* 10，no. 4 (Winter 1977—1978)：3 - 27. Translated and with an introduction by Steven I. Levine.

—— (6) 辩证法唯物论．出版地不详：中国出版社，1946.

—— (7) 毛泽东选集(6 卷及补卷)．晋察冀：新华书店，1947.

—— (*SW*) *Selected Works of Mao Tse-tung*. 4 vols. Peking：Foreign Languages Press，1961—1965.（内容与《毛泽东选集》相同，但它是英文版）

—— (*HC*) 毛泽东选集（4 卷）. 2 版．北京：人民出版社，1991.（官方修改编订的选集）

—— (*Chi*) 毛泽东集（10 卷）．竹内实，编．东京：北望社，1970—1974.（非官方编辑的文集包含 1949 年之前所有著名篇目的原始版本）

—— (8) *Mao Papers：Anthology and Bibliography*. Jerome Ch'en，ed. London：Oxford University Press，1970.

—— (9) *Chairman Mao Talks to the People：Talks and Letters，1956—1971*. Stuart Schram，ed. New York：Pantheon Books，1974.

Mao Tun. "Literature in the Kuomintang Controlled Areas." In *The People's New Literature*. 后揭书．

Mathews，R. H.，comp. *Chinese-English Dictionary*. Rev. ed. Cambridge，Mass.：Harvard University Press，1963.

Meisner，Maurice. "Yenan Communism and the Rise of the Chinese People's Republic." pp. 265 - 297 in James B. Crowley，ed. 前揭书．

Nivison，David S. "Communist Ethics and Chinese Tradition." Mimeo. Cambridge，Mass.：Center for International Studies，Massachusetts Institute of Technology，1954.

Oksenberg，Michel C. "Policy Making Under Mao，1949—1968：

An overview.” pp. 79 - 115 in John M. H. Lindbeck, ed. 前揭书.

——. “The Political Leader.” pp. 70 - 116 in Dick Wilson, ed. 后揭书.

P'engTeh-huai, 1959—1968, The case of. Hong Kong: Union Research Institute, 1968.

People's New Literature, The. Peking: Cultural Press, 1950.

Pepper, Suzanne. “Socialism, Democracy, and Chinese Communism: A Problem of Choice for the Intelligentsia, 1945—1949.” pp. 161 - 218 in Chalmers A. Johnson, ed., *Ideology and Politics*. 前揭书.

Pickowicz, Paul G. “Ch'ü Ch'iu-pai and the Chinese Marxist Conception of Revolutionary Popular Literature and Art,” *CQ* 70 (June 1977): 296 - 314.

Rice, Edward E. *Mao's Way*. Berkeley: University of California Press, 1972.

Rinden, Robert W. “The Cult of Mao Tse-tung.” Paper delivered at the Conference on Ideology and Politics in Contemporary China, Santa Fe, New Mexico, Aug. 2 - 6, 1971.

Rosinger, Lawrence K. *China's Wartime Politics, 1937—1944*. Princeton, N. J.: Princeton University Press, 1945.

Rue, John E. *Mao Tse-tung in Opposition, 1927—1935*. Stanford, Calif.: Stanford University Press, 1966.

——. “Is Mao Tse-tung's ‘Dialectical Materialism’ a Forgery?” *JAS* 26, no. 3 (May 1967): 464 - 468.

Sakai, Robert K. “Ts'ai Yüan-p'ei as a Synthesizer of Western and Chinese Thought,” *Papers on China*, Center for East Asian Studies, Harvard University, 3 (May 1949): 170 - 192.

Schneider, Laurence A. “National Essence and the New Intelligentsia.” pp. 57 - 89 in Charlotte Furth, ed. 前揭书.

Schram, Stuart R. *Mao Tse-tung*. Harmondsworth, Eng.: Penguin Books, 1966.

——. *The Political Thought of Mao Tse-tung*. 2nd ed. Harmondsworth, Eng.: Penguin Books, 1969.

——. "The Party in Chinese Communist Ideology." pp. 170 - 202 in John Wilson Lewis, ed. 前揭书.

——. "Mao Tse-tung and Liu Shao-ch'i, 1939—1969," *Asian Survey* 12, no. 4 (April 1972): 275 - 293.

——. "The Cultural Revolution in Historical Perspective." pp. 1 - 108 in Stuart R. Schram, ed., *Authority, Participation, and Cultural Change in China*. Cambridge, Eng.: Cambridge University Press, 1973.

——. ed. *Chairman Mao Talks to the People: Talks and Letters, 1956—1971*. New York: Pantheon Books, 1974.

Schurmann, Franz. *Ideology and Organization in Communist China*. 2nd ed. Berkeley: University of California Press, 1968.

Schwartz, Benjamin I. *Chinese Communism and the Rise of Mao*. 2nd ed. Cambridge, Mass.: Harvard University Press, 1958. (初版出版于 1951 年)

——. "A Marxist Controversy on China," *FEQ* 13 (1954): 143 - 153.

——. "Notes on Conservatism in General and in China in Particular." pp. 3 - 21 in Charlotte Furth, ed. 前揭书.

Schwartz, Henry G. "The Nature of Leadership: The Chinese Communists, 1930—1945," *World Politics* 22, no. 4 (July 1970): 541 - 581.

Selden, Mark. "The Yenan Legacy: The Mass Line." pp. 99 - 151 in A. Doak Barnett, ed. 前揭书.

——. *The Yenan Way in Revolutionary China*. Cambridge, Mass.: Harvard University Press, 1971.

Seybolt, Peter J. "The Yenan Revolution in Mass Education," *CQ* 48 (Oct. - Dec. 1971): 641 - 669.

绍南. 陈伯达事略. 中共研究, 1971, 5 (8): 85 - 94.

Sheng Yüeh (Sheng Chung-liang). *Sun Yat-sen University in Moscow and the Chinese Revolution: A Personal Account*. Lawrence: Center for East Asian Studies, University of Kansas, 1971.

Sheridan, James E. *China in Disintegration: The Republican Era in Chinese History, 1912—1949.* New York: Free Press, 1975.

Shewmaker, Kenneth E. *Americans and Chinese Communists, 1927—1945*. Ithaca, N. Y.: Cornell University Press, 1971.

Snow, Edgar. *Red Star over China*. London: Victor Gollancz, 1937.

——. *Random Notes on Red China, 1936—1945*. Cambridge, Mass.: Harvard University, Chinese Economic and Political Studies, 1957.

——. *The Long Revolution*. New York: Random House, 1971.

"Special Mao Tsetung Memorial Issue," *Revolution* (Revolutionary Communist Party, USA) 3, no. 12 (Sept. 1978).

Stalin, J. V. "Prospects of the Revolution in China," Nov. 30, 1926. In vol. 8 of *Works*. Moscow: Foreign Languages Publishing House, 1954.

Starr, John Bryan. "Mao Tse-tung and the Sinification of Marxism: Theory, Ideology, and Phylactery," *Studies in Comparative Communism* 3, no. 2 (April 1970): 149-157.

——. "Revolution in Retrospect: The Pairs Commune Through Chinese Eyes," *CQ* 49 (Jan. -March 1972): 106-125.

孙中山先生选集. 出版地不详: 新华书店, 1945.

"Symposium on Mao and Marx," *Modern China* 2, no. 4 (Oct. 1976): 421-472; 3, no. 1 (Jan. 1977): 101-118; 3, no. 2 (April 1977): 125-160; and 3, no. 4 (Oct. 1977): 379-464.

Tan Chung. "On Sinocentrism," *China Report* 9, no. 5 (Sept. - Oct. 1973): 38-50; and no. 6 (Nov. -Dec. 1973): 30-51.

Thomson, James C. *While China Faced West: American Reformers in Nationalist China, 1928—1937*. Cambridge, Mass.:

Harvard University Press，1969.

Ting Yi. *A Short History of Modern Chinese Literature*. Peking：Foreign Languages Press，1959.

Tokuda Noriyuki. “Mao Tse-tung's Ideological Cohesion with the Party and the Revolutionary Movement，1935—1945.” Paper delivered at the Conference on Ideology and Politics in Contemporary China，Santa Fe，New Mexico，Aug. 2－6，1971.

Tong，Hollington K.，ed. *China Handbook，1937—1945*. Rev. ed. New York：Macmillan，1947.

读书生活．上海，1936.

Van Slyke，Lyman P. *Enemies and Friends：The United Front in Chinese Communist History*. Stanford，Calif.：Stanford University Press，1967.

Vladimirov，Peter. *The Vladimirov Diaries：Yenan，China，1942—1945*. Garden City，N. Y.：Doubleday，1975.

Wakeman，Frederick，Jr. *History and Will：Philosophical Perspectives of Mao Tse-tung's Thought*. Berkeley：University of California Press，1973.

Wales，Nym（Helen F. Snow）. *Red Dust：Autobiographies of Chinese Communists*. Stanford，Calif.：Stanford University Press，1952.

——. “My Yenan Notebooks.” Mimeo. Madison，Conn.，1961.

王稼祥（1）关于三民主义与共产主义．解放，1939，86：14－18. 重印见：张闻天，等．三民主义与共产主义．11－21. 前揭书．

——（2）中国共产党与中国民族解放的道路．解放日报，1943－07－08. 重印见：整风文件．40－52. 前揭书．

Wang Chia-hsiang，et al. *Communists and the Three People's Principles*. Chungking：New China Information Committee，bulletin no. 16，1940.

王实，等．中国共产党历史简编．上海：人民出版社，1958. 翻译版见：*Joint Publications Research Service*，no. 8756，Aug.

16, 1961.

温济泽．斗争日记．解放日报，1942－06－28—1942－06－29.

White, Theodore H., and Annalee Jacoby. *Thunder Out of China*. New York: William Sloan Associates, 1946.

Whiting, Allen S., and Sheng Shih-ts'ai. *Sinkiang: Pawn or Pivot?*. East Lansing: Michigan State University Press, 1958.

Who's who in Communist China. 2nd ed. Hong Kong: Union Research Institute, 1969—1970.

Wilson, Dick, ed. *Mao Tse-tung in the Scales of History*. Cambridge, Eng.: Cambridge University Press, 1977.

Wittfogel, K. A., and C. R. Chao. "Some Remarks on Mao's Handling of Concepts and Problems of Dialectics," *Studies in Soviet Thought* 3, no. 4 (Dec. 1963): 251－277.

Wright, Mary C. "From Revolution to Restoration: The Transformation of Kuomintang Ideology," *FED* 14 (1955): 515－532.

五四以来反动派、地主资产阶级学者尊孔复古言论辑录．北京：人民出版社，1974.

杨松．论最近欧洲的局势与我国民族抗战．解放，1939，72：11－16.

有关中国共产党材料．东京：雄松堂书店缩微胶卷，1970.（总计20卷）

于炳然．就教于陈伯达同志．解放日报，1942－07－23.

索 引

（所注页码为英文原书页码，即本书边码）

A

Academy of Natural Sciences 自然科学院 60

Adventurism 冒险主义 73f，146

Ai Ch'ing 艾青 178，184，191

Ai Ssu-ch'i 艾思奇 7，23，26～34 页随处可见，72，88，99，112，189

Anti-Japanese Military and Political University 抗日军政大学 49，53，60，75

Autumn Harvest Uprising 秋收起义 69

B

Base areas 根据地 38ff，69f，亦可按名称查询各个根据地

Bourgeoisie 资产阶级 34f，43～44

Braun，Otto 李德 69

Browder，Earl 厄尔·白劳德 212

Buddhism 佛教 108～109

Bureau of Cadre Education 干部教育局 110

C

Capitalism 资本主义 19，142～143

C. C. Clique CC系 22

Central Party School 中央党校 59f，63

Central Research Institute 中央研究院 59ff，183，185，186

Chang Chen 张贞 11，48

Chang Ju-hsin 张如心 7，55，88，99，154～157，171～175，211，236，314

Chang Kuo-t'ao 张国焘 37f，40，67f，73f，100，129

Chang Shen-fu 张申府 32

Chang Wen-t'ien（Lo Fu） 张闻天（洛甫） 270

party positions 党内地位 36，66f，117，136，205

writings and theories 著作和理论 65，72，75，81ff，112，114，125，154，207

Ch'en Kou-fu 陈果夫 22

Ch'en Li-fu 陈立夫 22

Ch'en Po-chün 陈伯钧 68

Ch'en Po-ta 陈伯达

and Mao 和毛泽东 7～12 页随处可

见，18，48～52，59～65 页随处可见，72～73，102，114，123，177，208，213～214，225，280f，285～286，291～298 页随处可见，308
life 人生经历 10～18，48，59ff，102，109，147，189～190，213～214，279～280，302～303
on Chinese history 论中国历史 20
on literature 论文艺 23～27，148～149，305
on Marxism-Leninism 论马克思列宁主义 27～34 页随处可见，46～52，58，64，108～109
and the New Enlightenment Movement 与新启蒙运动 28～37，43，47f，51，59，123
on Chinese philosophy 论中国哲学 48～50，65，103～104，116
on Sun Yat-sen 论孙中山 63，65，72，106～108
on CCP history 论中共党史 75，115，117，193，227～228，238～259，263～267
on culture 论文化 76～78，83～88，123～124，147，181～182
on new democracy 论新民主主义 122～123
and Wang Shih-wei 与王实味 147～151，184～186
and Rectification Movement 与整风运动 151，186～189
on economics 论经济 177
on*China's Destiny* 论《中国之命运》 218～225
and Maoist myth 与"毛泽东神话" 235～259 页随处可见
post-1945 1945 年之后 286～298
Ch'en Shao-yü (Wang Ming) 陈绍禹(王明) 12，127
and Mao 与毛泽东 40～41，52，65～75 页随处可见，100，111，129，133～136，207，230～231，233，270
theories and writings 理论和著作 122，125f，132～133，162，181
party positions 党内地位 136，138f，166f，256，266，279，303，312
Ch'en Tu-hsiu 陈独秀 21，39，73，101，112，139，148，244f，248，255
Ch'en Tun-yu 陈敦友 13
Ch'en Yi 陈毅 193，207
Ch'en Yün 陈云 112，125，188
Cheng-feng 整风 参见"Rectification Movement"
Chiang Ch'ing 江青 290f，294
Chiang Kai-shek 蒋介石 2，20，38，101，117，190，198～201，205
and CCP 与中国共产党 8，118，130，166，206，218～225 页随处可见，262
Ch'in Pang-hsien (Po Ku) 秦邦宪

（博古）
party positions 党内地位 12，66，139，233，256，279，303
and Mao 与毛泽东 113*n*，193，207，230，266*n*，270，310
views of 观点 122，309
China and the West 中国与西方 1～2，15～16，21～23
China Problems Research Institute（Moscow） 中国问题研究所（莫斯科） 60
China Problems Research Section（Yenan） 中国问题研究室（延安） 60
China's Destiny 《中国之命运》 198～201，204，218～225
China University 中国大学 12页多处，23，295
Chinese Communist Party（CCP） 中国共产党（中共）
and Soviet Union 与苏联 39，41～42，46～47，52，58，66，75，98，100，114，121，126，152，162，201～204，238，267，274，276，284～290页随处可见
role of ideology 意识形态的作用 43～44，53，165～170页随处可见，282～83
and Mao 和毛泽东 60，62，66～75页随处可见，100，117，124，129，135，137，141，162～163，168，172，197，204～225，214，226，230～231，236～237，283～284
official history of 官修党史 68，73～75，114～115，117，132～133，152，166，226～228，234～267页随处可见
cultural policy 文化政策 77～84页随处可见
wartime strategy 战时策略 130～132
internal conflicts 党内斗争 137～139，146，162～166
and revolution 和革命 163～164
party history study movement 学习党史运动 166，230ff
"correct line," "正确路线" 178，186
and human nature 和人性 187～189
constitutions 党章 273～275，280
Chinese Culture 《中国文化》 112，127～129
Chinese Literary Workers 中国文艺工作者协会 24
Chinese Nationalist Party (Kuomintang) 中国国民党（国民党） 2，20，101
and CCP 与中国共产党 8，69ff，74，89，102，118，124，126，130，136～139，190，196～197，203～204，262，269，271
Mao on 毛泽东论 218～219
"Chinese Revolution and the Chinese Communist Party, The," 《中国革命和

中国共产党》 115
Chingkangshan base 井冈山根据地 39
Chou En-lai 周恩来 55，67，125，193，204～207，213，279*n*，291ff
Chou Yang 周扬 7，23，25，28，34，79，99，181f，189
Chu Ch'i-wen 朱其文 12
Chu Li-chih 朱理治 229
Chu Te 朱德 41，67，125，255，269，279
and Mao 和毛泽东 40，69，132，157～158，160，192～193，207，235，253，268，271～273
Chu Yu-jen 诸有仁 12，303
Ch'ü Ch'iu-pai 瞿秋白 10，24f，39，73，79，83，85，191*n*，255，304～305
Chung-shan incident 中山舰事件 220
Class struggle 阶级斗争 65
"Coalition Government，On，" 《论联合政府》 270～271
Collected Essays（of Mao） 《毛泽东论文集》 41，62，236
Comintern 共产国际 59，66，68f，82f，85，97f，126，162，267，306
dissolution of 解散 201～204
Communist，*The* 《共产党人》 112～117 页随处可见
Confucianism 儒家 1～4，189，301
Conservatism 保守主义 22～23
"Contradiction，On，" 《矛盾论》 53～54，56
Cultural Revolution "文化大革命" 3，7，8*n*，215，287，290～294，297
Culture，Chinese 中国文化
and Marxism 与马克思主义 30～32，35，77，80～82，87～88，103
Ch'en Po-ta on 陈伯达论 76～79，83～88，123～124，147，181～182
Mao on 毛泽东论 76f，83，85，91～92，124，174～175，180～182，190

D

December Ninth Movement "一二·九"运动 13，20，23，28，48
Democratic centralism 民主集中制 278～279
Deviationism 倾向 53
Dialectical materialism 辩证唯物主义 13～15，29ff，43
Chinese antecedents 中国祖先 16f，30，48～49，103～105
and Chinese society 与中国社会 32～33，35～36，47，49
Mao on 毛泽东论 53～63 页随处可见；89～95 页随处可见；亦可见 Marxism-Leninism
Dogmatism 教条主义 26，37，170，173，187

E

"Economic and Financial Problems，" 《经济问题与财政问题》 175

Economics, Mao on　毛泽东论经济　175～177，190，195
Education　教育　88，163f
of cadres　干部教育　53，59～60，70，110，114，138，146f，151～153，155，160，165，177～178，194
Eighth Route Army　八路军　109，131，135
Empiricism　经验主义　170

F

Feng Hsüeh-feng　冯雪峰　24，26，28，97，100，128，181～182，190
Feng Wen-pin　冯文彬　133
Formalism　形式主义　170

G

Great Leap Forward　“大跃进”　287，289f，297
Guerrillaism, Mao on　毛泽东论游击主义　69～70
“Guerrilla Warfare, On,”　《论游击战》　112

H

History　历史　78*n*，84，91～98 页随处可见，226～227
Chinese　中国的　19，51，116
Ho Kan-chih　何干之　23，28，34
Hsia Cheng-nung　夏征农　34
Hsiang Lin-ping　向林冰　148
Hsiao Chün　萧军　178
Hsiao San　萧三　190～191，207
Hsü T’e-li　徐特立　207
Hu Ch’iao-mu　胡乔木　28
Hu Feng　胡风　24，28，97，100，128，181～182，190
Hu Shih　胡适　17*n*，21
Hundred Regiments Offensive　百团大战　131f，136，138

I

Idealism　唯心主义　13～15，55～57
International faction　国际派　12

J

Jao Shu-shih　饶漱石　10
Japanese, Mao on　毛泽东论日本　76～77
Jen Cho-hsüan（Yeh Ch’ing）　任卓宣（叶青）　126ff，140～147，172～173，280*n*，313
Jen Pi-shih　任弼时　166，229，263
Juichin　瑞金　36

K

K’ang Sheng　康生　125，178ff，190，207，266*n*，290
Kao Kang　高岗　216，228～231
Kiangsi Soviet　江西苏区　39，44，69，74，139
K’o Ch’ing-shih　柯庆施　12
Kuo Hung-t’ao　郭洪涛　229
Kuomintang（KMT）　国民党　见“Chinese Nationalist Party”
Kuo Mo-jo　郭沫若　17*n*，23
Kut’ien conference　古田会议　44

"Kut'ien Resolutions," 《古田会议决议》 169～170，236，265，268，321

L

Language，debate over 关于语言的争论 24～25，86
League of Left-Wing Writers 左翼作家联盟 23，25
"Lecture Notes on Dialectical Materialism," 《辩证法唯物论（讲授提纲）》 53～56，172*n*
Lenin，V. I. 列宁 82～84
Leninism，Mao on 毛泽东论列宁主义 56～58，90，93；亦可见"Marxism-Leninism"
Li Li-san 李立三 39，42，73，233，252，255，279*n*
line 路线 265
Li Ta-chao 李大钊 73，191，255
Li Wei-han (Lo Mai) 李维汉（罗迈） 110～111，115
Liao Ch'eng-chih 廖承志 279
Lin Piao 林彪 75，100，206，213，217，290，292f，297～298
Lin Tsu-han（Lin Po-ch'ü） 林祖涵（林伯渠） 72
Literature 文艺 23～27，78～79，86～87，97，148～149，175，181～183，305
Liu Chih-tan 刘志丹 229
Liu Shao-ch'i 刘少奇 23，188，231～232，292*n*
and Mao 和毛泽东 40，112～114，125，158～160，168，193f，205～208，255，265～279 页随处可见，290
Lo Fu 洛甫 见"Chang Wen-t'ien"
Lo Mai 罗迈 见"Li Wei-han"
Long March 长征 36f
Lu Hsün 鲁迅 24ff，27，85，200～201，305
Lu Hsün Academy of Arts and Letters 鲁迅艺术学院 60

M

Mao Tse-tung 毛泽东 3，205
myth of "神话" 8，75，235～259 页随处可见，288
rise to power 崛起 36～42，51，60，62，66～72 页随处可见，98，100，124，129，139，151
cult of 崇拜 38，41，75，111～114，124～126，133～135，154～157，163*n*，169，190～196，206～208，214～218，278f，281，318
opposition to 反对 100～102，112～214，129，157～160，165～166，268，283ff，288
writings of 著作 112，217，250
universality of 普遍性 155，193，276
study of 学习 169，171，178，180，194，207，256～257，272，

277～278
at Seventh Congress 在七大上 269～271
关于毛泽东对各个问题的观点，见各问题的条目；关于毛泽东的各篇著作，见题名条目
亦可见“MaoTse-tung's thought”
Mao Tse-tung lun 《毛泽东论》 61，236
“Mao Tse-tung's thought，” 毛泽东思想 3～7，59，91，171～174，194，207～212，259，272～275，280～288 页随处可见，296
Mao Tun 茅盾 24f
Marxism-Leninism 马克思列宁主义
in China 在中国 2f，7ff，15，17，19，35，77，80～88，105，152～154，159*n*
Sinification of 中国化 8，16～18，20，27～32 页随处可见，36f，44～61 页随处可见，80～81，87～102 页随处可见，106，108～109，120f，127f，140f，143，155，159，167f，172，189，192，209，211，222～223，245，276～277，282～285，296
Chinese antecedents 中国祖先 65，80f，103～105，107，303～304
Mao on 毛泽东论 56～58，89～99 页随处可见
innovations in 创新 168～169
as Mao Tse-tung's thought 作为毛泽东思想 210，273～274
Marxist-Leninist Institute 马列学院 59f，147f
Mass line 群众路线 139，163～164，244
May Fourth Movement 五四运动 24，29，105
Military strategy，Mao on 毛泽东论军事战略 68～70，132，134f，146，271～272，306～307
Mo-tzu 墨子 65，80，103～104，116

N

Nan Han-chen 南汉宸 12
National essence school 国粹学派 15～16，22
Nationalism 民族主义 2，20，25，33ff，49，51，102
National Spiritual Mobilization 国民精神总动员 89，101
New Culture Movement 新文化运动 2
New democracy 新民主主义 8，115，118～127 页随处可见，135，137，141
“New Democracy，On，” 《新民主主义论》 88，118，125，127，156～160，212，216f，219，236，282
New Enlightenment Movement (NEM) 新启蒙运动 28～37，43，47f，51，59，123

New Fourth Army 新四军 135, 137f, 166
New Life Movement 新生活运动 20, 101
New Philosophical Society 新哲学会 99
Nieh Jung-chen 聂荣臻 217
Nivison, David S. 倪德卫 188～189
Nosaka Sanzō (Okano Susumu) 冈野进（野坂参三） 207

O

Okano Susumu 野坂参三，见"Nosaka Sanzō"
"On Coalition Government" 《论联合政府》 270～271
"On Contradiction" 《矛盾论》 53～54, 56
"On Guerrilla Warfare" 《论游击战》 68, 112
"On New Democracy" 《新民主主义论》 88, 118, 125, 127, 156～160, 212, 216f, 219, 236, 282
"On Practice" 《实践论》 53～54, 172*n*
"On Protracted War" 《论持久战》 68, 100, 111f, 114, 125, 156f, 217, 236
"On the New Stage" 《论新阶段》 89, 91, 95～97, 100, 111f, 114, 125, 157, 217, 236
Opportunism 机会主义 73f

P

Pai-hua 白话 24, 86
Peasantry 农民 39, 43～44, 50*n*, 70, 244～245, 259
  Mao's Hunan report 毛泽东的《湖南农民运动考察报告》 239, 243, 248
P'eng P'ai 彭湃 73, 255
P'eng Teh-huai 彭德怀 132, 193, 207, 262, 272～274, 279*n*, 312
Philosophy, Chinese 中国哲学 29～31, 36
  Ch'en Po-ta on 陈伯达论 48～50, 65, 103～104, 116
  Mao on 毛泽东论 43, 47, 53～55, 63, 65, 91～92
Po Ku 博古，见 Ch'in Pang-hsien
Poskryobyshev, A. N. 斯克廖贝舍夫 8*n*
"Problems of Strategy in China's Revolutionary War" 《中国革命战争的战略问题》 146, 236
Proletariat 无产阶级 34～39 页随处可见, 43f, 47, 64f, 105, 149
Propaganda, Mao on 毛泽东论宣传 76～77
P'u-t'ung-hua 普通话 24, 86

R

Reality 事物 55ff
Rectification Movement (*cheng-feng*) 整风运动

and Ch'en Po-ta 与陈伯达 8，128*n*，186～89
and writers 与作家 27，178～83，191
origins of 起源 60，147～154 页随处可见，170
and Mao 与毛泽东 129，161f，179～180，193ff
and Wang Ming 与王明 136
secondary campaigns 从属运动 163～164
opposition to 反对 178～180
Red Army 红军 36，40，44，69f，253～254
"Report on an Investigation of the Peasant Movement in Hunan"《湖南农民运动考察报告》 239，243，248
"Resolution on Certain Historical Questions"《关于若干历史问题的决议》 240，263
Returned Students 留苏学生 12，39f，100，127，133，159，207，228～229，303
Maoist critique of 毛派的批评 26，36～37，40，57，67，84，95，97，146，152，170，231ff，237f，256，266，268
struggle with Mao 与毛泽东的斗争 43ff，51f，60，65～75 页随处可见，112～17 页随处可见，139，160，167，170，178，180～181
Revolution 革命 119～124 页随处可见，143～45，163～164，277
Rural Surveys《农村调查》 146

S

Sage-king 圣王 200～201
Schurmann，Franz 弗朗兹·舒尔曼 191，273
Schwartz，Benjamin I. 本杰明·I·史华慈 259～260
Selected Works（of Mao）《毛泽东选集》 217，250，263，268，288
Self-criticism 自我批评 187f
Senior Cadres Conference 高干会 228～231
Seventh Congress（CCP） 七大（中共） 68～75 页随处可见，203，218，232ff，255，261～262，268～280 页随处可见
"Shen-Kan-Ning Border Area Administration Program"《陕甘宁边区施政纲领》 156
Shen-Kan-Ning Border Region 陕甘宁边区 39，102，117，137f，175ff
Shih Fu 实甫 154，156
Shih Li-te 史立德 23
Sian incident 西安事变 38，40，42，48
Sixth Central Committee 六届中央委员会 262
Sixth Plenum 六中全会 71，78*n*，

89，91，110f，162，166～170 页随处可见，230，240，259
Fourth Plenum　四中全会　73～74，115，266
Seventh Plenum　七中全会　263，268f，285
Social classes　社会阶级　34～35
Southern Anhwei incident　皖南事变　137 页多处
Stalin Joseph　约瑟夫·斯大林　54，71，84，98，174，201，227
and Mao　与毛泽东　56，66f，97，257，287
History of CPSU　《联共（布）党史简明教程》　152，167，169，227，268
Stalingrad　斯大林格勒　197～198
Subjectivism　主观主义　170，178
Sun Yat-sen　孙中山　63，65，72，80，102～108 页随处可见，141～146 页随处可见，156，158，199，221f
Sun Yat-sen University（Moscow）中山大学（莫斯科）　11f，43，60，66，85，238，303
Sung Liang　宋亮　158

T

"Talks at the Yenan Forum on Literature and Art"《在延安文艺座谈会上的讲话》　175
T'an Ssu-t'ung　谭嗣同　15，104，106
T'ao Hsi-sheng　陶希圣　198，220，224，317
"Tasks of China's Anti-Japanese United Front in the Present Stage，The"《中国抗日民族统一战线在目前阶段的任务》　61
Teng Fa　邓发　55
Teng Hsiao-p'ing　邓小平　207，290，294
Three Great Policies　三大政策　108
Three Principles of the People　三民主义　80，102，106ff，141～146 页随处可见，156，200
Ting Ling　丁玲　178，184
Trotskyists in China　中国"托派"101f，148，150，184
Tse-tung School for Young Cadres　泽东青年干部学校　133
Tsunyi conference　遵义会议　36，41，43，68f，75，115，133，162，166f，178
Twenty-eight Bolsheviks　"二十八个布尔什维克"　12，115，152，303；亦可见"Returned Students"
Two Lines，The　《两条路线》　132，232
Two-lines struggle　两条战线的斗争　44，73

U

United Association of Chinese Writers　中国作家协会　23

United front 统一战线 23～28 页随处可见，37，42f，53f，65～74 页随处可见，130～139 页随处可见

V

Vladimirov，Peter 彼得·弗拉基米洛夫 5，208*n*，232，263，266*n*，268～269，302

W

Wang Chia-hsiang 王稼祥 125，193，207～210，258，270，279

Wang Ching-wei 汪精卫 117，130

Wang Jo-fei 王若飞 279

Wang Ming 王明，见“Ch'en Shao-yü”

Wang Shih-wei 王实味 128*n*，147～151，179～190 页随处可见，316

Wayaopao conference 瓦窑堡会议 37f，43f，53

Westernization 西化 21～23，33

Wu Yü-chang 吴玉章 136

Y

Yang Sung 杨松 88，99，111

Yeh Ch'ing 叶青，见“Jen Cho-hsüan”

Yenan Association for the Promotion of Constitutional Government 延安各界宪政促进会 124，136

The Emergence of Maoism: Mao Tse-tung, Ch'en Po-ta, and the Search for Chinese Theory, 1935-1945 by Raymond F. Wylie was originally published in English by Stanford University Press.

图书在版编目（CIP）数据

毛主义的崛起：毛泽东、陈伯达及其对中国理论的探索（1935—1945）/（美）怀利著；杨悦译．—北京：中国人民大学出版社，2013.5

（国外毛泽东研究译丛/石仲泉，萧延中主编．第二辑）

ISBN 978-7-300-17515-7

Ⅰ．①毛… Ⅱ．①怀… ②杨… Ⅲ．①毛泽东思想研究 Ⅳ．①A84

中国版本图书馆 CIP 数据核字（2013）第 111280 号

国外毛泽东研究译丛（第二辑）

主编　石仲泉　萧延中

毛主义的崛起

毛泽东、陈伯达及其对中国理论的探索（1935—1945）

[美] 雷蒙德·F·怀利　著

杨　悦　译

萧延中　校

Maozhuyi de Jueqi

出版发行	中国人民大学出版社		
社　　址	北京中关村大街 31 号	**邮政编码**	100080
电　　话	010－62511242（总编室）		010－62511770（质管部）
	010－82501766（邮购部）		010－62514148（门市部）
	010－62515195（发行公司）		010－62515275（盗版举报）
网　　址	http://www.crup.com.cn		
经　　销	新华书店		
印　　刷	涿州市星河印刷有限公司		
开　　本	720 mm×1000 mm　1/16	**版　　次**	2013 年 6 月第 1 版
印　　张	20.5 插页 2	**印　　次**	2024 年 4 月第 4 次印刷
字　　数	288 000	**定　　价**	88.00 元